KB252989

崇祖敦睦

국역

海平尹氏 世乘

崇祖
敦睦

국역
海平尹氏 世乘

윤제규 編著　서정기 飜譯

KSI 한국학술정보㈜

一世, 二世, 三世, 墓域
慶北善山郡海平面

四世墓域
忠北槐山郡笑梅里

八世, 九世, 十世, 十一世墓域
義政府市 新谷洞 松山

九世神道碑

十世神道碑

十二世墓域
楊平郡 龍門面 曺峴里

十二世南岳公神道碑

十二世, 十三世案山

十二世南岳公影幀

一人之一身善惡吉凶無不自己而致之爲善者爲善人爲惡者爲惡人善則吉惡則凶以至貴之身而不能爲善自爲惡人則是棄其身可不愼哉
十五代祖南岳遺子孫書
壬戌仲秋　德鎭謹書

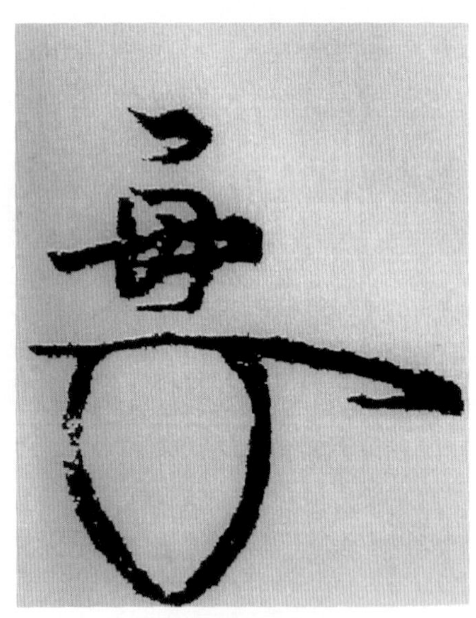

十二世南岳公手決

十二世南岳遺子孫書
(二十七世德鎭씀)

十三世墓域
楊平郡 龍門面 曹峴里

十五世墓域
驪州郡 占東面 沙谷里

十四世, 十七世, 十八世, 十九世, 二十世,
二十一世, 二十二世, 二十三世, 二十四世, 二十五世,
二十六世, 二十七世, 墓
驪州郡 占東面 沙谷里

十六世墓域
驪州郡 占東面 沙谷里

上 十七世墓, 下 二十四世墓
양주시 광사동 295

二十三世 扮堂先生肖像

二十三世 扮堂先生 詩稿親筆

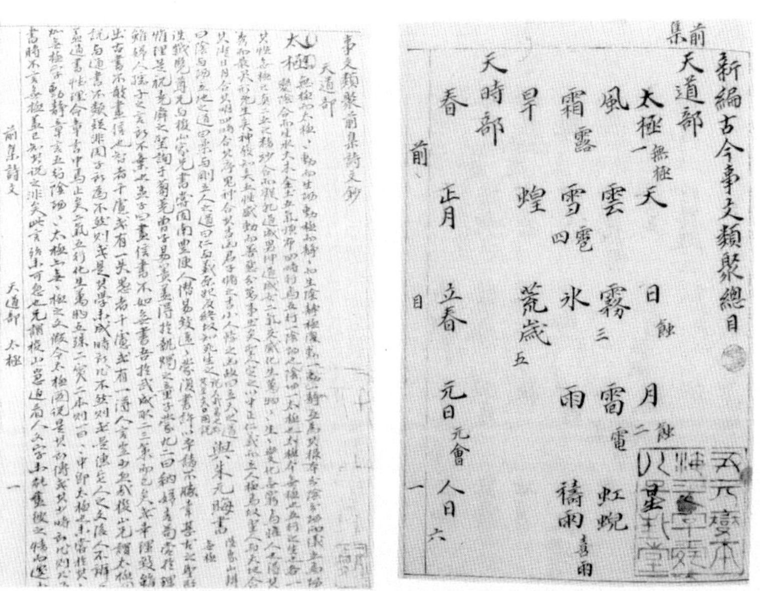

二十五世 卦堂公 筆書本 事文類聚

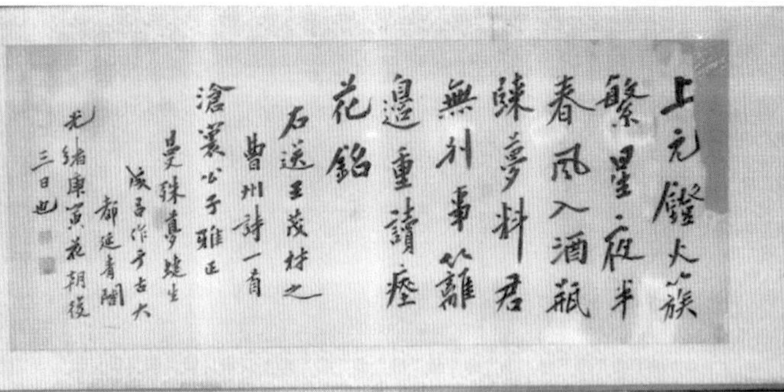

中國吏曹侍郎成昌作詩贈二十五世雅正

二十五世中國使臣行作詩(二十六世親筆)

二十六世 又堂公과 配位 眞影

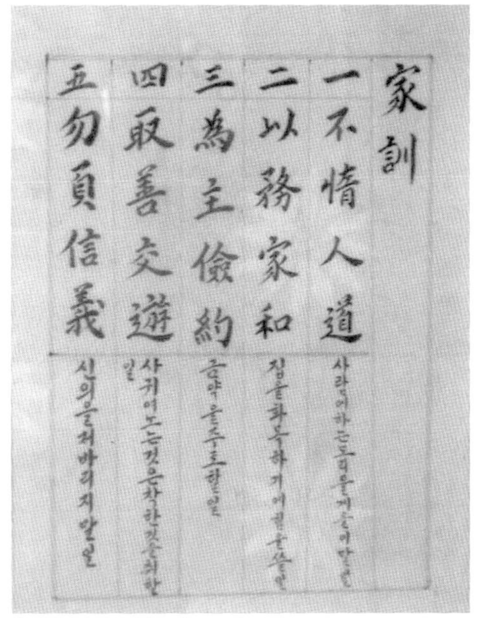

二十六世 遺子孫書親筆

역자의 말

서 정 기
(동양문화연구소장)

무릇 천하의 근본은 나라이고, 나라의 근본은 가정이니, 신성(神聖)한 세계를 건설하고, 신성한 나라를 건설하기 위해서는 먼저 신성한 가정을 이루어야 되나니 신성한 가정을 이룸에 조상을 숭배하지 않으면 되겠는가?

늑당(扐堂) 윤제규(尹濟奎) 선생은 도덕세계(道德世界)를 건설하려는 웅도대략(雄圖大略)을 가슴에 품고, 춘추대의(春秋大義)와 강목정신(綱目精神)으로 난세(亂世)를 비판(批判)하고, 호로(胡虜)를 질타(叱咤)하면서 인류문명(人類文明)을 밝혀 윤리도덕(倫理道德)을 부식(扶植)하였으니, 조성왕조 말엽에 동방예의지국(東方禮義之國)을 붙잡아 일으키려고 진력한 산림학자양반(山林學者兩班)이다.

무릇 산림학자양반은 첫째 도학(道學)을 공부하여 성리(性理)의 근원(根源)에 들어가 인의예지(仁義禮智)의 착한 인간성(人間性)을 깨달아 5륜(五倫)의 도의(道義)를 지켜, 모름지기 번듯한 인격을 완성하고, 둘째 청렴강직(淸廉剛直)한 지조(志操)로 몸가짐을 단속하고, 공명정대(公明正大)하게 처신하여 깨끗한 기풍을 일으켜 아름다운 풍속을 진작(振作)하는 것을 스스로 담당하는 사람이다.

그러므로 늑당선생이 가승(家乘)과 화수집(花樹集)과 4세원류(四世源流)와 선세묘천표지(先世墓阡標識)를 두루 주밀하게 엮은 것은 결단코 집안의 내력을 자랑하려는 것이 아니고, 선비의 도리와 직분을 다하려는 뜻인즉 독자는 여기에서 선비의 책임이 무겁고,

큰 것을 생각할 뿐만 아니라, 또한 우리 겨레의 가정문화가 얼마나 숭고한지를 확인해야 될 것이다.

오늘날 우리나라의 전통가정문화가 세계 속에 한국문화로 떠오르면서 한류라는 이름으로 세계인의 가슴을 감동시키고 있는데 장차 해평윤씨 서윤공파상댁세승(海平尹氏庶尹公派上宅世乘)의 내용을 읽게 되면 인생의 진리와 가정의 윤리가 얼마나 숭고한 신성불가침(神聖不可侵)의 경계인가를 깨달을 것이다.

가족은 천륜(天倫)으로 맺은 관계이고, 국가와 사회는 인륜(人倫)으로 맺은 관계인즉 천륜으로 맺은 가족관계를 돈독하게 받들지 않은다면 어떻게 인륜으로 맺은 국가와 사회관계에서 인정(人情)이 넘치는 두터운 풍속을 일으킬 수 있으리요?

모름지기 늑당선생의 가족애(家族愛)는 도덕운동(道德運動)이고, 예절운동(禮節運動)을 전개한 것이니 널리 보고, 감화(感化)하여 천하에 도덕과 예절이 가정에서부터 크게 일어나기 바란다.

세승권수(世乘卷首) 머리말

나는 일찍이 하루도 글을 쓰지 않은 날이 없었는데 또한 일찍이 하루도 어떤 글을 쓰지 아니하였노라.

어째서인가? 눕고, 일어나고, 거닐고, 멈춤에 마음을 경영하여 생각을 만듦이 이에 길고, 짧고, 기묘하고, 바름의 좋은 재료가 아님이 없으므로 하나하나를 따서 취하고, 하나하나를 펼쳐서 완성하면 마땅히 누각을 연결하고, 방을 겹쳐서 만든 것처럼 아름다워서 종이 값이 날아오르는 귀한 책이 될 터임에도 마침내 다시 생각하니 책을 지을 필요가 없고, 지을 수도 없는 것이었다.
진실로 예로부터 오늘에 이르기까지 시로는 두보(杜甫)와 육유(陸遊)요, 문장으로는 한퇴지(韓退之)와 구양수(歐陽修)로되 본래 만부득이한 일이 아님이 없었나니 곧 평생에 걸쳐 한 줄의 글씨를 쓰지 않을지라도 참으로 털끝만치도 사람과 나에게 손해가 없는 것이다.

오직 나라의 흥하고, 망함과 잘 다스리고, 어지러움에 있어서는 후세에 가르쳐 보이기를 허락하지 않을 수 없는 까닭에 17사(十七史)가 있어서 반드시 전해야 될지나 그래도 또한 어찌 문장의 교묘함과 졸렬함을 따져서 계산할 것인가?

만약에 『춘추좌씨전(春秋左氏傳)』을 반드시 읽으며, 주자(朱子)의 『자치통감강목(自治通鑑綱目)』을 도서관에 높이 소장한다면 감히 학자의 바른 사관(史觀)이라고 말하지 않을 수 없거니와 진범

(陳范)의 찬집(纂輯)과 요하수말(遼夏首末)을 또한 아울러 간직한 것도 그 사필(史筆)이 됨에는 한가지인 것이다.

설사 나에게 참으로 경천위지(經天緯地)하는 학문과 쇠와 돌에 새기는 문장이 있다고 하더라도 이제 60이 된 늙은 선비로서 사관(史官)이 되려고 하여도 얻을 수 없으니 어찌할 것인가?

돌아보건대 장차 본래의 분수가 적음을 헤아리지 아니하고 날마다 약간의 원고를 쓰면서 망령되게 은둔한 시대를 만난 사람에게 비기노라.

다만 생각하노니 국승(國乘) 이외에 또다시 사가(史家)의 체재가 1만 가지로 지워서 없애기가 어려운 것이 있으나 자서(自序)와 서전(叙傳)으로부터 끝에 묘표(墓表)와 가장(家狀)에 이르기까지는 이에 이미 저 천하가 동일한 것이로다.

성대하게 번영한 1만 겨레가 비록 그 성씨를 얻은 지가 오래되어서 근래의 나타나고, 숨은 모양은 똑같지 않음이 있거니와 그러나 각각 스스로 하나의 집안으로 본다면 근원은 같고, 흐르는 줄기만 다른 것인즉 진실로 마땅히 물줄기를 거슬러 올라가면 명백한 사실이다.

한마디의 말과 한 가지 일을 전할 만하고, 이룰 만한 것에 이르러서도 또한 장황하고, 자세하게 밝혀야 되는 의리가 있으니 번거로움을 꺼리지 않을 따름이로다.

우리 윤(尹)씨의 종족은 고려(高麗) 중엽에 비로소 뚜렷하게 나타났으니 만약 그 상세(上世)에 대한 역사는 적지 않게 보이지만 양자강(揚子江)과 황하(黃河)의 지극히 작은 근원과 기(杞)나라와 송(宋)나라의 증거할 기록이 없는 것에 미루었으니 곧 이것도 또한 거의 억측으로 대담한 것이다.

총체적으로 보첩(譜牒)을 만든 것이 일찍 하지 못하고 늦게 만들었기에 소략하게 빠지고, 부족하여 멀리 3한(三韓)의 고가(古家)에 부끄러움이 있는 것이로다.

이에 족보(族譜)도 또한 역사적 의미가 있는 것을 알 것이니 우리 윤씨의 보첩은 세 번 변하였거니와 조금 자세한 것은 시대와 세대가 더욱 내려올수록 도모하는 생각이 점점 발전하였음을 볼 수 있는데 그러나 활자로 찍어내는 기간이 100년에 한두 번을 이루는 것도 또한 방손(傍孫)과 지손(支孫)의 여러 집에 두루 미치기가 어려웠으니 곧 원천을 끝까지 찾을 수 있는 그런 사람이 드물었기 때문이므로 괴상할 것도 없는 것이다.

또한 하물며 보첩(譜牒)에 수록할 틈이 없는 것을 집에 소장하다가 흩어져 잃어버리고, 희생을 묶은 돌에 새긴 글은 이지러졌으며, 심지어 국사(國史)에도 고증하기에 어려움이 있고, 야승(野乘)은 본래 저절로 와전된 것인즉 곧 내가 일찍이 정훈(庭訓)을 받들어 조금은 답답함을 면했던 것도 오히려 입으로 말해 주고, 마음으로 전할 수 없게 되었도다.

80 노인이 귀까지 먹었지만 또한 장차 문득 생각이 여기에 미쳐 우리 윤씨의 세승(世乘)에 나아가 이제 모아서 완성하였다고 말할 따름이로다.

성상(聖上: 高宗)이 즉위한 지 7년 기사(己巳) 중춘(仲春)

하완(下浣)

후손 제규(濟奎) 삼가 씀

범례(凡例)

1. 세보(世譜)는 삼가 경술간본(庚戌刊本)에 의거하였으며, 배위(配位)의 생기(生忌)는 여러 가첩(家牒)을 고증하여 더욱 자상하게 갖추었다.
2. 8고조도(八高祖圖)는 원류(源流)를 연구하는 뜻에서 나왔으며, 다만 본조(本朝)에 미쳐서 오히려 문자(文字) 이전의 탄식이 있었다. 그림마다 문득 사세원류(四世源流)라고 썼다.
3. 선세묘천표지(先世墓阡標識)는 섬세함을 갖추지 않은 것은 아니지만 글로 모두 표현할 수 없는 것은 그림을 그려서 옮겨 놓을 때를 기다린다.
4. 사고(史攷)는 고려사(高麗史)와 여지승람(輿地勝覽)에서 약간 모았고, 우리 조선왕조(朝鮮王朝)에 이르러서는 곧 야승(野乘) 이외에 상고하여 바로잡을 수 있는 것이 없었으며, 그 보고 들은 것도 매우 아첨한 내용이기에 거두어 실을 틈이 없었다.
5. 묘표(墓表)와 가장(家狀)은 삼가 세대의 차례로 수집하여 엮었는데 방조(傍祖)와 방친(傍親)의 문자(文字)는 아울러 또한 같은 항렬(行列) 아래에 붙여서 실었다.
6. 유사(遺事)를 삼가 여기에 모아서 기록한 것은 가정 간에 평

소 보고 들은 이야기를 남겨 두었다가 입언(立言)하는 군자
(君子)를 기다리기 위한 것으로 한마디 말이라도 아름다움이
넘치면 문득 좋은 자손이 아니다.

7. 유고(遺稿)는 짐짓 이에 모아서 하나의 뭉치를 이루었으니 머
물러 두었다가 우리 집안의 후손이 계속하기를 기다려서 한
결같이 고령신씨(高靈申氏)와 여흥이씨(驪興李氏)의 세고(世
藁)에 의거해서 간행하여 전하라.

目　次

一世, 二世, 三世, 墓域 / 四世墓域 / 八世, 九世, 十世, 十一世墓域 / 九世神道碑 / 十世神道碑 / 十二世墓域 / 十二世南岳公神道碑 / 十二世, 十三世案山 / 十二世南岳公影幀 / 十二世南岳公手決 / 十二世南岳遺子孫書 / 十三世墓域 / 十五世墓域 / 十四世, 十七世, 十八世, 十九世, 二十世, 二十一世, 二十二世, 二十三世, 二十四世, 二十五世, 二十六世, 二十七世, 墓 / 十六世墓域 / 上 十七世墓, 下 二十四世墓 / 二十三世 扐堂先生肖像 / 二十三世 扐堂先生 詩稿親筆 / 二十五世 卦堂公 筆書本 事文類聚 / 中國吏曹侍郎成昌作詩贈二十五世雅正 / 二十五世中國使臣行作詩(二十六世親筆) / 二十六世 又堂公과 配位 眞影 / 二十六世遺子孫書親筆

해평(海平)의 연혁(沿革)

여지승람(輿地勝覽)에 해평현(海平縣)은 선산부(善山府)에 속한다고 하였으니 일명 파징(波澄)이라고도 하는데 선산부에서 동쪽으로 33리(里)에 위치한다.

본디 신라(新羅)시대에는 병병현(並幷縣)이라고 하였으니 고려(高麗) 초기에 해평군(海平郡)으로 고쳐 복주(福州: 지금의 安東府)에 속하게 하였는데 인종(仁宗) 21년에 선산부로 와서 속하게 하였다.

원조(遠祖)

윤신준(尹莘俊) 사고(史攷)

고려(高麗) 인종조(仁宗朝)에 문하시중(門下侍中)을 지냈다.

살피건대 정시술(丁時述)의 동국제성보(東國諸姓譜)와 조종운(趙從耘)의 씨족원류(氏族源類) 및 문헌비고(文獻備考)의 씨족고(氏族考)에 모두 고려시대의 시중(侍中) 신준(莘俊)이 윤씨의 시조가 되었다고 하였으며, 고봉(高峯) 기대승(奇大升)이 해징부원군(海澄府院君)의 묘갈문(墓碣文) 초본에 윤씨는 본래 선산(善山)의 해평(海平)에서 나왔으니 시중(侍中) 신준(莘俊)이 있어 고려시대에 뚜렷이 나타나서 그 후손이 대부분 큰 벼슬을 하였으니 말하기를 군정(君正)이라고 한다는 글월이 있거늘 정본에는 시중(侍中)이 있었다는 말로부터 그 후손에 이르기까지의 12글자를 잘라 버렸으며, 또한 벼슬이 시중(侍中)에 이르렀다고 말하였으나 고려사(高麗史)에 뚜렷이 나타난 바가 없는 것이다.

가첩(家牒)과 사전(史傳)에 모두 믿을 만한 것이 없지만 그러나 여러 사람들의 보록(譜錄)이 이와 같으므로 삼가 권수(卷首)에 써서 뒷날의 고증을 기다리노라.

一世 始祖

사공공(司空公) 군정(君正) 사고(史攷)

고려(高麗) 고종(高宗) 44년 정사(丁巳: 서기 1257년) 송(宋) 이종(理宗) 보우(寶祐) 5년 몽고(蒙古) 헌종(憲宗) 7년 여름 4월에 원주(原州) 도적 안열(安悅) 등이 옛 성에 웅거하여 반란을 일으키므로 왕이 장군 윤군정(尹君正)과 낭장(郎將) 권신(權賮)으로 하여금 군사를 거느리고 가서 토벌하게 하였다.

병자(丙子: 서기 1276)년에 군정(君正)이 도적 300여 명과 더불어 흥원창(興原倉: 現 원주군 부론면 興湖里)에서 크게 격파하니 사람이 있어 안열의 목을 베고 나와서 항복하였다.

군정(君正)이 성안으로 들어가 그 괴수 송비(松庇)와 고정(敲正)과 당로(唐老) 등 몇 사람을 목 베고, 위협당하여 추종한 자들은 섬으로 옮겨서 살게 하였다.

원종(元宗) 10년 기사(己巳: 서기 1269년) 송(宋) 도종(度宗) 함순(咸淳) 5년 11월에 윤군정(尹君正)을 우복야(右僕射)로 삼았고, 14년 계유(癸酉: 서기 1274년)함순(咸淳) 9년 정월에는 윤군정(尹君正)을 수사공(守司空)으로 삼았다＜東國通鑑＞.

윤군정(尹君正)은 해평인(海平人)으로 고종조(高宗朝)에 벼슬이 수사공상서(守司空尙書)와 좌복야(左僕射)와 판공부사(判工部事)에 이르렀다＜輿地勝覽＞.

二世

밀직사사공(密直司事公) 만비(萬庇) 사고(史攷)

충렬왕(忠烈王) 3년 정축(丁丑: 서기 1777년)송(宋) 단종(端宗) 경염(景炎) 2년 원(元) 세조(世祖) 지원(至元) 14년 11월에 낭장(郎將) 윤만비(尹萬庇)를 파견하여 원(元)나라에 가서 새해를 하례하게 하였다.

29년 계묘(癸卯: 서기 1303년)원(元) 대덕(大德) 7년에 왕에게 총애를 받은 오잠(吳潛)이 말과 얼굴빛으로 힘써 용렬하게 아첨하며, 여러 도(道)의 기생을 선발하여 미모와 재능이 있는 사람과 도읍의 무녀(巫女) 및 관비(官婢)로 노래와 춤을 잘하는 이를 데려다가 궁중에 배치하고, 비단옷을 입히며, 말총삿갓을 쓰게 해서 별도로 하나의 무리를 만들어 남장대(男裝隊)라고 일컬으며 새로운 소리를 가르쳤다.

그리하여 온갖 참소와 아양으로 임금의 총애를 얻어 왕의 부자간을 이간질하고, 충신과 선량한 신하를 모함하여 해치니 사람이 모두 그 재앙을 두려워하여 감히 말을 하지 못하였다.

마침 원(元)나라 사신으로 사건을 판단하는 벼슬아치 첩목아(帖木兒)와 불화(不花) 등이 왔으므로 원충갑(元沖甲) 등이 글로써 알렸는데 불화(不花)가 글을 가지고 왕에게 말하며 이르기를 "충갑(沖甲)이 비록 말을 하였지만 우리들이 결단할 바가 아니므로 마땅히 장차 원충갑과 오잠을 원(元)나라의 도읍으로 데리고 가서 대질하여 심문"하겠다고 하였다.

이에 윤만비(尹萬庇), 정선(鄭僐), 김희(金僖), 윤해(尹諧), 오영구(吳永邱), 이단(李丹), 이설(李偰), 선종계(宣宗桂), 고연(高延), 홍승

서(洪承緒) 등이 또한 글로써 원(元)나라 사신에게 알리며 말하기를 "대덕(大德) 5년 (서기 1301년) 4월에 성지(聖旨)로 훈계한 때로부터 이후로는 임금과 신하가 두려워하여 감히 어기거나 넘어가지 아니했거늘 이제 간신(奸臣) 오잠(吳潛)이 있어 본디 재능과 식견도 없으면서 궁중의 환관들과 결탁하여 간사하게 아첨함으로써 임금의 총애를 받은 것을 기화로 나라의 정권을 훔쳐서 마음대로 불법을 자행하고, 또한 교묘한 말로 국왕의 부자 사이를 이간질하며 충성스럽고 어진 신하를 헐뜯어 배척함과 동시에 간교하고 사특한 무리들을 높이 진급시키면서 관직을 팔고, 인민을 착취함에 이르지 않은 곳이 없었도다.

이제 성지(聖旨)를 받들어 온 나라가 기뻐하는데 오직 오잠(吳潛)만이 홀로 권력을 잃을 것을 두려워하나니 오잠이 도모함은 황제의 은택을 막아서 흐르지 못하게 하고, 황제의 위엄을 두려워하지 아니하므로 이 사람을 제거하지 않으면 반드시 폐단과 혼란이 생겨서 재앙이 무고한 사람에게까지 미칠 것이다.

그윽이 바라건대 돌아가서 황제에게 아뢰어 이와 같이 큰 악한을 제거토록 하는 것이 우리 작은 나라의 행복이 될 것이로다"라고 하였다.

홍자반(洪子潘) 등이 또 오잠의 죄악상을 극단적으로 논죄하였으니 뒤에 오잠이 원(元)나라에서 죄를 받았다(<東國通鑑> 및 <忠烈王世家>).

영의공(英毅公) 사고(史攷)

충숙왕(忠肅王) 원년(元年) 갑인(甲寅: 서기 1313년) 원(元) 인종(仁宗) 연우(延祐) 원년 3월에 왕이 내원당(內願堂)에 행차하시어 현판에 걸린 시의 운자에 따라 화답하시고, 윤석(尹碩) 및 대소의 여러 문신(文臣)에게 명령하며 화답하는 시를 지어 올리라고 하였다.

7월 기사(己巳)일에 호군(護軍) 윤석(尹碩)을 파견하여 상왕(上王: 忠宣王)의 탄신일에 축하사절로 보냈다. 4년 정사(丁巳: 서기 1317년)에 전 대언(前代言) 윤석(尹碩)을 강등하여 김해부사(金海府使)로 보냈다. 상왕(上王)이 연저(燕邸)에 있을 때에 사신을 파견하자는 논의가 있었으니 충선왕(忠宣王)이 그때에 원(元)에 있었다.

7년 경신(庚申: 서기 1320년) 정월 신묘(申卯)일에 총부전서(摠府典書) 윤석(尹碩)을 파견하여 원(元)나라에 가서 천추절(千秋節)을 축하하였다.

11월에 윤석(尹碩)으로 밀직부사(密直副使)를 삼아 이어 원나라에 파견하여 상왕(上王: 忠宣王)의 거처에 문안하였다.

8년 신유(申酉: 서기 1321년) 원(元) 영종(英宗) 지치(至治) 원년 정월 갑진(甲辰)일에 윤석(尹碩)을 지밀직사사(知密直司事)로 삼았다.

여름 4월 정묘(丁卯)일에 왕이 원나라에 감에 새벽 2시경에 양선문(陽善門)으로부터 나아가시니 1백 관료가 환송하지 못하게 사양하고 류청신(柳淸臣), 오잠(吳潛), 원충(元忠), 한악(韓渥), 윤석(尹碩), 류유기(柳有琦), 안규(安珪) 등이 수행하였다. 이미 원나라에 이르거늘 왕장(王章)을 거두었다.

10년 계해(癸亥: 서기 1323) 5월 병오(丙午)일에 윤석(尹碩)을 평리(評理)로 삼았다.

13년 병인(丙寅: 서기 1326) 원(元) 태정제(泰定帝) 3년 7월에 왕이 교서(敎書)로 말씀하시기를 요사이 난신적자(亂臣賊子)의 무리들이 나라와 왕실을 뒤엎으려고 마음대로 도읍과 성(省)을 주고 내지(內地)에 가까이 성(省)을 세우도록 청하였거늘 이때에 여러 신하들이 같은 마음으로 힘을 다하여 원(元)나라 황제에게 주청하여 중지시켰으니 나라와 왕실을 다시 창조한 그 공로가 막대하므로 변함이 없는 영원한 충성심을 잊을 수 없어 찬성사(贊成事) 김이(金怡)와 평리(評理) 윤석(尹碩) 등 9인을 1등 공신으로 삼아 토지와 노비 및 부모처자의 작위를 차등 있게 하사하노라고 하였다.

14년 정묘(丁卯: 서기 1324년) 11월 무자(戊子)일에 교서로 말씀하시기를 과인이 5년 동안 도성에 있을 때에 간신들이 나라의 운명을 옮기려고 도모하거늘 시종하는 신하들이 신하의 충절을 다하고, 처음부터 끝까지 한마음으로 보좌하였으니 첨의정승(僉議政丞) 윤석(尹碩) 등 28인을 1등 공신으로 삼고, 찬성사(贊成事) 정방길(鄭方吉) 등 53인을 2등 공신으로 삼아 밭과 노비 및 부모처자의 작위를 차등 있게 하사하노라고 하였다.

15년 무진(戊辰: 서기 1325년) 4월 갑오(甲午)일에 윤석(尹碩)을 해평부원군(海平府院君)으로 봉하였다.

7월 을해(乙亥)일에 정승(政丞) 윤석(尹碩)을 순군옥(巡軍獄)에 가두고, 장형(杖刑)에 처했다. 윤석은 성질이 급하고 꾸짖기를 좋아하여 비위를 잘 맞추어 아첨하는 사람을 욕보이므로 비위를 잘 맞추어 아첨하는 사람들이 많이 원망하였는데 찬성사(贊成事) 임중윤(林仲允)이 어긴 말이 있으므로 윤석이 말채찍으로 그 종아리를 때렸다. 이에 아첨하는 무리들이 왕에게 알리니 왕이 분노하여 이러한 명령이 있었던 것이다.

11월 경인(庚寅)일에 임금이 해평부원군(海平府院君) 윤석(尹碩)을 원(元)나라에 사신으로 파견하여 새해에 하례(賀禮)하게 하였다.

충혜왕(忠惠王) 원년(元年) 신미(辛未: 서기 1331년) 원(元) 지순(至順) 2년 8월에 윤석(尹碩)을 첨의중찬(僉議中贊)으로 삼았다.

충숙왕(忠肅王) 후원년(後元年) 임진(壬辰: 서기 1332년) 정월에 상왕(上王: 忠肅王)이 원(元)나라에 있으면서 복위(復位)하고, 전왕(前王: 忠惠王)을 불러서 원(元)나라로 들어오라고 하였다.

2월에 왕이 민상정(閔詳正) 등을 보내서 정승(政丞) 윤석(尹碩) 및 재신(宰臣) 손기(孫琦) 등 12인을 순군옥(巡軍獄)에 가두고, 장백상(蔣伯祥)이 윤석(尹碩)을 네 가지 사항으로 국문하였다.

충숙왕이 처음 폐위되어 원(元)나라로 들어갈 때에 임시저택의 돈과 식량을 강제로 정지시킨 것이 첫째 죄목이요, 전왕(前王: 忠惠王)이 소인배들과 정치를 어지럽혔음에도 정승으로서 직언(直言)을 하지 않은 것이 둘째 죄목이며, 전왕(前王: 忠惠王)과 더불어 원(元)나라에 반란을 기도한 것이 셋째 죄목이고, 내시(內侍) 박련(朴連) 등과 사귀어 왕의 부자(父子)간을 이간질시킨 것이 넷째 죄목이었다.

3월에 장백상(蔣伯祥)이 판사(判事) 권적(權適), 지신사(知申事) 윤지현(尹之賢), 대호군(大護軍) 윤지표(尹之彪), 김지경(金之鏡) 등을 순군옥(巡軍獄)에 가두고 심문하여 곤장을 쳐서 수십 인을 바다의 섬으로 유배를 보내니 김지경(金之鏡)이 옥중에서 고문과 굶주림과 병으로 죽었다.

여름 5월에 원(元)나라가 객성태사(客省太史) 도적(都赤)을 파견하여 보내서 장백상(蔣伯祥), 민상정(閔祥正), 조염휘(趙炎輝)를 행성(行省)에 가두고, 윤석(尹碩), 손기(孫琦) 등을 석방하며, 장백상(蔣伯祥)을 체포하여 원(元)나라로 돌아갔다.

이때에 장백상이 많은 권세와 부귀를 누리면서 뇌물을 받아 조정을 더럽혔기 때문에 나라사람이 원망하므로 일백 관리들이 글로써 장백상의 불법행위를 도적(都赤)에게 고발하니 이에 도적(都赤)이 드디어 체포하여 돌아갔다.

충혜왕(忠惠王) 후원년(後元年) 원(元) 지원(至元) 6년 경진(庚辰: 서기 1340년) 2월에 원(元)나라가 충혜왕(忠惠王)을 감옥에서 석방하고, 왕위(王位)를 회복시키니 왕이 한악(韓渥)을 우정승(右政丞)으로 삼고, 윤석(尹碩)을 좌정승(左政丞)으로 삼았다.

3년 임오(壬午: 서기 1342년) 여름 6월에 해평군(海平君) 윤석(尹碩) 등에게 공신의 칭호를 내렸으니 조적(曹頔)의 난에 공이 있었던 까닭이었다.

왕이 교서로 말씀하시기를 적신(賊臣) 조적(曹頔)이 반란을 일으킨 뒤로 과인이 원(元)나라의 명령에 따라 원나라의 도읍으로 갈 때에 간신(姦臣)의 남은 무리들이 거짓말을 날조하여 국가를 어지럽히려고 도모하였거늘 시종(侍從)하는 신하들이 처음부터 끝까지 한결같은 충절로 과인의 몸을 붙들어 보필하였으니 그 공이 막대하여 길이 잊을 수 없도다.

해평부원군(海平府院君) 윤석(尹碩) 및 김해군(金海君) 이제현(李齊賢) 등 32인을 1등 공신으로 삼아 초상화를 그려서 벽 위에 붙이게 하며, 부모에게는 작위를 봉하고, 하나의 아들에게는 7품(七品)의 관직에 임명하며, 아들이 없으면 조카나 생질, 사위로 대(代)를 잇게 하여 8품(八品)의 관직을 주며, 밭 100결(結)과 계집종

10명, 남자종 10명을 지급했다. 나머지는 충간공(忠簡公) 묘지(墓誌)에 보이므로 기록하지 아니한다.

충목왕(忠穆王) 4년 무자(戊子: 서기 1348년) 원(元) 지정(至正) 8년 5월 계축(癸丑)일에 해평부원군(海平府院君) 윤석(尹碩)이 졸(卒)하니 서인(庶人)의 예법으로 장사 지냈다. 원(元)나라의 조정에서 진국상장군(鎭國上將軍) 고려도원수(高麗都元帥)를 받았으나 어사(御史)가 탄핵하여 고발하므로 원(元)나라의 벼슬을 되돌려 주고, 해평(海平)으로 유배 가서 졸하였다.

영의공묘갈음기(英毅公墓碣陰記)

공의 휘(諱)는 석(碩)이요 자(字)는 ○○이며 해평인(海平人)이다. 집안이 대대로 연달아 계속 대관(大官)이 나왔으니 공에 미쳐서 고려(高麗)에 벼슬하여 관직이 시중(侍中)에 이르렀다.

일찍이 해평현(海平縣)에 살 때에 낙동강(洛東江)이 홍수로 무너지고 터져서 민중이 망하여 흩어져 떠나가니 공이 그 까닭을 묻고 나무를 심어 숲이 우거지게 하므로 강둑이 터지는 근심을 면하게 되었다.

현민(縣民)이 그것을 감사하게 생각하여 지금까지 칭찬하면서 윤정승(尹政丞)이 덕을 베푼 숲이라고 한다.

후세의 자손이 번성하고 중앙정부의 고급관료가 서로 이으며 앞뒤에서 영광을 일으키거늘 이것을 일컬어 덕이 두터우면 영광이 아래로 흘러내린다고 하는 것이로다.

공의 평생 행적은 역사와 문서에 빛나기 때문에 이제 기록하지 아니하노라.

후손(後孫) 자헌대부(資憲大夫) 지중추부사(知中樞府事) 겸경상도관찰사(兼慶尙道觀察使) 임설(任說) 삼가 씀

건륭(乾隆) 6년 임신(壬申: 서기 1752년) 4월 세움

선곡(仙谷) 원천석(元天錫)의 도화원기(桃花源記)에 이르기를 윤상국(尹相國)이 이곳을 지나다가 조석동(肇錫洞)을 유람하여 구경하고, 이름을 지어 말하기를 도화원(桃花源)이라고 하였고 또 시를 지었으니 말하기를

벼슬바다에 풍파가 한 몸을 덮치거니
무릉도원(武陵桃源) 봄꽃나무로 진(秦)나라 사람을 피했다네
붉은 복숭아꽃이 고운 날에 신선의 골짜기를 장식하였나니
문득 어부들이 세속의 먼지를 이끌고 올까 봐 두렵도다.

○ 원래의 기록을 대략 말하면 예(蕊: 忠州)의 약옹원(若翁院) 동쪽으로 수리(里)가 넘는 곳에 부귀(富貴)를 뜬구름처럼 여기는 사람이 있었는데 세속에 전하기를 시랑(侍郎)이 잠홀(簪笏: 벼슬)을 길이 사절하고, 점을 쳐서 이 골짜기를 얻어 돌 언덕에 의지하여 초가집을 얽었으니 이에 현포두(玄圃頭)와 단봉대(丹鳳臺)라고 하였다.

푸른 산이 빽빽이 둘러싸고, 보호하는 가운데 작은 골짜기의 물이 흘러내리니 주인 늙은이가 약초를 캐고 남은 시간에 1,000그루의 복숭아나무를 산의 언덕과 개울의 물가에 심었거늘 해마다 봄이 돌아올 때면 노을에 그림자를 드리우고 아지랑이에 빛이 고와서 아름답기 그지없었다.

마침 그때에 해평(海平)의 윤상국(尹相國)이 여기를 지나다가 조석동(肇錫洞)을 유람하며 구경하고, 이름을 지어 말하기를 도화원(桃花源)이라고 하였다.

그 뒤에 주인 늙은이는 신선이 되어 하늘로 올라갔고, 옛날의 정자만 우뚝하게 홀로 남았으니 나는 아름다운 이름이 사라져서 전하지 않을까를 두려워하고, 사실을 구체적으로 옥주발에 기록하여 그 정자의 제단 아래 암석 끝에 감추어서 후세에 기억하여 인식하는 자료로 삼고자 할 따름이로다.

이어서 한 편의 7언절구를 지었나니 말하기를

단봉(丹鳳)의 이름난 정자가 홀로 우뚝 솟았거늘

아름답고 위엄 있는 사람은 화려한 문으로 어느 해에 돌아오려나?

부질없이 뽕나무만 오래 내려왔으니 응당 주인이 되었으리나

계시를 타산(他山)에서 얻어야 옥주발이 전하리로다.

지정(至正) 정미(丁未: 서기 1367년) 8월 추석 후(秋夕後) 1일

단구주인(丹邱主人) 원선곡(元仙谷) 기록함.

◎ 영의공(英毅公)의 14대손 택(澤)이 이 전문의 기록을 복사하고, 그 아래에 써서 말하기를 어떤 사람이 전하는데 원주(原州) 탄구역(炭邱驛)에 사는 사람이라고 하였으니 원천석(元天錫)은 고려 말의 진사(進士)인즉 이 사람이 혹시 그 사람인가 하였다.

내가 경인(庚寅)년간에 금산군수(金山郡守)가 되어 지나다가 권수암(權邃庵) 선생을 찾아뵈니 선생이 또한 이 문장을 전하면서 이것은 달천(㺚川) 위에 도화원(桃花源)을 말미암아 얻었는데 지금도 또한 자잘한 복숭아나무가 들판의 곳곳에 흩어져 있으며, 가까이 사는 우리 동성(同姓) 한 사람이 있어 이 골짜기에서 하나의 사발을 얻었다고 말하였다.

또 의령(宜寧) 남학명(南鶴鳴)이 기록한 바가 있으니 이 골짜기는 충주(忠州) 동쪽으로 큰길 옆에 있는데 지금은 신촌동(新村洞)이라고 부른다고 하였다.

또 벼슬을 하지 않은 선비 윤명한(尹鳴韓)이 무자(戊子)년 8월에 그 벗을 데리고 이 골짜기를 유람하다가 하나의 뾰쪽하게 솟은 돌이 있어 쟁그랑하고 소리가 나서 손으로 들어 보니 두 개의 돌이 가로로 덮여 있거늘 그것을 열고 보니 곧 흰 사발이 있는데 그 가

운데에 먹으로 쓴 글자가 분명하게 나와서 읽고 이에 복사하였다고 했다.

영의공(英毅公)은 무자(戊子)년에 돌아가셨는데 묘소를 찾아 방문하였더니 산소를 다시 수축(修築)한 해가 역시 무자년이었으니 곧 옥주발의 기록이 이해에 출토되었으므로 그것도 또한 기이한저!

四世

문영공(文英公) 지현(之賢) 사고(史攷)

충숙왕(忠肅王) 후원년(後元年) 임신(壬申: 서기 1332년) 원(元) 문종 (文宗) 지순(至順) 3년 2월에 지신사(知申事) 윤지현(尹之賢)을 감옥에 가 두고 심리하고 5월에 석방하였다. 곧 영의공(英毅公) 및 손기(孫琦)와 함께 순군옥(巡 軍獄)에 가둔 뒤에 장백상(蔣伯祥)이 권적(權適) 및 공의 형제를 가둘 때의 일이다. 다만 2월과 3월의 위와 아래가 같지 아니하다.

8년 기묘(己卯: 서기 1339년)원(元) 지원(至元) 2년 2월에 왕이 지인방 (知印房)을 설치하고 삼사윤(三司尹) 윤지현(尹之賢), 기거주(起居 注) 이담(李湛), 도관정랑(都官正郎) 이군해(李君侅), 전첨(典籤) 김 한룡(金漢龍)으로 그 책임을 담당하게 하였다.

四世傍祖

충간공(忠簡公) 지표(之彪) 사고(史攷)

    충목왕(忠穆王) 3년 정해(丁亥: 서기 1348년) 원(元) 지원(志元) 7년 2월 병자(丙子)일에 평양윤(平壤尹) 윤지표(尹之彪)를 서북면존무사(西北面存撫使)로 삼았다.

    5월에 윤지표(尹之彪)로 해평군(海平君)을 삼았다.

    공민왕(恭愍王) 4년 을미(乙未: 서기 1355년) 3월 갑진(甲辰)일에 밀직부사(密直副使) 윤지표(尹之彪)를 해평군(海平君)으로 삼았다. 이상은 동국통감(東國通鑑)에 있다.

충간공묘지명(忠簡公墓誌銘)

목은(牧隱) 이색(李穡) 엮음

선산부(善山府)의 해평(海平)에 명망 있는 씨족은 윤(尹) 공이로다. 해평윤씨의 시조 휘(諱) 군정(君正)은 고려시대에 고종(高宗)과 원종(元宗)을 차례로 섬겨 벼슬이 금자광록대부(金紫光錄大夫) 수사공상서(守司空尚書) 좌복야(左僕射) 판공부사(判工部事)에 이르렀다.

휘(諱) 만비(萬庇)는 충렬왕(忠烈王)을 섬겨 기사(己巳)년의 1등 공신이 되었으니 마침내 벼슬이 봉익대부(奉翊大夫) 부지밀직사사(副知密直司事) 상호군(上護軍)이다. 살피건대 기사(己巳)년은 곧 원종(元宗)이 복위(復位)한 해이고 충렬왕(忠烈王) 원년은 을해(乙亥)년인즉 아마도 이것은 기사공신(己巳功臣)에 추가로 기록한 듯하다.

휘(諱) 석(碩)은 정승공(政丞公)이니 원(元)나라 조정(朝廷)의 사신이 정승(政丞)에게 이르거늘 당시에 공은 별장(別將)이 되어 술잔을 올리는 사람으로 왕의 앞에 서 있었는데 사신이 전지(傳旨)하여 두 왕자를 원(元)나라의 조정에 입시(入侍)하라고 하였다.

정승은 그 말을 듣고 침묵하였으나 스스로 생각하기를 자기는 마땅히 아우를 따라가겠노라고 결심하였다.

집에 돌아와서 아버지께 말씀을 드리니 아버지가 말하기를 아들의 계획은 실수로다. 왕자를 따라서 원(元)나라로 가는 것은 후일을 도모하는 계책이거늘 형이 있는데 아우가 먼저 임금이 될 수 있겠느냐 한대 또 하소연하며 말하기를 저도 또한 그러함을 알고 있지만 그러나 제가 아우를 보면 공경심이 생기고, 형을 보면 그

렇지 아니하므로 저의 계획을 결정하였나이다 하니 아버지가 다시
말하지 아니하였다.

　형인 원자(元子)가 일찍 죽었기 때문에 아우인 왕자(王子)가 충
숙왕(忠肅王)이 되었는데 공이 원(元)나라의 도읍으로 따라가서 왕
을 보좌하는 신료 가운데 공보다 높은 사람이 있지 아니하였다.

　그 뒤에 여러 관직을 거쳐 도첨의좌정승(都僉議左政丞) 판전리
사사(判典理司事)에 이르렀고, 해평부원군(海平府院君)을 봉(封)하
여 벽상삼한삼중대광(壁上三韓三重大匡)의 작위에 올라서 충근절
의동덕찬화보정공신(忠勤節義同德贊化保定功臣)의 호를 내렸으니
또한 공보다 높은 사람이 있지 아니하였다.

　임금과 신하의 만남이 1,000년에 한 번 있을 정도였나니 어찌
하늘이 내린 운명이 아니리오? 그 뒤에 원(元)나라 임금이 공의 이
름을 듣고 특별히 진국상장군(鎭國上將軍) 고려도원수(高麗都元
帥)의 벼슬을 내려 남달리 총애하였다.

　해평부원군(海平府院君)은 봉익대부(奉翊大夫) 밀직부사(密直副
使) 상호군(上護軍) 이(李) 공 휘(諱) 백년(百年)의 따님과 혼인하
여 지대(至大) 경술(庚戌: 서기 1310년) 4월 계해(癸亥)일에 공을
낳았으니 연우(延祐) 경신(庚申: 서기 1320)년에 공의 나이가 11세
이거늘 태운사(泰雲寺) 진전직(眞殿直)의 후보가 되었고, 15세에는
사설직장(司設直長)의 후보가 되었으며, 16세에는 낭장(郎將)을 받
았고, 19세에는 호군(護軍)으로 승진하였으니 왕자(王子)를 따라
원(元)나라의 조정에 있던 다음 해였다.

　당시에 원(元)나라 진종(晉宗)이 승하하고, 문종(文宗)이 강남(江
南)으로부터 궁궐에 들어가서 왕위에 올라 북방에 명종(明宗)을 맞
이하였는데 문종(文宗)이 들판에 나아가 위로연을 베풀었거늘 승상

(丞相) 연첩목아(燕帖木兒)가 독주를 올려서 명종(明宗)이 밤중에 죽었다.

이에 6군(六軍)이 반란을 일으켰는데 공이 재상(宰相) 조익청(曺益淸), 이군해(李君侅) 등 관료와 더불어 좌우에서 왕자를 보호하니 왕자가 믿어 두려움이 없었기에 공신철권(功臣鐵卷)을 하사하였다.

지순(至順) 경오(庚午: 서기 1330)년에 대호군(大護軍)으로 승진하니 공의 나이가 21세요 지정(至正) 신사(辛巳: 서기 1341)년에 판사복시사(判司僕寺事)에 오르고 충목왕(忠穆王)이 즉위한 을유(乙酉: 서기 1345)년 5월에 상호군(上護軍)으로 승진하였는데 겨울에는 군부판서(軍簿判書)에 올랐다.

다음 해 4월에는 전리판서(典理判書)로 옮겼는데 왕이 정승에게 마땅히 국가는 구법(舊法)을 사용토록 하면서 문관(文官)의 선발권은 전리판서(典理判書)에게 귀속시키고, 무관(武官)의 선발권은 군부판서(軍簿判書)에게 귀속시키므로 공은 정승(政丞)을 보좌하면서 털끝만큼도 사사로움이 없었다.

다음 해에 지방관으로 나아가 평양(平壤)을 다스렸으니 공이 인민에게 임하는 자세를 시험하기 위한 것이었는데 겨우 1년 만에 정치사업을 성공하므로 지밀직(知密直)으로 부르니 공의 나이가 38세이었다.

공민왕(恭愍王) 5년(丙申: 서기 1356년)에 두 번째 지밀직사사(知密直司事)로 옮겼는데 그해 겨울에 임금의 글을 받들고, 원(元)나라 도읍으로 가서 조회하니 사례로 옷을 하사받았다.

13년에 세 번째로 지밀직사사(知密直司事)가 되었다.

홍무(洪武) 경술(庚戌: 서기 1370)년에 밀직사(密直使)에 올라

다음 해에 지문하성사(知門下省事)로 상의회의도감사(商議會議都
監事)가 되었으며, 또 다음 해에 평리(評理)에 올라 겨울에는 중대
광(重大匡) 해평군(海平君)을 봉하고, 염곡성(廉曲城)과 윤칠원(尹
柒原)의 여러 집을 주었다.

사회활동을 마치고 조용하게 산 지 1여 년이거늘 임술(壬戌: 서
기 1382)년 9월에 감기로 발병하여 10월 초 9일에 단정히 앉아서
서거하니 공의 나이가 73세이었다.

타고난 성품이 관후(寬厚)하여 낭떠러지에 서지 아니하고, 대략
몽고어(蒙古語)를 통하였으며, 행동거지가 북방 사람과 같았다. 정
치사업에 대해서는 대체(大體)를 준수함에 힘썼고, 세세하게 추궁
하지 아니하였으니 대개 장자(長者)의 기풍이 있었다.

공은 무릇 상처하여 두 번 혼인하였으니 평양군부인(平壤郡夫
人) 조씨(趙氏)는 대광첨의찬성사(大匡僉議贊成事) 상의(商議) 보
문각대제학(寶文閣大提學) 시(諡) 문극(文克) 휘(諱) 연수(延壽)의
따님이요, 이씨(李氏)는 대광(大匡) 월성군(月城君) 휘(諱) 천(蒨)의
따님이다.

조씨(趙氏)가 아들 두 사람을 낳았으니 장남(長男)은 이름이 보
(寶)로 응양대호군(鷹揚大護軍)이었는데 부모보다 먼저 죽었고, 차
남(次男)은 이름이 진(珍)이니 중대광(重大匡) 해평군(海平君)이다.

손자(孫子)와 손녀가 약간 있으니 응양(鷹揚)의 아들은 가관(可
觀)인데 지금은 봉익대부(奉翊大夫) 밀직부사(密直副使) 상호군(上
護軍)으로 지방에 나아가 경상도부원수(慶尙道副元帥)가 되었으며
1명의 딸은 위위주부(衛尉注簿) 이지(李持)에게 시집을 갔다.

해평군(海平君)의 큰아들은 창(彰)인데 지금 전리좌랑(典理佐郎)
이 되었고, 둘째는 신(莘)인데 지금 덕창부사인(德昌府舍人)이 되

었으며, 셋째는 수(須)인데 지금 춘추관검열(春秋館檢閱)이 되었다. 장녀(長女)는 판사(判事) 김구용(金九容)에게 시집갔고, 2녀(二女)는 낭장(郎將) 홍윤복(洪潤福)에게 시집갔으며, 3녀(三女)는 사설서령(司設署令) 성부(成溥)에게 시집갔다.

이 부인(李夫人)에게는 자녀가 없으며, 증손으로 남녀가 조금 있으나 아무개와 아무개 등이다.

공이 임금의 글을 받들고 사은(謝恩) 사절로 원(元)나라에 갈 때에 내가 서장관(書狀官)이 되었었고, 공의 장자(長子)는 나와 동갑이었다. 그러므로 아버지뻘로 공을 섬겼는데 요행히 추부(樞府)에 들어갔더니 공이 복직하여 동료가 되었던 것이다. 그러나 내가 공을 섬김에는 옛날과 똑같이 했으며, 공도 또한 나를 보기를 아들처럼 보았으니 내가 마땅히 공의 비석에 명(銘)을 써야 하리로다.

공의 계자(季子) 정당공(政堂公)이 이제 봉작(封爵)을 이어 그 지공거(知貢擧)가 되었는데 또 나의 아들 종선(種善)을 뽑아 문하생(門下生)으로 삼았으니 명(銘)을 짓는 일을 사양할 수 있으리오? 새김돌에 노래하노니 말하기를

해평군(海平君)이여!
고종(高宗)과 원종(元宗)을 좌우에서 보좌했도다.
군자가 혜택(惠澤)을 베풀었으므로
후손에게 경사스러움이 계속되누나.
오직 원수공(元帥公)이
우뚝하게 시중(侍中)이 되었거늘
충간공(忠簡公)이 계승함에
관후장자(寬厚長者)의 풍도가 있었도다.

어려서는 영특함을 날렸고
늙어서는 영화를 누렸다네.
계자(季子)가 재상의 벼슬을 이어
문형(文衡)을 주관하는데
손자가 중추(中樞)의 벼슬에 올라
바다의 모퉁이에서 외적을 막는구나.
공의 가문을 생각하노니
베풀기를 오래도록 갖추었기에
무릇 그 상서로운 복을 내린 것인즉
오직 착함을 쌓아서 이렇게 빛났도다.
내가 공에게 아첨한 것이 아니므로
공은 착함에서 길이 하소서.

봉익대부(奉翊大夫) 방안(邦晏) 사고(史攷)

　　해평윤씨세승(海平尹氏世乘)을　살펴보면　5세조(五世祖)　휘(諱) 방안(邦晏)은　문영공(文英公)　휘(諱)　지현(之賢)의　큰아들로　봉익대 부(奉翊大夫)　동지밀직사사(同知密直司事)　진현관제학(進賢館提 學)　겸전의시사(兼典儀寺事)　상호군(上護軍)이었는데　신우(辛禑) 기미(己未: 서기 1379)년 9월에　졸하였다.

　　배(配)는　재녕(載寧)　강씨(康氏)니　아버지가　첨의정승(僉議政丞) 재녕부원군(載寧府院君)　안정공(安靖公)　득룡(得龍)이요, 할아버지 는　삼사우사(三司右使)　선(瑄)이며, 증조는　부사(府使)　세(世)이고, 외조(外祖)는　연안군(延安君)　이엄(李儼)이다.

　　장남　사영(思永)은　한성부윤(漢城府尹)　예문관제학(藝文館提學) 이요, 차남 사수(思修)는 고려 신우(辛禑) 9년(서기 1383년)에 진사 (進士)에　급제하여　가선대부(嘉善大夫)　지의정부사(知議政府事)를 역임하였는데 조선왕조(朝鮮王朝)에　들어와서　이조참판(吏曺叅判) 에 올라 가문을 일으켰다.

이조참판공(吏曹叅判公) 사수(思修) 사고(史攷)

　본조(本朝) 태종조(太宗朝)에 간관(諫官) 한명덕(韓命德)이 말하기를 임금이 명령을 내리면 정부에서 받들어 시행하나니 신하들이 비록 혹시 들음이 있지만 사업을 이미 시행하기 전날에 간관(諫官)을 정부에 소속시켜서 이에 임금의 명령을 살피게 하기를 청하나이다.

　임금이 물으시기를 옛날에는 어떻게 하였는가?

　황희(黃喜)가 말하기를 국초에 이문화(李文和), 윤사수(尹思修)가 모두 간관(諫官)으로서 임금의 명령문서를 출납하는 경력(經歷)을 겸하였나이다.

　임금이 말씀하시기를 이것은 아름다운 법이 아니로다. 경력(經歷)은 비록 중요한 임무이지만 재상(宰相)에게 종속한 관리이고, 임금의 동정(動靜)과 정치명령의 득실(得失)을 모두 바로잡는 것은 간관(諫官)인데 간관(諫官)으로 경력(經歷)을 겸하게 한다면 모두 조정(朝廷)을 높이고, 간관을 무겁게 여기는 방식이 아니라고 하였다.

七世傍祖

소윤공(少尹公) 처공(處恭) 사고(史攷)

경태(景泰) 계유(癸酉: 서기 1453년) 10월 10일 밤에 영상(領相) 황보인(皇甫仁), 좌의정(左議政) 김종서(金宗瑞), 우찬성(右贊成) 이양(李穰), 이조판서(吏曹判書) 민신(閔伸), 병조판서(兵曹判書) 조극관(趙克寬), 군기판사(軍器判事) 윤처공(尹處恭), 선공부정(繕工副正) 이명민(李命敏), 원구(元矩), 조번(趙藩) 등이 함길도절제사(咸吉道節制使) 이징옥(李澄玉), 종성부사(鐘城府使) 이경유(李耕畎), 평안도관찰사(平安道觀察使) 조수량(趙遂良), 충청도관찰사(忠淸道觀察使) 안완경(安完慶)과 연결하여 단종(端宗)이 어린 틈을 타서 종사(宗社)를 위태롭게 하는 모반(謀叛)을 했다고 하여 즉시 무사(武士)에게 명령하여 황보인, 조극관, 이양을 의금부(義禁府)에서 특지로 심문하여 죽이고, 윤처공 등을 참수(斬首)하였으며, 현릉(顯陵)의 비석이 있는 곳에서 억울함을 호소하던 윤처공의 아들 경(涇), 위(渭), 탁(濁: 濯), 식(湜), 개동(介同), 효동(孝同) 6인을 모두 체포하여 조사해서 함께 죽였다. 개동(介同)과 효동(孝同)은 아마도 아명(兒名)인 듯하다. ◎ 무정부감(武定寶鑑)에 이르기를 아들은 경(涇), 위(渭), 탁(濁), 식(湜), 개동(介同) 등 5인이 함께 죽었다고 하였으니 아들 1명은 전하지 않는다.

정종(正宗) 신해(辛亥: 서기 1791)년에 영월(寧越)의 조사단(朝士壇)에서 제향을 지내라고 명령하니 여섯 아들은 제단을 따로 만들어서 제향을 지냈다. 처음에는 함께 죽은 여러분과 아울러 혼(魂)을 불러서 공주(公州)의 계룡산(鷄龍山) 동학사(東鶴寺)에서 이곳으로 제향을 옮길 때까지 제향을 지냈다.

통정대부(通政大夫) 처성(處誠) 사고(史攷)

해평윤씨세승(海平尹氏世乘)을 살펴보면 7세조(七世祖) 휘(諱) 처성(處誠)은 가선대부(嘉善大夫) 이조참판공(吏曹叅判公) 휘(諱) 사수(思修)의 장남(長男)으로 태어나서 통정대부(通政大夫) 수원도호부사(水原都護府使)를 역임하고, 증병조판서(贈兵曹判書)를 받았다.

산소는 장단(長湍) 진북(津北) 송산리(松山里) 묘좌원(卯坐原)에 있으며 표석(表石)을 세웠다.

배위(配位)는 밀양박씨(密陽朴氏)로 증정부인(贈貞夫人)이며, 공과 쌍봉(雙封)하였고, 아버지는 판시사(判寺事) 침(忱)이요, 할아버지는 판서(判書) 사경(思敬)이며, 증조는 문관(文官)으로 좌랑(佐郎)이다.

3남 1녀를 슬하에 두었으니 장남(長男)은 빈(濱)으로 통정대부(通政大夫), 청주목사(清州牧使)이며, 2남은 면(沔)으로 사헌부장령(司憲府掌令)이며, 3남은 빙(憑)이요, 딸은 고성인(固城人) 이신(李晨)에게 시집갔다.

八世

사헌부장령(司憲府掌令) 면(沔) 사고(史攷)

해평윤씨세승(海平尹氏世乘)을 살펴보면 8세조(八世祖) 휘(諱) 면(沔)은 증병조판서(贈兵曺判書) 휘(諱) 처성(處誠)의 둘째 아들로 세종(世宗) 14년(서기 1432년)에 문병과(文丙科)에 급제하여 집현전저작(集賢殿著作)으로 출사(出仕)하여 사헌부장령(司憲府掌令) 겸승문원참교(兼承文院叅校)를 역임하여 증좌찬성(贈左贊成)을 받았다.

묘소는 양주(楊州) 송산(松山) 추곡(楸谷) 임좌원(壬坐原)에 있다.

배위(配位)는 증정경부인(贈貞敬夫人) 인천이씨(仁川李氏)요, 묘소는 양주(楊州) 고주내(古州內) 구랑동(九郎洞) 건좌(乾坐)에 있다.

3남 2녀를 두었으니 장남(長男) 화(華)는 뒤가 없고, 2남 진(蓁)은 충찬위(忠贊衛)를 역임했으며, 3남 훤(萱)은 증영의정(贈領議政)이다.

장녀(長女)는 풍양인(豊壤人) 조익각(趙益碻)에게 시집갔고, 2녀는 풍산인(豊山人) 심주(沈冑)에게 시집갔다.

첨정공(僉正公) 훤(萱) 묘갈명(墓碣銘)
사예(司藝) 김말문(金末文) 엮음

윤씨(尹氏)는 선산부(善山府)의 해평(海平)에서 이름 높은 가문이니 휘(諱) 훤(萱)은 자(字)가 백영(伯英)으로 효도와 우애(友愛)를 아울러 지극히 하였고, 재능과 기국(器局) 두 가지가 컸기 때문에 관리로서의 재간과 능력이 탁월하여 벼슬길에 들어가서 여러 번 자리를 옮겨 조봉대부(朝奉大夫) 군기시첨정(軍器寺僉正)에 이르렀는데 나이 61세에 질병으로 세상을 버리니 사람들이 모두 벼슬에 불만족하여 병이 났다고 애석해하였다.

증조부(曾祖父)는 휘(諱)가 사수(思修)로 가정대부(嘉靖大夫) 참지의정부사(僉知議政府事) 보문각제학(寶文閣提學)이요, 할아버지는 휘(諱)가 처성(處誠)이니 통정대부(通政大夫) 행수원도호부사(行水原都護府使)이며, 아버지는 휘(諱)가 면(沔)이니 통훈대부(通訓大夫) 승문원참교(承文院僉校)이다.

외조부(外祖父) 이(李) 공은 휘(諱)가 효례(孝禮)로 자헌대부(資憲大夫) 지중추원사(知中樞院事)이다.

공은 연안(延安) 김씨(金氏)에게 장가들었으니 조봉대부(朝奉大夫) 홍천현감(洪川縣監) 휘(諱) 모(模)의 따님이다.

3남 2녀를 낳았는데 장남(長男)은 은보(殷輔)인데 갑인(甲寅)년 과거에 급제하여 홍문관전한(弘文館典翰)이 되었고, 2남은 은필(殷弼)이니 갑자(甲子)년에 과거에 장원급제하여 홍문관수찬(弘文館修撰)이 되었으며, 3남은 은좌(殷佐)인데 역시 재주와 명망이 있다.

장녀(長女)는 참봉(叅奉) 임명필(任明弼)에게 시집갔고, 2녀는 뽑혀서 후궁(後宮)으로 들어갔다.

여러 손자는 약간인데 모두 어리다. 새김돌에 노래하기를

해평(海平)의 산이 기이하여
수려한 정기(精氣)를 모아 어진 이를 낳았도다.
충성과 효도가 집안에 전해서
대대로 고귀한 벼슬을 이었다네.
바다는 평화롭고 물이 곱거늘
그 흐르는 물줄기도 깊고 넓으니
윤(尹)씨 집안의 복록이
더불어 길이 하리로다.

홍치(弘治) 18년(서기 1505년) 9월 초 4일 세움

첨정공신도비명(僉正公神道碑銘)

예조판서(禮曹判書) 성세창(盛世昌) 엮음, 아울러 서문을 씀

공은 휘(諱)가 훤(萱)이요, 자(字)가 백영(伯英)이니 계파(系派)는 해평윤씨(海平尹氏)에서 나왔다.

고려시대에 있어서 경학(經學)과 사학(史學)을 통달하여 뚜렷한 반열에 오른 사람이 대대로 끊어지지 아니하였고, 휘(諱) 사수(思修)가 조선왕조(朝鮮王朝)에 들어와서 벼슬이 참지의정부사(參知議政府事)에 이르니 이분이 증조가 되며, 휘(諱) 처성(處誠)을 낳았는데 통정대부(通政大夫) 수원도호부사(水原都護府使)로 증병조판서(贈兵曹判書)가 되었고, 휘(諱) 면(沔)을 낳으니 과거에 급제하여 집현전저작(集賢殿著作)으로 임명되어 승문원참교(承文院參校)로 마쳤는데 의정부좌찬성(議政府左贊成)을 증직(贈職)하였다.

찬성공(贊成公)이 지중추부사(知中樞府事) 이효례(李孝禮)의 딸에게 장가들어 성화(成化) 갑자(甲子)년에 공을 낳으니 효도와 우애가 천성(天性)으로 나왔고, 학문에 힘써 경서(經書)에 밝았으나 여러 번 과거를 보아도 합격하지 못하니 조정이 그 재주를 안타깝게 여기고 추천으로 익위사사어(翊衛司司禦)를 제수하였다가 도총부도사(都摠府都事)로 옮겼는데 또 조봉대부(朝奉大夫) 사섬시첨정(司贍寺僉正)에 올랐다.

해당 관직을 소상하게 꿰뚫어 회계장부의 지출과 수납에 털끝만큼의 오차가 없었으므로 군기사첨정(軍器司僉正)으로 옮겼는데 정덕(正德) 갑자(甲子)년에 병환을 조금 앓다가 정침(正寢)에서 졸(卒)하니 향년 61세였다. 의정부영의정(議政府領議政)을 증직(贈職)

하였다.

배위(配位)는 김씨(金氏)니 현령(縣令) 휘(諱) 모(模)의 딸이다. 어질고 부덕(婦德)과 부행(婦行)이 있어 아홉 겨레를 정성으로 대접하였고, 자제를 가르침에 방정(方正)함이 있었는데 공보다 먼저 졸하였다. 홍치(弘治) 무신(戊申: 서기 1488)년에 양주(楊州) 계토산 계좌정향(癸坐丁向)의 언덕에 묻었다가 공이 졸(卒)함에 미쳐 연산주(燕山主)의 폭정이 불같은 시대를 만나 양주(楊州)와 광주(廣州)는 사냥하는 놀이터가 되었기 때문에 이에 같은 산에 장사 지낼 수 없어 마침내 거북점을 쳐서 땅을 골라 수원부(水原府)의 경계에다 예법을 갖추어 장사 지냈다.

공은 평생 단정하고 중후하며, 담백하고 소박하여 망령된 말이나 웃음을 하지 아니하였으니 바라보면 엄숙하고 가까이 가서 접하면 따뜻하였다. 그러나 조상의 제사는 정성으로 지내고, 사람을 대접함에는 공경으로 대접하였으며, 착한 일을 함에는 맛있는 음식을 먹듯이 하고, 아름다운 소리와 어여쁜 얼굴색이라도 정의롭지 못하거든 도적을 피하듯이 하였다.

어진 배우자를 일찍 잃고, 어린 자녀들이 방 안에 가득하여 곤궁하고 빈약하였지만 마음이 편안하고, 침착해서 슬퍼하는 모습이 없었다.

그 뒤에 두 아들이 영광스럽고 귀하게 되니 집안의 살림살이가 점점 넉넉하게 되었지만 날로 삼가며 조심하고 두려워하며 행복으로 여기지 아니하였는바 그 천성이 그런 것이다.

공은 숨은 덕과 뛰어난 행실이 많고, 또한 글재간과 관리의 능력이 있음에도 크게 현달(顯達)하지 못하니 사람들이 모두 아프고 애석하게 여겼거늘 오늘날에 미쳐 튼실하게 위인(偉人)을 낳아서 나라의 주춧돌이 되었으니 하늘이 베풂에 보답하는 것이 가볍지 않다고 말할 수 있을 것이다.

3남 2녀를 낳았으니 장남은 은보(殷輔)로 지금 의정부영의정(議政府領議政)이 되었으니 그 3세(世)를 추증(追贈)함은 공의 품계를 기준으로 한 것이다.

2남은 은필(殷弼)이니 이조참판(吏曹叅判)이고, 3남은 은좌(殷佐)니 사섬시직장(司贍寺直長)이다.

장녀는 참봉(叅奉) 임명필(任明弼)에게 시집가고, 차녀는 연산주(燕山主)의 후궁(後宮)으로 뽑혀서 들어가 숙의(淑儀)가 되었다.

의정(議政: 殷輔)이 군직(軍職) 이원정(李源禎)의 딸에게 첫 장가들어 1녀를 낳으니 승지(承旨) 권찬(權纘)에게 시집갔는데 찬(纘)이 1녀를 낳아서 왕자(王子) 덕양군(德陽君)에게 시집갔다. 군수(郡守) 송거(宋琚)의 딸에게 두 번째 장가들었는데 후사(後嗣)가 없다.

참판(叅判: 殷弼)이 첨정(僉正) 채자연(蔡子涓)의 딸에게 장가들어 3남 1녀를 낳았으니 장남은 홍언(弘彦)으로 조지서별좌(造紙署別坐)요, 2남은 정언(貞彦)으로 진사(進士)가 되었으며, 3남은 형언(亨彦)으로 사산감역(四山監役)이다. 딸은 시강원설서(侍講院說書) 조광옥(趙光玉)에게 시집갔다.

직장(直長: 殷佐)이 사지(司紙) 김중문(金仲文)의 딸에게 장가들어 5녀를 낳았으니 모두 시집을 가서 벼슬하지 않은 선비의 아내가 되었다.

참봉(叅奉: 任明弼)이 3남 2녀를 낳으니 장남은 윤(尹)으로 승문원박사(承文院博士)요, 2남은 설(說)이니 세 번이나 과거에 급제하여 지금은 군기시첨정(軍器寺僉正)이 되었으며, 3남은 여(呂)로 학문에 힘써 글을 잘한다. 두 딸은 모두 벼슬을 하지 않은 선비에게 시집갔다.

바야흐로 계묘(癸卯)년 5월에 우리 의정공(議政公)이 나이가 높고, 벼슬이 지극하므로 추모하는 정성이 더욱 간절하거늘 선고(先考)의 덕이 없어져서 전하지 못할까 깊이 두려워하여 세창(世昌)에게 부탁하여 그 실적을 좇아 기록해서 돌에 새겨 영원히 썩지 않기를 도모하라고 하였다.

세창(世昌)은 스스로 생각하건대 재주가 졸렬하고 문장마저 능통하지 못하지만 삼가 가승(家乘)에서 차례로 서술한 세계(世系)와 자손(子孫)의 많음으로 글을 지어서 기록하고 인하여 새김돌에 노래하노니 말하기를

오직 저 해평(海平)에는
산악과 한가지로 신령이 내리시니
대대로 철인(哲人)이 나와서
복록(福祿)을 크게 새롭게 하도다.
신라(新羅)를 지나고 고려(高麗)를 거침에
혹 희미하고, 혹 밝았거니와
조선왕조(朝鮮王朝)에 들어와서는
다시 높은 벼슬이 떨쳤도다.
할아버지와 아버지의 양대(兩代)에는
막히고 엉기어 침잠하여 어두웠나니
재간이 있어도 베풀지 못하므로
겸손한 인격으로 소문이 났도다.
경사스러움을 비축하고, 아름다움을 가슴에 끌어안아
쌓음이 오래되어 가득히 차거늘

숙녀와 혼인하여 어진 아들을 잉태했나니

나라의 기둥이 되었도다.

쌓음이 있거든 퍼 주는 것이요

씨앗을 심으면 반드시 싹이 나오는 것

할아버지와 아버지에게 벼슬을 추증(追贈)하였나니

효도가 충성을 말미암아 행하였네

우뚝한 비석의 머리를 높이 세우니

묘소가 이에 영화를 자랑할 새

이에 억만 년을 다하도록

길이 그 명성을 누리리로다.

가정(嘉正) 22년(서기 1543년) 8월 세움

증정경부인(贈貞敬夫人) 김씨묘표음기(金氏墓表陰記)

외손(外孫) 임설(任說) 엮음

김씨(金氏)는 연안(延安)에서 이름이 높은 집안이로다. 증조(曾祖)는 휘(諱)가 자지(自知)이니 정헌대부(正憲大夫) 개성부류후사류후(開城府留後司留後)요, 할아버지의 휘(諱)는 위(偉)니 봉직랑(奉職郎) 평시서령(平市署令)이며, 아버지는 휘(諱)가 모(模)이니 조봉대부(朝奉大夫) 홍천현감(洪川縣監)이다.

군기시첨정(軍器寺僉正) 윤(尹) 공 휘(諱) 훤(萱)에게 시집가서 3남 2녀를 낳으니 장남은 은보(殷輔)로 갑인(甲寅)년의 문과(文科)에 올라 지금은 의정부영의정(議政府領議政)이 되었고, 2남은 은필(殷弼)이니 갑자(甲子)년의 문과(文科)에 장원하여 벼슬이 이조참판(吏曹叅判)에 이르렀으며, 3남은 은좌(殷佐)로 내섬시직장(內贍寺直長)이다.

상녀는 참봉(叅奉) 임명필(任明弼)에게 시집갔고, 2녀는 연산주(燕山主)의 후궁(後宮)으로 뽑혀서 들어가 숙의(淑儀)가 되었다.

의정(議政)이 먼저 군직(軍職) 이원정(李元楨)의 딸에게 장가들어 1녀를 낳으니 승지(承旨) 권찬(權纘)에게 시집갔는데 찬(纘)이 1녀를 낳아서 왕자(王子) 덕양군(德陽君)에게 시집을 갔다.

뒤에 군수(郡守) 송거(宋琚)의 딸에게 장가들었는데 자녀가 없었다.

참판(叅判)이 첨정(僉正) 채자연(蔡子涓)의 딸에게 장가들어 3남 1녀를 낳으니 장남은 홍언(弘彦)으로 조지서별좌(造紙署別坐)요, 2남은 정언(貞彦)이니 진사(進士)가 되었으며, 3남은 형언(亨彦)이니 사산감역(四山監役)이다. 딸은 시강원설서(侍講院說書) 조광옥(趙光玉)에게 시집갔다.

직장(直長)이 사지(司紙) 김중문(金仲文)의 딸에게 장가들어 5녀를 낳으니 장녀는 직장(直長) 원붕(元鵬)에게 시집갔고, 2녀는 참봉(參奉) 홍간(洪侃)에게 시집갔으며, 3녀는 사산감역(四山監役) 김홍우(金弘遇)에게 시집갔고, 나머지는 어리다.

참봉(參奉)이 3남 2녀를 낳으니 장남은 윤(尹)으로 기해(己亥)년의 문과(文科)에 급제하여 형조좌랑(刑曹佐郎)이요, 2남은 설(說)이니 군기시첨정(軍器寺僉正)이며, 3남은 려(呂)이니 어린데도 학문에 힘써 수사(秀士)가 되었다. 장녀는 학생(學生) 김한공(金漢公)에게 시집갔고, 차녀는 현령(縣令) 곽번(郭藩)에게 시집갔다.

아들의 관직에 기준하여 아버님에게 의정부영의정(議政府領議政)을 증(贈)하였고, 어머님에게는 정경부인(貞敬夫人)을 봉(封)하였다.

첨정공(僉正公)이 부인(夫人)보다 뒤에 졸(卒)하니 바로 홍치(弘治) 갑자(甲子)년이었는데 당시에 연산주(燕山主)의 폭정이 불길 같아서 양주(楊州)와 광주(廣州)가 사냥하는 놀이터가 되었으므로 같은 산에 묻을 수 없어서 마침내 묘지를 점쳐서 수원부(水原府) 경계인 독성(禿城) 아래 동쪽 시봉리(市峯里)에 예법을 갖추어 장사 지냈다.

부인(夫人)은 온화하고 은혜로우며, 맑고 신중하였으니 타고난 그 본성이었는데 자제를 가르침에는 방정하고 엄격하였으며, 종족을 대접함에는 은혜롭게 믿었다.

변변치 못한 제물을 바침에 반드시 공경하였고, 반드시 때를 맞추었으며, 가는 칡베와 굵은 칡베를 만듦에 부지런하고, 검소하였으니 규방(閨房)의 부녀자의 행실이 곧 세상에 우러러보는 바가 되었는데 불행하게도 일찍 세상을 떠났기에 여러 아들이 현달(顯達)하는 영광을 누리는 데 미치지 못하였으므로 저승과 이승의 아픔을 어떻게 다 기록하리오?

덕을 쌓아서 경사를 누림에 아들과 딸이 있으므로 자신은 먹지 아니하였으니 보답이 후대로 돌아가서 복이 자손에게 뻗치거늘 자자손손 계계승승 바뀌지 아니하고, 복을 이어 영세토록 의지하며 제향을 받으리니 하늘이 보답을 베푸심이 가볍지 않다고 말하리로다.

설(說)은 욕되게도 외손(外孫)의 대열에 있으므로 삼가 세계(世係)와 자손의 많음을 서술하여 돌에 새겨서 썩지 않기를 도모한다.

가정(嘉正) 22년(서기 1543년) 8월 일 세움

十世傍祖

정성공(靖成公) 은보(殷輔) 사고(史攷)

중종(中宗) 기해(己亥: 서기 1539년) 겨울 10월에 임금이 영의정 (領議政) 윤은보(尹殷輔) 등을 불러 접견하고, 묻기를 권세를 가진 간신(奸臣)이 나라를 좌우하는 권력을 훔쳐서 농간을 부리니 나라 가 매우 위태로운저! 이제 시비를 가려 나라를 바로잡는 큰 결정 을 하고자 하노니 경(卿)들은 그 각각 숨김이 없도록 하라고 하신 대 여러 신하가 모두 김안로(金安老)의 죄악을 진술하고 또 그 당 파 허항(許沆), 허흡(許洽), 채무택(蔡無擇)의 죄를 논하여 나란히 사약을 내리고, 정광필(鄭光弼) 등을 유배지에서 석방하였다<東國 通鑑>.

영의정 윤은보(尹殷輔)가 왕명을 받들어 대전후속록(大典後續錄) 을 편집하다<上同>.

상국(相國) 상진(尙震)이 동백(東伯)을 배수(拜授)하고, 장차 떠 나면서 상국(相國) 윤은보(尹殷輔)에게 가르침을 청한대 공이 방백 정요(方伯政要)를 진술하니 상(尙) 공이 그대로 따라 행하여 어기 지 아니하여 일이 쌓여 막힘이 없었다.

항상 말하기를 나는 여러 번 일에 당하여 처리함에 항상 윤(尹) 재상의 가르침을 따르려고 애써 노력하였으며, 방백(方伯)으로 가 르침을 청한 사람에게는 공이 가르친 바를 거론하여 보내 주었다 <野史>.

정성공묘표음기(靖成公墓表陰記)

정덕(正德) 경진(庚辰: 서기 1520)년 정월에 공의 전 부인(前夫人) 이씨(李氏)가 졸(卒)하니 양주(楊州)의 남쪽 송산리(松山里) 임좌병향(壬坐丙向)의 언덕으로 수락산(水落山)의 지맥(枝脈)인 회룡고조(回龍顧祖)의 형국을 얻었는데 서울에서의 거리가 40리(里)로 그해의 2월에 언덕의 동편에 장사 지냈다.

가정(嘉靖) 신축(辛丑: 서기 1541)년 12월에 공의 후부인(後夫人) 송씨(宋氏)가 졸(卒)하여 다음 해 2월에 언덕의 서편에 장사 지내고, 그 가운데를 비워 두었으니 공이 다른 날에 관(冠)과 패물(佩物)을 묻을 장소로 생각한 것이다.

이에 이르러 와서 장사 지내니 대개 세 무덤이 서로 차례로 하여 나란히 대열을 이루었도다.

북쪽으로 10보(步)쯤에는 곧 공의 조고(祖考) 참교(叅校) 증찬성(贈贊成) 휘(諱) 면(沔)의 봉분이요, 남쪽으로 10보(步)쯤에 있는 쌍분(雙墳)은 이에 공의 아우 참판(叅判) 휘(諱) 은필(殷弼)과 부인 채씨(蔡氏)의 무덤이다.

서북쪽으로 100보(步)쯤에 한 등성이를 넘으면 여기는 공의 황비(皇妣)의 묘소이고, 공의 선대인(先大人)의 묘소는 수원부(水原府) 동쪽 시봉리(市峯里)의 언덕에 있는데 공이 늘 여기로 이장(移葬)을 하여 합묘(合墓)를 하려고 생각하였으나 마침내 이루지 못하였다.

오래도록 쌓은 덕성(德性)과 무거운 신망(信望)은 세상에 앞날을 미리 아는 산가지와 거북이 되었나니 그 위대한 행실과 많은 업적

및 세계(世系)와 관직(官職)은 모두 신도비(神道碑)에 갖추어 있는 바 용(龍)을 조각한 비석머리와 거북이 엎드리고 있는 큰 비석은 묘도(墓道)의 서남쪽 60보(步)의 땅에 세웠으므로 공을 알고자 하는 사람이 있으면 마땅히 여기에서 찾을진저!

가정(嘉靖) 25년 2월 일 세움

정성공신도비명(靖成功神道碑銘)

영의정(領議政) 홍언필(洪彦弼) 엮음

공의 휘(諱)는 은보(殷輔)요, 자(字)는 상경(商卿)이니 해평인(海平人)이다. 공의 원대조(遠代祖)는 휘(諱)가 군정(君正)으로 고려(高麗) 원종조(元宗朝)에 있어서 도적을 평정(平定)한 공으로 대장(大將)을 임명하는 단(壇) 위에 올라 장군(將軍)이 되었는데 해평의 윤(尹)씨가 세상에 뚜렷이 나타난 것은 이로부터이다.

장군의 윤자(胤子) 휘(諱) 만비(萬庇)는 정당문학(政堂文學)이 되었고, 정당문학의 아들 휘(諱) 석(碩)은 우정승(右政丞)이 되었으며, 우정승이 휘(諱) 지현(之賢)을 낳으니 또한 정당(政堂)이 되었으니 덕을 쌓아 경사스러움을 물려서 3대가 연달아 대관(大官)이 되었다.

조선왕조(朝鮮王朝)에 들어와서는 휘(諱) 사수(思修) 지정부사(知政府事) 보문각제학(寶文閣提學)이 있으니 바로 공의 고조(高祖)가 된다. 공의 증조(曾祖)는 휘(諱) 처성(處誠)으로 수원부사(水原府使)요, 대부(大父)는 휘(諱)가 면(沔)이니 승문원참교(承文院叅校)이다.

고(考)는 휘(諱)를 훤(萱)이라고 하니 군기시첨정(軍器寺僉正)인데 이에 의정부영의정(議政府領議政)을 증(贈)하였다.

대부인(大夫人)은 김씨(金氏)로 현감(縣監) 모(模)의 따님인데 성화(成化) 무자(戊子: 서기 1468)년에 공을 낳았는데 어린 아기 때부터 우뚝하여 자질이 뛰어나서 무리들을 뛰어넘어 영특하고 우수하였다.

공의 나이 15세에 대부인(大夫人)이 세상을 떠나니 슬프게 울부짖고, 애절하게 사모하면서도 상례(喪禮)와 장례(葬禮)의 격식을 갖추어 한결같이 예절의 제도에 합하도록 하였다.

약관(弱冠)에 태학(太學)에 들어가서 스승을 받들고, 벗을 맺으며, 본성(本性)과 천리(天理)의 근원을 깊이 탐구하여 인격 수양의 근본으로 삼았고, 남은 힘으로 하는 문장을 공부하여 글을 지으면 편장(篇章)이 되고, 만약 그 문장력을 평가하면 반드시 많은 선비들의 으뜸자리를 차지하였다.

당시에 허백당(虛白堂) 홍(洪) 공이 시험답안지(試驗答案紙)에 이름을 가린 것을 듣고는 말하기를 반드시 아무개가 지은 글이라고 하면서 무릎을 치며, 감탄하여 칭찬한 지가 오래되었다.

몸이 성균관(成均館)의 하재(下齋)에 거처하였지만 명성은 상재(上齋)에까지 진동하였으니 명패(名牌)를 베풀어 놓은 반열에 감히 나란히 당겨 놓지 못하였다.

갑인(甲寅)년 가을에 성묘(成廟)가 사방의 선비를 모이게 하니 모두 서울과 지방에서 심사하여 선발된 사람으로 전부가 한때의 으뜸가는 문장가로서 임금이 친히 임하시어 과거를 보이고, 발탁하였기 때문에 세상에서 선비다운 선비를 얻었다고 하였는데 공이 참여하여 뽑혔다.

우리나라에서는 옛날부터 관례적으로 새로 과거에 합격한 사람이 임금의 은총으로 의정부(議政府)에 들어가는 것을 영광스러운 관직으로 여기고, 성균관(成均館)은 늙은 유림(儒林)이 봉직하는 것으로 생각하였으니 대개 높은 벼슬자리로 뽑혀 가는 길이 좁고, 나무가 쌓이며, 비방이 많기 때문인즉 사람들이 반드시 의정부(議政府)로 가기를 추구하되 오히려 뒤질까를 두려워하였다.

공은 홀로 비분강개하여 비난하여 말하기를 선비가 처음 조정에 오르면서 화려한 벼슬을 다투고, 천박한 자리를 싫어하며, 승진에 줄을 대려고 부지런히 엿보나니 어찌 이러한 이치가 있으리오 하고, 마침내 학유(學諭)를 말미암아 벼슬길에 나아가니 지식인이 모두 큰 그릇이라고 소중하게 여겼다.

연산주(燕山主)가 3년의 상기(喪期)를 짧게 줄이거늘 공이 사간원(司諫院)의 정언(正言)이 되었는데 동료들의 거동을 살펴보니 모두 두려워 겁을 먹고 감히 입을 열지 못하였다.

공이 분연히 붓으로 상소문(上疏文)을 써서 힘써 옛날의 제도를 진술하고, 떳떳한 윤리를 붙들어 심으니 무거운 형벌을 받을 것으로 여겼지만 마침내 좌천되어 조정(朝廷)으로 옮겼으니 비록 공이 위태롭게 되었지만 또한 공을 귀하게 생각하였다.

오랫동안 막힌 것을 살펴서 조절하여 원활하게 하므로 사헌부지평(司憲府持平)이 되었다가 이조(吏曹)와 병조(兵曹) 두 정랑(正郎)을 거쳐 돌다가 또 홍문관(弘文館)의 응교(應敎)와 전한(典翰)과 사헌부집의(司憲府執義)를 제수(除授)받았다.

갑자(甲子)년에 내간상(內艱喪)을 당하여 병인(丙寅)년에 상기(喪期)를 마치자 당시에 중종(中宗)이 처음 즉위하여 오염된 정국을 혁신하고 다시 인륜의 기강을 다듬으니 공이 두 번째 사헌부(司憲府)의 아관(亞官)이 되어 뭇 굽은 법을 규명하여 바로잡고, 무너진 강령을 일으켜 떨치게 하며, 깨끗하게 씻어서 맑아지기를 기다리니 임금이 깊이 치하하였다.

대마도(對馬島)의 추악한 왜인(倭人)이 틈을 엿보고 변경을 경색(梗塞)게 하거늘 임금이 사신을 보내서 그 까닭을 묻고자 하시니 공이 예빈시정(禮賓寺正)으로 응징하기를 늦추었는데 당시의 의론이 저 왜인(倭人)들은 생명을 가볍게 여기고, 죽기를 기뻐하며 속임수가 아주 많기 때문에 정의와 진리로 깨우칠 수 없으므로 위험과 걱정이 호랑이의 입보다도 심하다고 하였으나 공은 기쁘게 즐거운 땅에 가듯이 길을 떠났다가 도주(島主)가 죽었다는 소식을 듣고 가지 아니하였다.

대저 원대한 그릇은 날카롭게 나아가지 아니하고, 갑자기 올라가지 아니하나니 하늘이 계시한 바이다.

공은 당하(堂下)의 서열에서 늘어지게 옮겨 다니며, 낮은 담장같이 진급하지 못한 지가 대개 여러 해가 되었다.

국가에서 여러 도(道)에 임시로 파견하는 경차관(敬差官)을 임명함에 공을 찾아보고 말하면 모두 기억하여 익숙하게 통달하면서도 자세하게 얻은 것을 행적으로 엮었으니 두루 소민(小民)들의 고통과 풍류와 민요 및 습속을 알았으며, 관문(關門)과 진(鎭)의 병졸과 산천의 지형 및 창고의 비어 있음과 가득 찬 것에 이르러서도 마치 방문 안에 있는 물건을 보듯이 하여, 한 가지도 숨기는 바가 없었으니 생각에 다시 뽑히어 돌아갈 것을 염려한 것이다.

공이 일을 처리함이 사람들은 비록 진급이 느리고 더디다고 말하지만 다른 날에 임금을 보필하는 재상이 될 실력을 갖추는 것이 참으로 여기에 있었던 것이다.

시종(侍從)의 대열에 직제학(直提學)이 중대하므로 이 직책에 머무른 사람은 오래지 아니하여 임금의 특별한 벼슬을 제수(除授)받음이 있거늘 공은 이 관직을 2년여 동안 받드니 사람들이 또한 더디다고 하였다.

을해(乙亥)년에야 비로소 동부승지(同副承旨)가 되었는데 우승지(右承旨)와 좌승지(左承旨)를 돌며, 임금에게 주청(奏請)을 아뢴 것이 수년간에 임금의 말씀이 실과 같이 가늘어도 신하는 인끈처럼 중하게 마음속에 간직하니 임금이 어여쁘게 칭찬하였다.

정축(丁丑)년에 특별히 가선대부(嘉善大夫)를 제수(除授)받고 황해도감사(黃海道監司)가 되었으며, 다음 해에 들어와서 전조(銓曹)의 아관(亞官: 叅判)이 되었다가 얼마 아니 되어 또 경기도감사(京畿道監司)가 되었는데 흉년에 인민을 구제하는 대책을 조목조목 일으키니 인민들이 굶주리지 않을 수 있었다.

계미(癸未)년에 임금이 공을 일컬으며 오래도록 부(副) 자의 자리에만 있었다고 하시면서 발탁하여 예조판서(禮曹判書)를 제수(除授)받았고, 갑신(甲申)년에는 이조판서(吏曹判書)로 옮겼는데 사이에 나아가서 평안도감사(平安道監司)가 되었다.

2년이 지나서 또 병조판서(兵曹判書)를 배수(拜受)하였다. 3조(三曹)의 장관은 모두 우리나라에서 중요한 임무요, 서쪽의 변방도 역시 중책인데 공에게 맡겼으니 모두 몸소 가는 곳마다 마음을 다하여 직책을 처리하고 사업을 일으켰다.

공은 당상관(堂上官)이 되어 옥관자를 매단 관(冠)을 쓴 이래로 간관(諫官)이 된 것이 한 번이고, 헌장(憲長)이 된 것이 두 번이며, 판호부(判戶部)가 역시 두 번이고, 전종백(典宗伯)이 세 번이었으니 공이 재능을 갖추었기에 임금이 공을 쓰기를 두루두루 한 것이다.

신묘(辛卯)년에 승진하여 우찬성(右贊成)을 제수하여 좌찬성(左贊成)에 이르렀으며, 을미(乙未)년에는 우상(右相)이 되고, 정유(丁酉)년에는 영상(領相)이 됨에 1백 관료를 통솔하여 국정을 경영한 것이 거의 10년이었다.

갑진(甲辰)년 10월에 공이 질병으로 정침(正寢)에서 졸(卒)하니 향년 77세였다. 다음 해 정월에 양주(楊州) 송산리(松山里) 임좌병향(壬坐丙向)의 언덕에 장사 지냈다.

오호(嗚呼)라, 공의 품성이 자연스럽고, 의표(儀表)와 용모가 단정하며 우아(優雅)하였으니 일체 사람에게 거짓이 없었고, 실질을 감추어 겉으로 꾸미지 아니하였으며, 오직 덕(德)을 이에 숭상하고 오직 고요함을 이에 좋아하여 시경(詩經)과 서경(書經)을 돈독히 읽어서 기본을 세웠고, 성실(誠實)과 공경(恭敬)을 다하여 임금과 어버이를 섬겼으며, 아우와 더불어 우애하고 선비와 더불어 믿었으니 공의 덕(德)이 온전하였다.

비록 하늘에서 얻은 것이 우뚝할지라도 사람이 미칠 수 없었나니 학문의 공이 이러한 경지에 이르는 것이 또한 어찌 하루에 쌓을 수 있으리오? 남이 혹시 나를 속일지라도 나는 덕(德)으로 갚고, 그가 포악하게 업신여길지라도 나는 인애(仁愛)로 은혜를 베푸는 것이 공에게는 있었나니 만약 사람이 말을 함이 있지 아니하면 공은 공덕(功德)으로 여기지 아니하였으니 이것은 사람에게 어려운 바이다.

문익공(文翼公) 정광필(鄭光弼)과 익장공(翼莊公) 고형산(高莉山)이 제일가는 인물을 논함에 공을 지적하여 나라의 그릇이라고 하거늘 사람이 모두 말을 안다고 생각하였다.

공에게 두 누이가 있었는데 일찍 과부가 되어 시부모도 모두 잃었으므로 날로 가서 따뜻이 돌보며, 찬장에 음식까지 살펴보는 것이 일상생활처럼 되는 데 이르렀다.

만약 공이 연고가 있어 가서 볼 수 없게 되면 공의 마음이 허전하여 마치 용납할 수 없는 것 같았다.

여러 고모(姑母)의 자녀가 시집가고, 장가들 나이가 되었어도 가난하여 혼수를 갖추지 못할 것 같으면 반드시 힘을 기울여서 자금을 도왔고, 가난한 사람이 있으면 즉시 구원하며, 필요한 사람에게는 반드시 갚아 주었다.

이래서 봉급으로 말하면 넉넉하게 받았지만 집 안에 묵혀서 쌓은 재물이 없었으니 퇴직한 뒤에는 홀로 한 방에 거처하면서 곁에 시중드는 사람도 없이 생각에 잠겨 말도 하지 않고, 손에 책을 들고도 읽지 않으며, 마치 장차 멀리 생각하는 것처럼 오래 앉아 있었다.

모든 나라의 중대한 일에는 부지런히 노력하여 있는 힘을 다하였으니 새벽부터 밤늦게까지 게을리하지 아니하였는데 비록 기한제(祈寒祭)·기서제(祈署祭)·기우제(祈雨祭)를 지낼 때에도 일찍이 질병을 핑계 대고 관직을 그만두겠다고 변명함이 있지 아니하였다.

때로 옛날의 역사를 보며 몸소 체득하여 인식하려고 힘썼으며 화려한 문장이나 글씨를 기뻐하지 아니하였다. 그러나 생각을 머물러 집필하는 곳에서는 정확하고 간결하며 실천적인 글을 썼기 때문에 한 글자라도 더하고 보탤 수 없었다.

더욱이 공문서(公文書)에 정통하였으니 공이 서명하고 판결한 문서와 장부가 중앙관청에 도착하면 여러 반열이 돌려 가면서 보고 등사하여 모범문장법으로 삼았다.

오호(嗚呼)라, 안으로는 규방(閨房)의 문지방으로부터 밖으로는 조정(朝廷) 및 먼 지방에 이르기까지 공의 지극한 행실과 착한 정치를 찾아 사람들의 입에 옮긴 것이 한두 가지가 아니었다.

참의(叅議) 채세영(蔡世英)과 판결(判決) 이희보(李希輔)가 이를 모두 수집하여 기록해서 행장(行狀)을 만들었기 때문에 여기에 대략 기술하노라.

공의 병환이 위독함에 임금이 의원(醫員)을 보내고, 약을 하사하섰으나 하루 이틀 만에 부음(訃音)을 들으니 임금이 상심하여 애도함이 심하였는데 이에 말씀하시기를 나의 어진 보좌관을 잃었나니 애통함을 어찌 다하리오 하시고, 며칠 동안 소박한 반찬을 올리게 하였다.

인종(仁宗)이 동궁(東宮)으로 있을 때에 스승이 되어 거의 10년이 되었으므로 역시 비통하기를 그치지 아니하였는데 양쪽의 궁궐에서 부의(賻儀)를 내리심이 통상적인 관례(慣例)보다 우대하였다.

공은 앞서 이씨(李氏)에게 장가들었으니 군직(軍職) 원정(元楨)의 따님인데 1녀를 낳아서 대사헌(大司憲) 권찬(權纘)에게 시집갔는데 대사헌이 1녀를 낳았으니 왕자(王子) 덕양군(德陽君)의 배필이 되었다. 덕양군이 아들을 낳으니 이름이 종린(宗麟)으로 풍산정(豊山正)이다.

뒤에 군수(郡守) 송거(宋琚)의 따님에게 장가들었으나 모두 공보다 먼저 졸(卒)하였다.

양실(兩室)에서 모두 아들이 없으므로 아우 참판(參判) 은필(殷弼)의 아들 정언(貞彦)으로 후계자를 삼으니 정언(貞彦)이 경자(庚子)년의 사마시(司馬試)에 합격하고 뽑혀서 금오도사(金吾都事)에 보임하였으며, 군직(軍職) 류완(柳琬)의 딸에게 장가들어 딸을 낳았는데 어리다.

언필(彦弼)은 본래 문생(門生)이 되었으니 서로 아는 분수가 있으므로 감히 공의 벼슬한 이력과 행적을 기록하고, 새김돌에 노래를 짓노니 새김돌에 노래하기를

하늘의 주심이 두터움이여! 오직 사람이 받은 것을
본성(本性)의 천리(天理)가 찬연함이여! 고귀함이 더불어 나란히

할 것이 없도다.

천부적으로 타고난 것은 균등함이여! 내가 받은 것이 간혹 치우치누나.

부드러운 것은 손가락에 감길까를 근심함이여! 급한 것은 거문고 줄이 끊어질까 걱정이로세.

공이 받음이여! 순수하게 온전히 갖추었도다.

중화(中和)의 기상을 마음속에 보존함이여! 경(敬)과 의(義)를 교대로 심었도다.

부모가 계신 방을 살펴봄이여! 어여쁘고 어여쁜 그 모습이로세.

불쌍히 여기고 보호하여 은혜를 깊이 베풂이여! 망하여 사라진 듯이 흔적도 없다네.

부들자리에 엎드려 생각을 다 말함이여! 간절하게 간(諫)하여 공손함을 다했다네.

어찌 비늘을 찔러 밀치며, 샅샅이 밝힘을 섬기리오! 거의 위태롭고, 기쁨을 거울로 삼았구려.

이로 말미암아 길로 삼음이여! 저절로 보통의 봄날이로다.

두루 여러 대관(臺官)을 거침이여! 이치로 종합하여 고루 조절했나니.

끝냄에 큰 시작을 기약함이여! 의정부(議政府)에서 경륜하였다네.

두루 서민대중을 위로함이여! 임금의 성스러운 덕화(德化)가 날로 새로웠도다.

4방에서 높은 산악처럼 우러러봄이여! 저 푸른 하늘로 높이 솟았구려.

어찌 무너질 줄을 생각했으리오? 갑자기 음식을 거두고 서거하시니.

임금이 슬픔을 머금으심이여! 많은 선비들이 길에서 흐느낀다오.

높은 사다리에 올라감이여! 바다를 건너감에 배가 없도다.

중랑(中郞)의 전형(典型)이여! 어느 곳에서 다시 찾을까?

수척(尺)의 옥돌비석에 새김이여! 천추(千秋)에 광채를 드리우리라

(진사(進士) 신효중(申孝仲)이 글씨를 쓰고 사복정(司僕正) 박공량(朴公亮)이 전자(篆字)를 쓰다.)

정성공행장(靖成功行狀) 2본은 결(缺)함.

동강공(東岡公) 은필(殷弼) 사고(史攷)

정원일기(政院日記)는 중종(中宗) 기묘(己卯)에 사화(士禍)가 일어났는데 다음 날 승지(承旨) 윤은필(尹殷弼)이 임금에게 아뢰어 말하기를 지금 이러한 사건은 상처의 아픔도 느끼지 못할 지경인바 신(臣)이 어젯밤 4경(四更)에 그것을 듣고 경악하여 달려서 서문(西門) 밖에 이르러 대궐로 들어가 임금께 작은 정성이라도 아뢰려고 하였지만 명패(命牌)를 가진 사람 이외에는 들어감을 허락하지 아니하므로 물러갔나이다.

그때에 지평(持平)이 있어 들어가려는 사람을 군사(軍士)가 밀쳐서 내보냄에 대개 옷깃이 찢어졌는데 신(臣)은 그것을 보자 눈물이 흐르는 것도 느끼지 못하였는바 어찌 이러한 사건이 있으리라고 상상이나 했겠습니까?

홍문관(弘文館)과 대간(臺諫: 司憲府·司諫院)들이 모두 직책을 교체하는 명령을 요청하나이다. 그러므로 모두 삿갓을 쓰고, 대궐 문 밖에 둘러앉아 있나이다.

조광조(趙光祖) 등은 신이 말하건대 도(道)에 적중한 경지는 아직 못 되었지만 그들로 하여금 완성해서 이루게 함에는 곧 어찌 쉽게 얻을 수 있겠나이까?

하루아침에 반역자(叛逆者)같이 대우하여 선전관(宣傳官)이 대궐 문을 지키고 6경(卿)도 역시 들어갈 수 없게 하여 무슨 일이 있는지를 알 수 없게 하였습니다.

무릇 사람의 신하가 은밀하게 임금께 아뢰는 것은 간신(奸臣)이 아니면 아첨하는 영인(佞人)이므로 옛날 책에 내각(內閣)을 말미암지 않은 것은 말하지 말라고 하였습니다.

국가의 원기(元氣)가 반드시 이로 말미암아 끊어지고, 상실될 터이므로 즉각 파직(罷職)을 명령하소서. 또 퇴당(退堂) 이정형(李廷馨)이 지은 황토고사(黃兎故事)를 보아도 알 수 있다.

영종(英宗) 정묘(丁卯)년 월 이 정원일기(政院日記)에서 주청(奏請)한 내용을 열람하시고, 특별히 영의정(領議政)을 증(贈)하셨다.

동강공묘표음기(東岡公墓表陰記)

후손 진사(進士) 함(銶) 엮음

고려(高麗) 원종조(元宗朝)에 휘(諱) 군정(君正)이 있어 수사공상서(守司空尙書) 좌복야(左僕射)의 벼슬에 올랐으니 해평윤씨(海平尹氏)의 명문집안에 선조가 되었다.

여러 공(公)과 여러 경(卿)을 거쳐 휘(諱) 사수(思修)에 이르러 비로소 우리 조선왕조(朝鮮王朝)의 조정(朝廷)에 지정부사(知政府事)의 벼슬을 하였다.

조정에 높은 벼슬로 4대를 이어 와서 공을 낳으니 일찍 경학(經學)과 사학(史學)을 통달하고, 사단(詞壇)에서 높이 보았으며, 풍류(風流)에서도 광채가 빛나더니 홍치(弘治) 갑자(甲子)년 문과(文科)에 장원(壯元)하여, 정덕(正德)연중에는 여러 어진 이와 더불어 교유하였는데 기묘사화(己卯士禍)에 미쳐 항소(抗疏)하는 글을 은대(銀臺)에 올렸으니 사실이 당적(黨籍)의 제현(諸賢)이 주고받은 각 읍제영시편(各邑題詠詩篇)에 올라 세상에 유행하였다.

대사간(大司諫)과 충청(忠淸)·강원(江原)·경기(京畿) 등의 감사(監司)를 거쳐 이조참판(吏曹叅判)에 올랐는데 그 손자 승훈(承勳)이 고귀하게 됨으로써 이상(貳相: 左議政)을 증(贈)하였다.

부인(夫人) 채씨(蔡氏)는 돈영부첨정(敦寧府僉正) 자연(子涓)의 따님으로 1녀 4남을 두었으니 딸은 조광옥(趙光玉)에게 시집갔으니 문정(文正)이요, 첫째는 홍언(弘彦)이니 전중(殿中)이며, 둘째는 명언(明彦)이고, 셋째는 정언(貞彦)으로 주부(主簿)인데 형님 영상(領相) 정성공(靖成功) 휘(諱) 은보(殷輔)의 뒤를 이었으며, 넷째는 형언(亨彦)이니 현감(縣監)이다.

전중(殿中)이 4남을 두었으니 승경(承慶)은 문정(文正)이요, 승길(承吉)은 판서(判書)이며, 승서(承緒)는 현감(縣監)이고, 승훈(承勳)은 영상(領相)이다.

현감(縣監)이 아들 하나를 두었으니 승상(承祥)으로 감역(監役)이다.

아~ 공의 유택(幽宅)은 양주(楊州) 고을의 남쪽 밖에 송산(松山)에 있으니 혈은 임좌(壬坐)인데 그 뒤에 세 무덤은 이에 정성공(靖成功) 및 두 부인의 묘이다. 또 그 위는 곧 공의 왕고(王考: 할아버지) 장령(掌令) 휘(諱) 면(沔)의 묘소이다.

그 앞에는 곧 공의 작은아들 주부(主簿)와 현감(縣監)의 묘를 차례로 붙여 썼노라.

十一世

감찰공(監察公) 홍언(弘彦) 묘지명(墓誌銘)
영의정(領議政) 이산해(李山海) 엮음

전중(殿中) 윤(尹) 공은 휘(諱)가 홍언(弘彦)이요, 자(字)가 사미(士美)로 영남(嶺南) 해평인(海平人)이다.

원조(遠祖)는 휘(諱) 군정(君正)이니 고려(高麗)에 고종(高宗)과 원종(元宗)을 섬겨 벼슬이 상서(尙書)와 좌복야(左僕射)에 이르렀고, 휘(諱) 만비(萬庇)는 부지밀직사사(副知密直司事)요, 휘(諱) 석(碩)은 도첨의우정승(都僉議右政丞) 해평부원군(海平府院君)이며, 휘(諱) 지현(之賢)은 정당문학(政堂文學)이었다.

휘(諱) 사수(思修)가 있어 우리 조선왕조(朝鮮王朝)에 벼슬하여 지정부사(知政府事)와 보문각제학(寶文閣提學)이 되었고, 휘(諱) 처성(處誠)은 수원부사(水原府使)이니 공에게는 고조(高祖)이다.

증대부(曾大父)는 승문원참교(承文院叅校) 휘(諱) 면(沔)이며, 대부(大父)는 군기시첨정(軍器寺僉正) 휘(諱) 훤(萱)인데 아들 은보(殷輔)가 재상이 됨으로써 은혜를 미루어 영의정(領議政)을 증(贈)하였다.

고(考)는 이조참판(吏曹叅判) 휘(諱) 은필(殷弼)이요, 비(妣)는 정부인(貞夫人) 평강채씨(平康蔡氏)인데 증이조판서(贈吏曹判書) 자연(子涓)의 따님이다.

홍치(弘治) 계해(癸亥: 서기 1503년) 10월 초 3일에 공을 낳으니 어려서 가정교육을 받들어 글을 읽고, 문장을 배울 줄을 알았다. 한 번 일찍이 과거를 보았으나 다시 이롭지 못하였다. 그러나 뜻을 얻고 잃은 것에 개의치 아니하였다.

정해(丁亥)년에 어머니의 상(喪)을 당하였고, 을미(乙未)년에 참
판공(叅判公) 아버지가 돌아가시니 애통하게 사모하면서 예절을
극진히 지켰다.

3년의 상기(喪期)를 마치니 음덕(蔭德)으로 예빈시별좌(禮賓寺別
坐)를 제수(除授)하였다. 직장(直長)과 주부(主簿)를 거쳐 전중(殿
中)으로 옮겼는데 그만두고 벼슬하지 아니하였다.

만력(萬曆) 갑신(甲申: 서기 1584년) 2월 초 7일에 낙촌(駱村)의
정침(正寢)에서 졸(卒)하니 수(壽)가 82년이었다. 그해 4월에 양주
(楊州) 고을 갑좌경향(甲坐庚向)의 언덕에 장사 지내니 부인 이씨
(李氏)와 더불어 같은 묘소에 방향을 달리하였으니 먼저 자리를 잡
아 놓은 바를 좇은 것이다.

이조판서(吏曹判書) 겸지의금부사(兼知義禁府事)를 증(贈)하였으
니 막내아들의 품질(品秩)에 의한 것이다.

오호라, 공은 중후(重厚)하고, 관용(寬容)하여 사물에 좋아하지
않는 바가 없으나 홀로 기뻐한 것은 옛날의 시를 읽는 것이었으니
일찍이 하루라도 떠남이 없었다.

때때로 시를 읊음에는 눈물을 뿌리면서 흥취를 돋우고, 사람을
접함에는 겉으로만 번지르르함을 섬기지 아니하였으므로 집에 식
량이 자주 떨어졌지만 즐겁게 사는 듯이 하였다.

평생에 능숙하게 아첨하는 귀와 눈으로 영달을 추구하는 것을
매우 부끄러워하여 발이 권력자와 고귀한 집의 대문에 미치지 아
니하였다.

부인(夫人)은 종실(宗室: 全州李氏) 장임수(長臨守) 순민(舜民)의
따님인데 공보다 8년 먼저 죽었다.

장남은 승경(承慶)이니 종부시정(宗簿寺正) 겸춘추관편수관(兼春秋館編修官)으로 을묘(乙卯)년의 문과(文科)에 급제하였으며, 역시 공보다 먼저 졸(卒)하였다.

둘째는 승길(承吉)이니 갑자(甲子)년의 과거에 급제하여 지금은 한성부우윤(漢城府右尹)이요, 셋째는 승서(承緒)이니 토산현감(兔山縣監)이며, 막내는 승훈(承勳)이니 계유(癸酉)년의 과거에 합격하여 지금은 이조판서(吏曹判書)이다.

네 아들이 모두 배움이 있고, 비록 백공(伯公)이 크게 높이 되지 못하며, 현감(縣監)이 과거에 합격하지 못했지만 가운데와 막내 두 공이 모두 이름난 경(卿)이 되어 뛰어났으니 오호라, 당세에 군자들이 이에 공의 가르침이 집안에서 시행되는 것을 알았던 것이다.

장녀는 류용(柳容)에게 시집갔으니 군수(郡守)요, 2녀는 민숙헌(閔叔獻)에게 시집갔으니 현감(縣監)이며, 3녀는 한광립(韓匡立)에게 시집갔으니 인의(引儀)이고, 4녀는 황세은(黃世愍)에게 시집갔으니 판관(判官)이며, 5녀는 이복선(李復善)에게 시집가고, 6녀는 변희겸(卞希謙)에게, 7녀는 이희춘(李希春)에게, 8녀는 김덕남(金德男)에게 각각 시집갔다.

장남 종부시정(宗簿寺正)이 참봉(叅奉) 원희윤(元希尹)의 딸에게 장가들어 두 딸을 낳으니 군기시정(軍器寺正) 최전(崔錪)과 충청도사(忠淸都事) 송영구(宋英耉)가 곧 그 사위이다.

한성우윤(漢城右尹)이 목사(牧使) 박간(朴諫)의 딸에게 장가들어 4남 2녀를 낳으니 첫째는 신(璶)으로 의금부도사(義禁府都事)요, 둘째는 미(瑂)이며, 셋째는 의(璿)이고, 넷째는 제(璾)이다.

큰딸은 학생(學生) 이변(李忭)에게 시집가고, 작은딸은 왕자(王子) 인성군(仁城君)에게 시집갔다.

토산현감(兎山縣監)이 학생(學生) 최세란(崔世蘭)의 딸에게 장가들어 아들과 딸을 낳으니 아들은 상(瑺)이요, 딸은 이해(李海)에게 시집갔다.

이조판사(吏曹判書)가 충훈도사(忠勳都事) 성호문(成好問)의 딸에게 장가들어 2남 2녀를 낳으니 아들은 공(珙)과 숙(璹)이며, 큰딸은 유사(儒士) 이경여(李敬興)에게 시집갔다.

산해(山海: 엮은이)가 젊어서 처가살이를 할 때에 같은 마을에서 오래 살았는데 비록 한 번도 그 의범(儀範)을 뵌 일은 없지만 공에게 숨은덕(德)이 있음을 대개 자상하게 들었다. 경조공(京兆公)이 와서 묘지명(墓誌銘)을 청하므로 사양하였으나 허락을 얻지 못하여 곧 그 세계(世系)와 파계(派系)의 전말을 서술하고, 새김돌에 노래하노니 말하기를

아~ 아~ 전중(殿中)이시여!
시랑(侍郎)의 사손(嗣孫)이로다.
이미 순박하시고, 또한 후덕하시어
그 아름다움을 떨어뜨리지 않았도다.
가정교육을 뜨락에서 이루었거니
네 아들을 헌걸차게 길렀다네.
가운데 아들과 막내가 날아오르거늘
임금이 조서(詔書)로 내린 은혜가 빛나도다.
무릇 큰 집안에 대를 이음에는
오직 그 보존하기가 어려운지라.
현달(顯達)하고, 번성한다고 말하지만
마침내 허물이 없는 집이 드물었다네.

오직 공의 가문은
잘 닦음이 있으므로
오직 그 원천(源泉)이 깊고 멀기에
이래서 그 흐름도 넓고 길다오.
덕(德)을 쌓음에 게으름이 없는
그 이치를 크게 현창했도다.
내가 새김돌에 노래를 하노니
길이 아득히 보리로다.

감찰공신도비명(監察公神道碑銘)

간이(簡易) 최립(崔岦) 엮음

명가(名家)의 대성(大姓)은 마치 강물에 근원이 있는 것과 같아 원천(源泉)이 깊고, 멀면 흐름도 반드시 넓고 긴 것이다.

그러나 간혹 웅덩이에서는 못이 되나니 모였다가 흐르는데 더욱 커지는 것인즉 증의정부영의정(贈議政府領議政)과 같은 분은 그 오직 못이라고 할진저!

윤(尹)씨는 선산부(善山府) 해평현(海平縣)에서 나왔는데 고려조(高麗朝)에 군정(君正)이 있어 수사공상서(守司空尙書) 좌복야(左僕射)에 올랐고, 만비(萬庇)는 부지밀직사사(副知密直司事)요, 석(碩)은 도첨의우정승(都僉議右政丞)으로 시호(諡號)가 영의공(英毅公)이니 모두가 세상을 뒤덮은 공훈이 있었으며, 지현(之賢)은 정당문학(政堂文學)이었다.

조선왕조(朝鮮王朝)에 들어와서는 사수(思修)가 지정부사(知政府事) 보문각제학(寶文閣提學)이 되었으니 가히 성대하다고 말할 것이다.

공의 고조고(高祖考)는 휘(諱)가 처성(處誠)이니 수원도호부사(水原都護府使)요, 증조고(曾祖考)는 휘(諱)가 면(沔)이니 승문원참교(承文院叅校)이며, 조고(祖考)는 휘(諱)가 훤(萱)이니 군기시첨정(軍器寺僉正)인데 아들 영상(領相) 은보(殷輔)로 인하여 위로 두 대에 걸쳐 차등 있게 높은 벼슬을 증(贈)하였다.

고(考)는 은필(殷弼)이니 이조참판(吏曹叅判)이요, 비(妣)는 평강채씨(平康蔡氏)로 증이조판서(贈吏曹判書) 자연(子淵)의 따님으로 홍치(弘治) 계해(癸亥: 서기 1503)년에 공을 낳았다.

공은 휘(諱)가 홍언(弘彦)이요 자(字)가 사미(士美)인데 곧 참판공(叅判公)에겐 장자(長子)가 되고, 영의공(領議公)의 조카이다.

일찍이 시교(詩敎)와 예교(禮敎)를 듣고, 관례에 따라 유과(儒科)에 취학(就學)하여 일찍 이맛살을 펴는 경지에 들어갔지만 성공하는 데 추구하지는 아니하였으니 은연중에 한미(寒微)한 선비들과 더불어 다투어 나아가지 아니하는 풍도가 있었다.

나이 30에 전후로 거듭 내외간상(內外艱喪)을 당하여 슬픔 속에서도 범절을 예전과 똑같이 지키며, 3년간을 여막에서 떠나지 아니하였다.

이미 상복(喪服)을 벗으니 음관(蔭官)의 전례(前例)에 의거하여 별좌(別坐)에 보임(補任)하고, 직장(直長)과 주부(主簿)로 옮겼다가 사헌부감찰(司憲府監察)에 이르렀는데 또한 저속한 관리들을 따라 범과(犯科)한 물건을 관아(官衙)에서 거저 빼앗는 것을 인정하지 않고, 그 상관에게 안부를 물으며 진급하려는 것을 마치 장차 더러워지는 듯이 생각하여 한 번에 벼슬을 버리고 또한 그만두었다.

공은 사람됨이 질박하고, 후덕하여 사물에 대하여 좋아하는 것은 없으나 홀로 옛사람이 지은 시를 기뻐하여 날로 취해서 읊고 노래하였다.

때로 혹시 시를 지으면서 노래하여 스스로 도도하였는데 늙은 나이에 이르기까지 폐지하지 아니하였다.

집안이 자못 청빈(淸貧)하여 거의 여러 번 식량이 떨어졌지만 하나의 털끝만큼도 생각을 흩트리지 아니하였다.

자식을 낳으면 그 자질에 따라 훈계함에 법도가 있었으므로 아들이 모두 성장해서 자립하여 대부분 왕의 중요한 신하가 되었고,

딸은 시집가서 가정을 의가 좋게 하였으니 각각 행실과 범절이 나타났다.

공이 마침내 나이가 80을 넘기니 아들이 높은 벼슬을 하여 생황(笙簧)을 불며 홀(笏)을 들고 눈앞에 나타나며, 봉황의 깃털과 난초의 새싹 같은 손자가 생겨서 그 효도를 하였다.

대개 공이 졸(卒)한 해는 만력(萬曆) 갑신(甲申: 서기 1584)년인데 그해 4월에 양주(楊州)의 옛날에 잡아 두었던 선영(先塋)의 곁에 장사 지냈다.

공의 배위(配位)는 증정경부인(贈貞敬夫人) 이씨(李氏)로 종실(宗室: 全州李氏) 장임수(長臨守) 순민(舜民)의 따님인데 공보다도 8년 먼저 졸(卒)하여 장사 지냈으니 이때에 이르러 같은 묘지에 봉분을 따로 만들었다.

또한 뒤로 오늘에 이르러 막내아들이 귀하게 되었기 때문에 공과 부인(夫人)이 함께 은전(恩典)을 입어 묘도(墓道)에 높은 비석을 세워서 뚜렷이 새겼으니 옛날에 숨긴 덕(德)이 그 보답을 받아서 빛나는 것이 아니라면 과연 무엇이겠는가?

장남 승경(承慶)은 을묘(乙卯)년의 문과(文科)에 급제하여 종부시정(宗簿寺正) 겸춘추관편수관(兼春秋館編修官)으로 공보다 먼저 졸(卒)하였는데 참봉(參奉) 원희윤(元希尹)의 딸에게 장가들었다.

차남 승길(承吉)은 갑자(甲子)년의 문과(文科)에 급제하여 형조판서(刑曹判書)이니 목사(牧使) 박간(朴諫)의 딸에게 장가들었으며, 셋째 아들 승서(承緒)는 교하현감(交河縣監)인데 학생(學生) 최세란(崔世蘭)의 딸에게 장가들었다.

막내아들 승훈(承勳)은 계유(癸酉)년의 문과(文科)로 의정부영의정(議政府領議政)이니 광흥창수(廣興倉守) 성호문(成好問)의 딸에게 장가들었다.

장녀는 한산군수(韓山郡守) 류용(柳容)에게 시집갔고, 차녀는 안협현감(安莢縣監) 민숙헌(閔叔獻)에게 시집갔으며, 3녀는 통례원인의(通禮院引儀) 한광립(韓匡立)에게 시집갔고, 4녀는 영흥부판관(永興府判官) 황세은(黃世慇)에게 시집갔으며, 5녀는 충의위(忠義衛) 이희춘(李希春)에게 시집갔고, 6녀는 학생(學生) 김덕남(金德男)에게 시집갔다.

내외손(內外孫)은 50인이니 그 성(姓)을 얻어서 이름을 기록할 수 있는 것으로 말하면 종부시정(宗簿寺正)의 계통으로는 군기시정(軍器寺正) 최전(崔銓)의 아내와 의정부사인(議政府舍人) 송영구(宋英耉)의 아내가 있다.

형조판서(刑曹判書)의 계통으로는 통진현감(通津縣監) 신(璶), 신계현령(新溪縣令) 미(瑂) 그리고 의(瓅)와 제(璾) 및 4산감역(四山監役) 이변(李忭)의 아내와 왕자(王子) 인성군(仁城君)의 부인(夫人)이 있다.

교하현감(交河縣監)의 계통으로는 상(瑞) 및 유학(幼學) 이해(李海)의 아내가 있다.

의정부영의정(議政府領議政)의 계통으로는 진사(進仕) 공(珙)과 차남 선전관(宣傳官) 숙(璹) 및 진사(進士) 이경여(李敬輿)의 아내가 있다.

나머지 어린이 및 외손(外孫)들은 나열하지 아니하노라.

판서(判書)와 의정(議政)은 벼슬과 작위가 이미 높은데도 선고(先考)의 업적을 현창하려고 생각함에 비문을 중앙정부의 관각(館閣)에 있는 문장가에게 부탁하지 않고, 이에 영남바닷가의 벽촌에 사는 립(岦)에게 명령하니 또한 족히 그 집안이 영광에 겸손함을

볼 수 있는 것이다. 새김돌에 노래하노니 말하기를

물이 멈추어서 퍼지는 것을
그 누가 못이라고 하는가?
근원에서 넘쳐흐름이 없으면
쌓여서 마르지 않게 된다네.
그 누가 그 못을 비난하리오!
그 흐름이 더욱 멀리 도달하노라.
오직 윤(尹)씨는 큰 성씨의 집안일새.
공이 조상의 영광을 길러서
공이 후손의 경사를 질편하게 넓혔기에
내가 이 비석에 노래하여
숨은 덕(德)을 족히 증명하노니
나타내지 않은 저 큰 못이로구나.

족질(族侄) 문형(文衡) 근수(根壽) 엮음

숙인(淑人)은 성(姓)이 이씨(李氏)이다. 계통이 종실(宗室)에서 나왔는데 휘(諱) 보(補)가 있어 실로 공정대왕(恭定大王)의 제2자이니 효령대군(孝寧大君)을 봉(封)하였다.

이분이 보성군(寶城君) 합(㝓)을 낳고, 보성군이 원산군(園山君) 행(行)을 낳으며, 원산군이 휘(諱) 순민(舜民)을 낳으니 의례적으로 장임수(長臨守)를 제수(除授)받았는데 곧 숙인(淑人)의 고(考)이다.

비(妣)는 박씨(朴氏)이니 운봉현(雲峰縣)의 이름 높은 겨레로 상의원별좌(尙衣院別坐) 휘(諱) 승원(承院)의 따님이다.

숙인(淑人)은 장임수(長臨守)가 졸(卒)한 뒤에 태어나서 외가(外家)에서 자랐는데 총명하고, 은혜롭고, 따뜻하고, 맑아서 여선생의 가르침을 힘쓰지 아니하여도 움직임에 여자의 행실을 따르니 별좌공(別坐公)이 기특하게 여기며, 양(梁)나라 주흥사(周興嗣)의 천자문(千字文) 및 효경(孝經) 등 책을 가르쳐서 큰 뜻을 대략 통달하였다.

나이 15세에 윤(尹)씨에게 시집가서 사헌부감찰(司憲府監察) 홍언(弘彦)의 배필(配匹)이 되었다.

윤(尹)씨는 이에 해평현(海平縣)의 큰 성씨이니 원조(遠祖)는 휘(諱) 군정(君正)으로 고려(高麗) 원종조(元宗朝)에 있어서 벼슬이 사공상서(司空尙書) 좌복야(左僕射)에 이르렀다.

이후에 대대로 그 아름다움을 이루었으니 이조참판(吏曹叅判) 은필(殷弼)이 그 시아버님이다.

처음에 참판공이 그 부인 채씨(蔡氏)와 더불어 의논하기를 오직 제사를 받들고, 뒤를 이어 가는 일이 쉽지 않으니 아들을 위하여 마땅한 배필을 간택하자고 하였는데 숙인(淑人)이 어질다는 말을 듣고 며느리로 맞이하였다.

대문으로 들어온 날로부터 정성스럽게 부도(婦道)를 닦아 종가(宗家)의 일에 힘쓰면서 움직임에 의례범절이 있고, 효도와 공경을 아울러 지극히 해서 안팎이 서로 기뻐하므로 더욱 시아버지와 시어머니가 소중하게 여기는 바가 되었다.

그 집에 거처함에는 부엌의 음식을 주관함에 신중하게 했으며, 여자종을 만나서 부림에는 은혜롭게 했으니 여자들이 하는 길쌈과 바느질로부터 담장과 집안을 청소하는 일에 이르기까지 다스리지 아니함이 없었다.

아들과 딸을 시집보내고, 장가들임에는 각각 그때로서 하며 문호(門戶)를 신중히 가려서 반드시 그 옳은 점을 보았다.

정묘(丁卯)년에 감기와 중풍으로 어질어질하였는데 이로부터 완쾌되지 않고, 병상에 누우니 의원이 와서 약을 썼지만 10년 동안 앓다가 마침내 정묘(丁卯)년의 병으로 생명을 구하지 못하는 데 이르렀다.

그 졸(卒)한 해는 만력(萬曆) 병자(丙子: 서기 1576)년 3월 을사(乙巳)일이니 얻은 나이가 70세인데 그해 5월 기미(己未)일에 양주(楊州)의 옛날에 마련했던 선공(先公) 장임수(長臨守)의 묘소 아래 갑좌경향(甲坐庚向)의 언덕에 장사 지냈다.

자식은 아들이 4명이요, 딸이 8명으로 아들인 장남이 승경(承慶)이니 을묘(乙卯)년의 문과(文科)에 급제하여 종부시정(宗簿寺正)이며, 차자는 승길(承吉)이니 갑자(甲子)년의 문과(文科)에 급제하여 사헌부장령(司憲府掌令)이고, 다음은 승서(承緒)니 역시 유학자(儒學者)로 이름이 있으며, 그 막내는 승훈(承勳)으로 계유(癸酉)년의 문과(文科)에 올라 권지승문원부정자(權知承文院副正字)가 되었다.

딸은 장녀가 통례원인의(通禮院引儀) 류용(柳容)에게 시집갔고, 다음은 안협현감(安莢縣監) 민숙헌(閔叔獻)에게 시집갔으며 다음은 통례원겸인의(通禮院兼引儀) 한광립(韓匡立)에게 시집갔으며, 다음은 도총부도사(都摠府都事) 황세은(黃世慇)에게 시집갔고, 다음은 충의위(忠義衛) 이복선(李復善)에게 시집갔으며, 다음은 유학(幼學) 변희겸(卞希謙)에게 시집갔고, 다음은 충의위(忠義衛) 이희춘(李熙春)에게 시집갔으며, 다음은 유학(幼學) 김덕남(金德男)에게 시집갔다.

승경(承慶)이 참봉(叅奉) 원희윤(元希尹)의 딸에게 장가들어 두 딸을 낳으니 장녀는 권지성균관학유(權知成均館學諭) 최전(崔銓)에게 시집가고, 다음은 유학(幼學) 송영구(宋英耇)에게 시집갔다.

승길(承吉)이 목사(牧使) 박간(朴諫)의 딸에게 장가들어 3남 1녀를 낳으니 모두 어리다.

승서(承緒)가 유학(幼學) 최세란(崔世蘭)의 딸에게 장가들어 1남 1녀를 낳으니 모두 어리다.

승훈(承勳)이 현감(縣監) 성호문(成好問)의 딸에게 장가들어 1남을 낳으니 어리다.

내외손(內外孫)이 33인이다.

참판공(叅判公)은 당시의 소망을 저버리고, 벼슬이 덕(德)을 채우지 못했으므로 진실로 뒤에 미침이 있을 것이로다.

종부시정(宗簿寺正)의 4형제는 아울러 높은 과거에 합격하여 뚜렷한 벼슬로 국가를 위하여 봉사하니 사람들로 하여금 영광스러운 이름이 바야흐로 나아가기를 그치지 아니하거늘 부모의 가르침에 바탕하지 않으면 불가했을 것이다.

근수(根壽)는 동성(同姓)의 두터움으로 감찰공(監察公)을 침상 아래에서 절하고 뵘을 얻었고, 또 시정(寺正)의 형제와 놀았으므로 그 지문(誌文)을 부탁받음에 감히 문장력이 없다고 사양하지 못하여 이에 서문을 쓰고 명(銘)을 짓노니 새김돌에 노래하여 말하기를

하늘의 은하수가 나누어져서 스스로 큰 줄기가 흐르니
신선나라의 이(李)씨가 빛나고, 큰 뿌리를 내려 가지를 뻗었도다.
황금도장줄이 나부끼면서 찬란하게 빛나니
여러 대에 걸친 큰 은덕으로 높은 자질을 갖추었다네.
이에 어진 숙녀를 낳으니 그 거동도 어여쁘거늘
집안에서 가르침에 공경함이 있어 종묘의 제기인 호(壺)와 이(彝)처럼 깨끗하여라.
공경심으로 부자(夫子: 남편)를 받들어 예절을 떨어뜨림이 없었나니
옛날에 있어서 부부가 서로 지극히 공경하여 음식을 눈썹이 있는 데까지 받들어 올림에 비교하겠네.
닭이 울면 일어나서 명주실과 삼을 잡고, 길쌈을 하며
집안의 일은 아무리 작은 것이라도 몸소 직접 처리하였도다.
법도에 따라 여러 아들을 기름에 시경(詩經)과 서경(書經)을 두텁게 할새
차례로 왕(王)의 마당에서 밝히니 이름이 4방으로 달리누나.
그 가문에 가득히 빛나니 난초와 지초(芝草) 같은 자손이로세
크게 번성함은 하늘이 두텁게 베풂일새.

마땅히 해로(偕老)하며 90~100세를 누리리라고 말했는데
문득 갑자기 훌쩍 떠나가시니 듣는 사람이 슬퍼했소.
선산의 언덕이 푸른데 체백(體魄)이 따르거니
점을 쳐서 길(吉)하다고 하므로 차라리 여기에 머물리로다.
내가 새김돌에 노래를 지음은 아첨하는 말이 아닌즉
장차 무궁하게 그 이름을 뚜렷이 밝히노라.

十二世

숙간공(肅簡公) 승길(承吉) 행장(行狀)
택당(澤堂) 이식(李植) 엮음

공의 휘(諱)는 승길(承吉)이요, 자(字)는 자일(子一)이며, 호는 남악(南岳)이다. 윤(尹)씨의 계통은 영남(嶺南)의 해평현(海平縣)에서 나왔다.

시조(始祖)는 군정(君正)으로 고려(高麗)에 벼슬하여 직위가 사공(司空)에 이르렀다.

지밀직사사(知密直司事) 만비(萬庇), 첨의정승(僉議政丞) 석(碩), 정당문학(政堂文學) 지현(之賢), 진현관제학(進賢館提學) 방안(邦晏), 보문관제학(普文館提學) 사수(思修), 수원부사(水原府使) 증병조판서(贈兵曹判書) 처성(處誠) 모두 6세(世)를 거쳐 사헌부장령(司憲府掌令) 증좌찬성(贈左贊成) 휘(諱) 면(沔)에 이르렀으니 이분이 공의 고왕부(高王父)가 된다.

증대부(曾大父)는 휘(諱)가 훤(萱)이니 군기시첨정(軍器寺僉正)인데 좌찬성(左贊成)을 증직(贈職)하였다. 대부(大父)는 휘(諱)가 은필(殷弼)이니 이조참판(吏曹叅判)인데 좌찬성(左贊成)을 증직(贈職)하였으며 기묘사화(己卯士禍)가 일어났을 때에 임금에게 간쟁하는 말이 있었으므로 이름은 무거웠으나 벼슬은 오르지 아니하였다.

고(考)는 휘(諱)가 홍언(弘彦)이니 사헌부감찰(司憲府監察)인데 여러 번 증직(贈職)하여 영의정(領議政)이니 2대(代)의 증직은 막내아들 영의정(領議政) 승훈(承勳)의 관작으로써 은혜를 추구하여 왕이 베푼 것이다.

비(妣)는 증정경부인(贈貞敬夫人) 이씨(李氏)로 종실(宗室) 장임수(長臨守) 휘(諱) 순민(舜民)의 따님이다.

가정(嘉靖) 경자(庚子: 서기 1540)년 10월 병자(丙子)일에 한양(漢陽) 동촌리(東村里)의 집에서 공을 낳으니 총명하고, 지혜로워 어려서부터 희롱하는 장난을 좋아하지 아니하였다.

어버이가 일찍이 집에서 간수한 물건을 잃어버렸을 때에 집에 어린 종들을 모아 놓고 물어보거늘 공이 나아가 한 아이종을 가리키면서 말하기를 그 얼굴빛을 보니 반드시 네가 훔쳤지 라고 하자 어린 종이 과연 자복하여 실토하므로 부모가 크게 기특하게 여겼다.

5~6세에 스스로 스승에게 나아갈 줄을 알았으며, 글 읽음에 추우나 더우나 각고 노력하여 침식(寢食)을 잊어버리는 데 이르렀다.

겨우 약관(弱冠)에 학업이 크게 성취하여 신유(辛酉)년에는 성균관(成均館) 상사(上舍)에 올라 좨주(祭酒) 허엽(許曄) 공이 더불어 중용(中庸)과 대학(大學)을 강설하다가 깜짝 놀라서 감탄하고, 그 속유(俗儒)의 학문이 아님을 알았다고 하였다.

갑자(甲子)년에 통경과(通經科)에 급제하니 승문원부정자(承文院副正字)로 선발되었다.

명종(明宗)이 승하하시니 바야흐로 선조(宣祖)를 맞이하려는 국상(國喪)을 당했을 때에 1백 관료에 간혹 선조(宣祖)의 사저(私邸)로 달려가서 뵈거늘 승문원의 관리들도 또한 가기를 청하니 같은 반열이 따르고자 하였으나 공이 말하기를 반드시 우리들이 가려면 모름지기 정부(政府)의 명령서가 내려와야만 이에 갈 수 있는 것이라고 하였다.

얼마 있다가 양사(兩司)에서 선조의 사저에서 뵌 사람들을 탄핵하니 같은 반열에 있는 사람들이 부끄러워하였다.

추천으로 예문관검열(藝文館檢閱) 겸춘추관기사관(兼春秋館記事官)을 제수받고, 승문원주서(承文院注書)로 옮겼다.

선조(宣祖)가 처음 정치를 하심에 날마다 손님을 대접하는 자리를 개최하시니 좌우의 사관(史官)이 그 기록하는 책임을 다하기가 어려웠는데 공이 귀로 들으면서 손으로 기록함에 그 실상이 자상하므로 시신(侍臣)들이 모두 그 재능을 칭찬하였다.

이문순공(李文純公: 退溪)이 퇴직(退職)을 간청하거늘 임금이 불러서 접견하고 물었는데 문순공이 대답함에 해 그림자가 옮기도록 대화를 하였다. 다음 날 그 문인(門人)을 통하여 그 초고(草稿)를 보기를 부탁하여 다시 복사하면서 잘 썼다고 칭찬하는 말이 퇴계집(退溪集) 가운데 있다.

성균관전적(成均館典籍)에 올랐다가 사헌부감찰(司憲府監察)과 공조좌랑(工曹左郎)으로 옮겼다.

경오(庚午)년에 추천으로 병조(兵曹)에 들어가서 좌랑(佐郎)이 되었는데 관례에 따라서 춘추관기사관(春秋館記事官)을 겸하니 비로소 관리로서의 능력이 나타났다.

이보다 먼저 궁성(宮城), 능(陵), 관아(官衙), 군영(軍營)을 지키는 병사들의 봉급이 서리(胥吏)들로부터 나왔는데 높고 낮은 차례를 잃고, 폐단이 쌓여서 고질병이 되었다. 공이 앞장서서 농간을 부리는 간악한 서리(胥吏)를 축출하고, 손수 장부를 검열하여 털끝만큼도 문서를 사사롭게 꾸미지 못하게 하니 지키는 병사들이 길에서 서로 경하하였고, 병조판서 오상(吳祥) 공이 말하기를 아무개의 강직함과 현명함이 아니라면 어찌 능히 이 일을 분별하여 바로잡을 수 있으리오 하였다. 명종실록(明宗實錄)을 편수하는 데 참여하고 신미(辛未)년 여름에 황해도도사(黃海道都事)가 되었으니 좌천하여 제수(除授)받은 것이다.

공이 한원(翰苑)으로부터 병조좌랑(兵曹佐郎)으로 승진하니 사람들이 모두 마땅히 대각(臺閣)으로 들어가야 된다고 하였지만 공은 시세(時勢)에 붙어서 아부하지 아니하므로 관리를 임용하는 전로(銓路)에서 기뻐하지 않은 바였으니 공의 자취가 화려하고, 빛나는 벼슬길에 막히게 되었던 것이 여기에 기인하기 시작한 것이다.

경기도사(京畿都事)로 교체되었다가 들어와서 승문원교리(承文院敎理)와 예조좌랑(禮曹佐郎)이 되었는데 호조정랑(戶曹正郎)으로 승진하여 관례에 따라서 춘추관기주관(春秋館記注官)을 겸하였다.

왕명을 받들어 경기도(京畿道)의 재난과 손상의 실태를 점검하였다.

계유(癸酉)년에 사건으로 인하여 파직되었다가 금방 병조정랑(兵曹正郎)으로 복직하였고, 성균관사예(成均館司藝) 겸종학도선(兼宗學導善)으로 승진하였는데 비로소 헌대(憲臺)로 들어가서 지평(持平)을 배수(拜受)하였다. 돌아서 바뀌어 전적(典籍)과 형조정랑(刑曹正郎)이 되었다가 다시 지평(持平)과 직강(直講)이 되었거늘 어버이를 봉양하기 위하여 외직(外職)을 요구해서 개성경력(開城經歷)을 제수받았다.

갑술(甲戌)년에 공적인 사건으로 인하여 파직되어 집으로 돌아왔는데 다시 임용하여 직강(直講)이 되고, 다시 지평(持平)을 배수(拜受)하였다.

조금 있다가 판관(判官)으로 나아갔는데 3도해운(三道海運)이 이때에 조운(漕運)을 하면서 불시에 별도로 추종하는 신하를 파견하여 여러 읍(邑)을 탄압하는 까닭으로 이러한 임명이 있었다.

들어와서 장령(掌令)이 되었다가 군기시첨정(軍器寺僉正)으로 옮겼다.

인순황후(仁順王后)의 상(喪)에 산림도감랑(山林都監郎)이 되었다.

이보다 먼저 도감랑(都監郎)은 본디 깨끗한 인망(人望)이 있는 사람으로 선발하지만 일을 관리함이 번거롭고 사소하며 또 의례적으로 유림(儒林)은 느리고 실무를 살피지 아니하므로 서리(胥吏)와 노복(奴僕)에게 일임하여 버렸으니 그들이 간사하게 속이는 것이었다.

공은 쇠를 녹이는 직무를 장악하였으니 곧 저울에 달아서 관리하는 것을 싫어하지 않았기에 잃어버리는 바가 없어 공사를 완료하고 남은 철 3,000근을 탁지부(度支部: 戸曹)에 반환한즉 판서(判書) 윤현(尹鉉) 공이 감탄하여 말하기를 산릉(山陵)의 역사(役事)에 더 요구함이 없고, 나머지가 있는 것은 내가 바야흐로 이 도감랑(都監郎)에게서 보았을 뿐이라고 하였다.

다시 장령(掌令)이 되었으니 돌아서 바뀌고, 돌아서 받은 것이 세 번이요, 사예(司藝)가 된 것이 두 번이었다.

병자(丙子)년에 다시 장령(掌令)이 되었는데 이해에 외간(外艱: 父喪)을 당하였고, 상기(喪期)를 마치고, 다시 종부시첨정(宗簿寺僉正)으로 복직하여 관례에 따라 춘추관기주관(春秋館記注官)을 겸하였다.

어머니를 봉양하기 위하여 다시 외직(外職)을 요구해서 남양부사(南陽府使)를 제수받았는데 남양은 서울에 가까워서 토호와 권세 있는 사람의 농장과 집이 많았다. 공이 부임하여 한 끈의 3척법(三尺法)으로 간교한 도적질을 대대적으로 그치도록 하니 비방모략하면서 앙갚음을 해서 제거하려고 하였지만 공이 청렴하고, 삼감으로써 끝내 중상할 수 없었다.

임오(壬午)년에 목장의 말을 잃어버린 사건에 연좌되어 의례적으로 파직되었으나 곧 다시 등용되어 사예(司藝)가 되었다가 사간원헌납(司諫院獻納)으로 전근하였다.

이때에 일본사신(日本使臣)을 접대하면서 여악(女樂)을 쓰려고 하거늘 공이 힘써 그 불가함을 논하여 이에 그만두었다.

바뀌어 사예(司藝)가 되었는데 이해에 명(明)나라의 사신(使臣)이 오니 영접도감랑(迎接都監郎)이 되었다. 영접도감랑도 또한 고매한 인물을 선발하지만 그 관례에 따라 실무를 살피지 아니함이 산릉도감랑(山陵都監郎)에 비교해서 더욱 심했는데도 공은 사주국찰직(司酒局察職)을 더욱 신중하게 단속하였다. 동료가 추위가 심하므로 한잔의 술을 마시자고 요구하였지만 공이 말하기를 아직 공식적인 연회도 개최하지 않았는데 이것을 먼저 사람들에게 먹이는 것은 옳지 않다고 하였다. 원접사(遠接使) 이문성공(李文成公: 栗谷)이 듣고 치하하면서 그 술을 마시려고 했던 사람들을 편지로 꾸짖었다.

종부시정(宗簿寺正)으로 옮겼다가 다시 장령(掌令)이 되어 관례에 따라 춘추관기주관을 겸하였다.

계미(癸未)년에 사예(司藝)로 바꾸어 옮겼다가 다시 장령(掌令)이 되었는데 사도시첨정(司導寺僉正)으로 옮겼으며, 사섬시정(司贍寺正)으로 승진하였으니 사섬(司贍)은 재화를 관리하는 기관이다. 공이 포탈한 것을 찾아내고, 누락된 것을 묶어서 한결같이 법으로 처단하였다.

또 사재감정(司宰監正)이 되었는데 사재(司宰)는 반찬을 관리하

는 부처이다. 그 판별하여 다스림이 사섬(司贍)에 비교하여 더욱
엄밀하게 하였다.

공이 두 기관의 시정(寺正)을 하게 된 것은 모두 대관(臺官)으로
서 임금의 은전(恩典)을 차례로 미치게 하는 관례에 따라 제수받은
것으로 사람들은 지나가는 나그네같이 보았으나 공은 오직 벼슬로
생각하여 10일이나 한 달 만에 유능하다는 명성이 나타났으니 그
관직을 맡음에 구차하지 아니함이 대개 이와 같았다.

장령(掌令)과 종부시정(宗簿寺正)으로 옮겼다가 사옹원정(司饔院
正)으로 승진하였다. 이보다 먼저 경원(慶源)에 살던 천민(賤民) 옥
비(玉非)가 도망쳐서 영남(嶺南)의 본관(本貫) 고향으로 돌아와 살
며 자손이 번성하여 여러 대가 되었는데 이에 발각이 되어 조정에
서 의논하고, 본래의 신분으로 되돌리기를 청하니 공을 원상태로
되돌리는 경차관(敬差官)으로 삼았다. 공이 난폭한 사건에 얽히는
것을 두려워하여 관계가 소원한 사람들은 분리해서 풀어 주었는데
갑자기 백씨(伯氏)의 초상을 당하여 늙은 어머니의 슬픔을 염려해
서 사표를 써서 올려 보내고, 지름길로 집으로 돌아갔다.

이에 대관(臺官)이 그 위법성을 탄핵하고, 파직시켰는데 공을 대
신한 승차관이 조정의 뜻을 받들어 일체를 무력으로 수색하여 잡
아다가 모두 옮겨 버리니 한 도(道)가 크게 소요하여 떠나는 사람
이 통곡을 하면서 말하기를 전번에 경차관이 만약 있었더라면 이
와 같이 하지는 않았을 것이라고 하였다.

갑신(甲申)년 내간(內艱: 母喪)을 당하였고, 상기(喪期)를 마치니
상의원정(尙衣院正)으로 돌아왔다가 사간원사간(司諫院司諫)으로
옮겼는데 사재감정(司宰監正)으로 바꾸어 옮겼다.

왕명(王命)을 받들어 해서(海西)에 가서 옥사(獄事)를 살폈으며,

정해(丁亥)년에 사헌부집의(司憲府執義)로 전근하여 상의원정(尚衣院正)으로 옮겼다.

왕명을 받들어 호서(湖西)의 재난과 손상을 검사하고, 나아가 구성부사(龜城府使)가 되었다. 이때에 구성(龜城)은 행위가 바르지 못한 비인(匪人)을 겪으면서 거듭 재난과 흉년을 입으니 임금이 그 대신할 인물을 지극히 선발하라고 명령하셨음에도 또 전중(銓中)에서 공을 기뻐하지 않는 사람이 있었다.

그러나 공이 왕명을 따르려고 한즉 간원(諫院)이 세 번이나 임금에게 보류하기를 계청(啓請)하였어도 허락하지 아니하셨다.

친구들이 모두 와서 위로의 말을 하였지만 공은 기쁜 듯이 취임하고, 창고를 열어 가난한 고을사람들에게 식량을 대여하고, 이미 부과한 세금을 덜어 주며, 간악한 좀도둑을 제거하고, 도망하여 떠도는 사람을 편안히 모여 살게 하였다.

매양 크고 작은 부역할 일이 있으면 가깝고 먼 거리를 헤아리고, 넉넉하고 부족함을 비교하여 균등하게 조절해서 한결같이 고르게 하였다.

낡은 습속이 서로 짝을 지어 도적질을 하거늘 관청에서도 금지시킬 수 없었는데 공이 곧 최고의 악질을 잡아다가 제거하고, 그 무리들은 사면하여 용서하니 관할하는 경내가 안정하였다.

지역이 변방의 요새와 접하고, 인민이 예절을 아는 사람이 드물어서 혼인하고, 장가듦에 대부분 저속하고 난잡하였다. 공이 실천조목을 만들어 인민의 금지사항을 가르치니 자못 새롭게 따랐으며, 지방의 호족(豪族)이 있어 사조직을 만들어 윗사람을 능멸하기를 좋아하거늘 곧 관청에서 죄의 경중에 따라 합당한 형벌을 주려고 하면 뇌물로써 죄를 면하였기에 공이 서로 왕래하는 것을 통렬하

게 금지시키고, 거듭 엄중히 범죄자를 벌금형으로 다스리지 않겠다
고 약속하니 더러운 습속이 한번 변화하였다.

이전 때에 관청에서 조세로 받은 양곡은 간악한 주민이 감히 모
래흙을 섞었기에 곡식이 쌓여 있어도 쓸모가 없었으며, 곤궁한 인
민이 그 양곡을 받으면 더욱 군색하게 되었다. 이에 공이 몸소 가
마니와 말을 검사하여 그로 하여금 모두 균등하고, 정결하게 하니
이로부터 창고가 충실하였다.

이에 관청의 건물을 수선하고, 그릇과 도구를 다듬어 갖추며, 폐
단이 있는 것은 제거하고, 이로움이 있는 것은 일으켜 1백 가지를
크게 개방하였다.

또 향교(鄕校)의 성묘(聖廟: 大成殿)를 중수(重修)하고, 학칙(學
則)을 바로잡으며, 청금(靑衿)을 입은 유생(儒生)을 북돋우고, 일으
켜 세워서 내지(內地)의 학교와 똑같은 기풍이 있게 하였다.

3년을 머물러 다스린즉 4방의 경계가 편안하고, 정치를 잘한다
는 소리가 한 도(道)에 들리게 되었다.

신묘(辛卯)년에 도당록(都堂錄)에 참여하였다.

임진왜란(壬辰倭亂)이 일어나서 임금의 수레가 서쪽 의주(義州)
로 나아가심에 공이 임금이 지나가시는 곳으로 나아가서 통곡하였
는데 갑자기 평양(平壤)이 함락되었다는 소리를 듣고, 공이 이에
소속관리와 주민의 노인들에게 알리면서 말하기를 국가의 일이 한
번 여기에 이르렀으니 나는 사람의 신하가 되어 비록 전시에 맡은
바의 관직과 사업이 없으나 오히려 한번 죽어야 옳으리로다. 하물
며 이 땅을 지키는 사람이리오?

오직 여기를 지키고 싶지만 성곽이 없고, 적들과 싸우고 싶지만
무기가 없으므로 오직 강토 안에서 쓰러져 죽은 시체로써 종전에

나라에 몸을 바치겠다는 뜻에 보답하리니 그대들은 마땅히 일찍 스스로 편한 대로 좇아 함께 칼날을 밟지 말라고 하였다.

여러 군중이 모두 눈물을 떨구면서 말하기를 공이 인민을 보기를 아들같이 하였기에 인민도 또한 공을 아버지처럼 보았나니 아버지가 여기에 계신다는데 아들이 어디로 가리오 하였다.

공이 인민의 굳은 뜻을 알고, 떠나지 않은 경내의 장정을 모두 군적(軍籍)에 편입하여 병사로 삼고, 나라를 지키는 대의(大義)로써 깨우치니 사기(士氣)가 조금 떨쳤다.

격문(檄文)을 강호(江湖)의 요회처(要會處)에 돌려 토병(土兵)을 불러 모으니 날래고, 용감한 기마병(騎馬兵)이 자못 집결하였다.

이때에 도원수(都元帥) 김명원(金命元) 공이 1부의 군사를 임금이 계신 행재소(行在所)에 머물게 하였는데 조정에서는 바야흐로 요동(遼東)으로 건너가는 문제를 논의하였다.

공이 곧 모은 바의 병사와 식량을 원수(元帥)에게 돌려보내니 원수가 힘을 입어 군대를 편성하고, 일찍이 박천군수(博川郡守) 아무개를 장형(杖刑)으로 다스리면서 말하기를 구성부사(龜城府使)는 문인(文人)임에도 오히려 전쟁물자와 인원을 보충하여 나를 돕거늘 너는 무인(武人)으로 가족을 이끌고 먼저 도망쳤으니 장차 너를 어디에다 쓰겠는가 하였다.

이때에 여러 고을에는 피난민이 많아 관청의 재물을 겁탈하고 약취하면서 간혹 공의 고을에도 잠입하여 변란을 일으키려고 하였기에 관리들이 대비하기를 요청한대 공이 말하기를 사변에 대비할 것 없다고 하면서 한 마리의 말을 타고, 몇 명의 노복들과 태연자약하게 출입하였다.

도적들이 마침내 감히 움직이지 못하다가 곧 선동하여 거짓말하기를 왜적(倭賊)이 가평강(嘉平江)을 건너서 곧장 행재소(行在所)로 향한다고 하니 어떤 사람이 공에게 권하기를 창고에 곡식을 풀어서 인민에게 나누어 주고, 왜적이 얻지 못하게 하라고 하였다.

이에 공이 말하기를 우리나라는 반드시 갑자기 멸망하는 데 이르지 않는다. 천병(天兵: 明나라의 지원군)이 아침이나 저녁에 압록강(鴨綠江)을 건너오면 나는 이 곡식을 이용하리라. 군수(軍需)에 대비하는 양곡은 곧 한번 흩어 버리면 다시 모을 수 없을 것이다. 이것은 한갓 피란민들의 헛소문일 따름이라고 하였는데 과연 그러하였다.

이해 겨울에 천병(天兵)이 압록강을 건너옴에 공이 먼저 민간인들의 말에 양곡을 싣고 가서 먹이니 인민들이 다투어 따르거늘 겨울로부터 봄에 미치기까지 짐수레가 날아다니면서 길을 누볐는데도 인민들이 괴로움을 호소하지 아니하였으니 임진왜란 때의 왜적을 물리친 국가의 공업(功業)이 실로 여기에 기초하였다.

원수(元帥)가 공이 세운 전후(前後)의 공적을 임금에게 올려서 왕명(王命)으로 통정대부(通政大夫)로 품계를 더했다.

계사(癸巳)년 봄에 송경락(宋經略)을 접대하는 도차원(都差員)이 되었는데 요동(遼東)의 병사(兵士)들이 평소에도 사나웠지만 이미 우리를 위하여 왔으므로 우리나라 사람들에게 난폭함이 심하였다.

차원(差員)이 임시방책으로 대응하였지만 일행(一行)들이 혹독하게 조세(租稅)와 재화를 4방에서 모아들였다. 공이 여러 가지 방법으로 기쁘게 조절하여 교제를 잃지 않으면서 몸소 어려움을 무릅쓰고 겁내지도 않으며, 대항하지도 않으니 요동(遼東) 사람들이 공경하여 탄복하면서 감히 능멸하거나 범접하지 아니하였다.

접반사(接伴使) 윤근수(尹根壽) 공이 매양 큰일을 만나면 반드시 공을 맞이하여 상의해서 결정하였다.

지방장관으로서의 임기를 채웠기에 임금에게 보고하고도 계속 재임(在任)했는데 겨울에 추천으로 충청감사(忠淸監司)를 배수(拜受)하니 대간(臺諫)에서 공은 멀리 서쪽 변방에 있으므로 호서(湖西)의 일은 중대한데 아득히 오래되었기에 마땅치 않음을 논하여 교체하기를 요청하였다.

당시에 의정공(議政公: 承勳)이 승지(承旨)가 되었는데 임금이 곧 공과 교대하여 감사(監司)로 나아가게 하고, 공을 대체하여 승지(承旨)가 되게 하셨으니 임금이 지혜롭게 선택하신 특수한 경우인 것이다.

갑오(甲午)년 봄에 형방승지(刑房承旨)로서 송유진(宋儒眞)의 반역사건을 국문(鞫問)하는 데 참여하였다. 유진(儒眞)이 이미 역적모의를 하다가 체포되니 도당으로 관련자가 매우 많았다.

공이 나아가 말하기를 임진왜란(壬辰倭亂)으로 만신창이가 된 끝에 이와 같은 국내사변이 일어났으니 만약 끝까지 관련자를 모두 찾아서 심문하는 데 이르면 인심이 불안해할까 두려우니 이쯤에서 중지하고 주모자 16인만 처형하라고 건의하였다.

3월에 강원감사(江原監司)를 배수하여 출발함에 임하여 임금이 불러 보시에 대면하여 경계하고, 눈물을 흘리면서 말씀하시기를 나라의 일이 여기에 이른 것은 허물이 실로 나를 말미암은 것이로다. 평안감사(平安監司) 이원익(李元翼) 이외에 한 사람도 나라를 위하여 있는 힘을 다해서 몸이 파리하게 된 사람이 없으니 나는 진실로 통탄하노라. 당금의 급한 업무는 백성을 길러 군대를 강화하고 나라를 부강하게 하면서 인민을 교육하고, 훈련하여 지극한 부끄러움을 씻어 버리기를 도모함과 같은 것이 없나니 모름지기 나의 뜻을 체득하여 맡기고, 부탁하는 무거운 책무를 저버리지 말라고 하셨다.

공이 명령을 받고 감격하여 이미 취임하여 관리함에 오직 새벽부터 밤까지 초조한 마음으로 있는 힘을 다하였다.

이때에 관동(關東)은 혹독하게 병화(兵禍)와 흉년을 겪었기에 굶어서 죽은 시체가 서로 베개처럼 베고, 쌓여 있는 상태였는데 공이 다방면으로 긴급구호 양곡을 지급하였더니 인민이 조금 회생하거늘 젊은 장정(壯丁)을 뽑아서 군대를 편성하여 무예(武藝)를 연마하고, 또 조정(朝廷)에 요청하여 별도로 교관을 배치하여 새로 반포한 명(明)나라 척계광(戚繼光)의 기공신서(紀功新書)라는 병법책으로 종사관(從事官)이 차례로 돌아가며 시험을 보게 해서 군대의 기강과 군율을 밝게 보여 수령(守令)의 강등과 승진을 이에 견주어 기준을 삼으니 위아래가 경쟁적으로 권해서 1년도 되지 않아 손과 발의 자세와 대열법을 모두 정밀하게 익혀서 쓸 만하니 명나라 당(唐) 장군이 보고 칭찬하였고, 임금을 뵈고 말하기를 귀국에 군대의 위용은 관동(關東)이 가장 우수하다고 찬양하는 데 이르니 임금이 매양 수상(首相) 류성룡(柳成龍)에게 물어 말씀하시기를 근래에 강원도(江原道)의 병사행정(兵士行政)이 어떤가 하셨다.

공은 또 병기(兵器)를 더 만들고, 군량미(軍粮米)를 저축하여 뜻밖의 사태에 대비하니 강원도의 한 길이 믿고 조금 민심이 안정하였다.

전에 송유진(宋儒眞)의 반역사건을 슬기롭게 처리한 공으로 가선대부(嘉善大夫)의 품계를 더하였고, 임기를 마치니 비국(備局: 備邊司)에서 임금에 이어 유임(留任)시키기를 요청하였다.

이해에 이원익(李元翼) 공이 평안감사(平安監司)로부터 재상(宰

相)으로 들어오니 묘당(廟堂)에서 논의하여 이덕형(李德馨) 공으로 대체하기를 청하였다.

임금이 말씀하시기를 강원감사(江原監司)의 치적이 가장 나타났으니 이 사람을 평안감사로 옮겨서 배수(拜受)하면 어떤가? 대신(大臣)이 대답하여 말하기를 "신(臣) 등이 강원감사의 유임을 청한 것은 특별히 그를 바꾸기가 어렵기 때문입니다. 만약 바꾸었다가 곧 관동(關東)의 사업이 중도에 폐지된다면 안타깝게 될 것입니다."

임금이 말씀하시기를 지방에는 가볍고 무거운 업무가 있으니 나의 뜻은 결정되었노라 하시고 드디어 공에게 이(李) 공과 대체하여 평안감사를 배수(拜受)하고, 특명으로 교서(敎書)를 고쳐서 엮게 하셨으니 포창(褒彰)하는 말씀이 더욱 두텁고 무겁게 하였다.

이때에 관서(關西)는 이미 임금이 계시는 행재소(行在所)에 물품을 공급하는 일을 경영하여 도적을 막고, 강토를 회복하여 항상 천병(天兵)이 왕래하니 큰길에 부역을 조달하느라고 공사 간(公私間)에 분주하였다.

이(李) 공은 이미 중신(重臣)으로 머물러 살피며, 인자한 은혜로 어루만지니 군대와 인민이 편안하게 안정하였거늘 그가 떠남에 미쳐 부모를 잃은 것같이 슬퍼하면서 생사당(生祠堂)을 건립하고, 사모하는 데 이르렀다.

공이 대체하여 다스림에 미쳐 간략하고, 편리하게 일을 처리함을 대체적으로 이(李) 공에 견주어 침체된 것을 일으키고, 폐지된 것을 진작하면서 옛날의 규정을 더욱 넓혀 화인(華人: 明나라 군대)을 응대하며 기쁜 뜻을 곡진하게 창달하니 민폐(民弊)를 끼치지 않게 되어 민정(民情)이 또한 흡족하게 생각하고 칭송이 자자하였다.

류성룡(柳成龍) 수상(首相)이 매양 관서(關西)로부터 돌아온 사람을 보면 반드시 공의 하는 바를 묻고, 임금에게 전달하면 임금의 용안(龍顔)이 기뻐서 움직이셨다.

사람들이 공의 관동(關東)을 잘 다스림에 대하여 사람이 혹시 미칠 수 있다고 여겼지만 이(李) 공을 대신하여 업적이 나타나기는 더욱 어려울 것이라고 말하였다.

이때에 노호(奴胡: 오랑캐)가 강대해지기 시작하여 틈이 벌어지는 상황에 있었는데 조정에서 논의하여 무인(武人) 신충일(申忠一)을 파견해서 명(明)나라 장군 여희원(余希元)과 함께 그 동정을 정탐하게 하고, 공에게 글을 내려 하여금 말로써 전하여 준 것을 편리하고 알맞게 시행하라고 하였다. 이에 여(余) 장군이 공과 더불어 말을 하고, 물러가면서 통역관에게 일러 말하기를 너희 나라에도 또한 사람이 있도다 라고 하였다.

병신(丙申)년에 공이 피로가 쌓여서 질병을 앓았으나 해가 지나도록 감히 휴양(休養)을 하겠다고 알리지도 못하다가 이에 이르러 질병이 더욱 심하였기에 두 번이나 글월을 올려 파직(罷職)을 요청하니 비변사(備邊司)에서도 다시 임금에게 아뢰어 공의 요청을 인준하고, 그 후임을 천거하였다.

임금이 그 추천한 바의 사람이 감당할 수 없다고 하시며 특명(特命)으로 공을 유임시키고 질병을 조리하게 하셨다.

그러나 공이 오래도록 사무에 임하지 않으니 가을에 미쳐 대간(臺諫)에서 임금에게 아뢰어 논하므로 교체의 허락을 받아 강동촌(江東村)의 집에 머물렀다.

정유(丁酉)년 겨울에 다시 동지중추(同知中樞)가 되었으나 질병으로 명령을 받들지 못하다가 기해(己亥)년 봄에야 비로소 조정으로 돌아왔다.

이때에 관북(關北)에는 노토(老土)의 근심거리가 있었으므로 선택하여 공이 함경도관찰사(咸鏡道觀察使)로 제수(除授)받았다. 공은 질병이 아직 완치되지 못하였으므로 세 번 상소(上疏)하여 교체를 허락받았는데 다시 동지중추(同知中樞)를 배수(拜受)하였다가 한성부우윤(漢城府右尹) 겸동지의금부사(兼同知義禁府事)로 옮겨서 양경락(楊經略)을 위한 접반부사(接伴副使) 겸삼도추량총관사(兼三道蒭粮摠管使)가 되었는데 공조참판(工曹叅判)으로 전근하였다.

경자(庚子)년 봄에는 도총부부총관(都摠府副摠管)을 겸직하였다가 병조참판(兵曹叅判)으로 옮겼다.

이때에 홍여순(洪汝諄)이 판서(判書)가 되고, 양전(兩銓: 吏曹와 兵曹)의 장관이 모두 탐욕이 많아 비루하게 뇌물을 공공연히 받으므로 죽산(竹山)에 사는 성(姓)이 주(朱)가라는 사람이 노비(奴婢) 10인으로 사람을 통하여 작은 성곽을 지키는 보장(堡將)의 자리를 요구하므로 공이 물리치면서 말하기를 나는 이러한 짓을 하지 않는다고 하였다.

이로 말미암아 홍(洪) 판서와 동석(同席)하는 것을 부끄럽게 여기고, 매양 정책회의가 있는 날이면 질병으로 출근하지 못한다고 핑계를 대고 나아가지 아니하였다.

얼마 되지 아니하여 홍여순과 이이첨(李爾瞻)이 붕당(朋黨)을 나누어 권력을 다투거늘 임금이 그 고요하지 아니함을 싫어하시고 두 사람을 추방하였다.

임금이 강직하고 방정(方正)하며, 당파심이 적은 사람을 등용하여 대각(臺閣)을 진정시키라고 명령하시니 5월에 공을 대사간(大司

諫)으로 발탁하였으며, 조금 있다가 대사헌(大司憲)으로 옮기니 사
림(士林)의 촉망을 받았다.

돌아서 교체되어 동지중추(同知中樞) 겸동지의금(兼同知義禁)
비변사제조(備邊司提調)가 되었다.

신축(辛丑)년에는 부총관(副摠管)을 겸직하였는데 대사헌(大司
憲)으로 옮겼다.

이때에 궁가(宮家)에서 범법(犯法)을 많이 저질러 도읍과 지방에
서 피해를 당하므로 공이 의논을 꺼내 처벌할 것을 요청하고, 또
경연(經筵) 자리에서 극단적으로 말하니 좌의정(左議政) 김명원(金
命元) 공이 나아가서 말하기를 근래에 대각(臺閣)이 말하기를 꺼렸
거늘 윤(尹) 아무개의 임금에게 아뢰는 말은 참으로 조양(朝陽: 산
의 동쪽)에서 봉황이 우는 것입니다 라고 하였다.

얼마 아니 되어 사건으로 인하여 서반(西班)으로 바꾸어 옮기니
사론(士論)이 탄식하고 슬퍼하였다. 가을에 형조참판(刑曹叅判)을
배수(拜受)하여 죄수를 논하고, 재판사건을 판단함에 반드시 법에
의거하여 재판할 것을 주장하니 장관(長官)이 크게 승복하여 크고
작은 형사사건을 반드시 먼저 공에게 맡겨 자세하게 논죄토록 하
였다.

광주(廣州)의 변(卞)씨 성을 가진 사람이 살인자(殺人者)로 무고
를 당하여 오랫동안 구속당하여 판결을 못 하거늘 공이 특진관(特
進官)으로 입시(入侍)하여 억울한 죄상을 거듭 진술하니 좌우가 모
두 공의 말이 옳다고 하므로 임금이 특명으로 석방하셨다. 변씨
성을 가진 사람이 공의 집으로 달려와서 대문을 두드리며, 감사하
였으나 공은 사양하고 만나 보지 아니하였다.

무고(誣告)한 자들이 길에서 큰 소리로 외치기를 공이 변(邊)씨

를 사사롭게 보아 주었다고 하였지만 조정(朝廷)에서는 공의 청렴하고, 정직함을 익히 믿었기에 참소하는 말이 떠돌 수 없었다.

계묘(癸卯)년에 품계가 자헌대부(資憲大夫)에 올라 형조판서(刑曹判書)를 배수(拜受)하였는데 조금 있다가 서반(西班)으로 바꾸어 옮겨서 동지중추(同知中樞) 겸동지춘추(兼同知春秋) 전의감제조(典醫監提調)를 배수(拜受)하였다.

천재지변(天災地變)에 임금이 대응할 내용을 봉사(封事)로 올리니 지적하여 진술한 항목이 적절하였다.

을사(乙巳)년에 구성(龜城)에서 군대를 지원한 공로로 원종공신(原從功臣)을 하사(下賜)받았고, 뒤에 총관(摠管) 지의금(知義禁)을 겸하였는데 좌참찬(左叅贊)을 배수(拜受)하였다.

기유(己酉)년에 기로소(耆老所)에 참여하고, 동지중추(同知中樞)로 옮겨 지춘추(知春秋)를 겸직해서 선조실록(宣祖實錄)을 편수하는 일에 참여하였다.

신해(辛亥)년에 다시 참찬(叅贊) 겸지의금(兼知義禁)을 배수(拜受)하고, 을묘(乙卯)년에 사섬시제조(司贍寺制調)가 되었다.

병진(丙辰)년 11월 21일에 졸(卒)하니 수(壽)가 77세이었다.

공은 자태와 용모가 아름답고 수려하며, 의표와 법도가 단정하고 우아하며, 젊어서 경학(經學: 儒學)에 투철하여 오로지 조행(操行)과 지신(持身)에 힘써 비록 급하고, 번거로울지라도 일찍이 말을 빨리 하거나 급작스러운 얼굴을 하지 아니하였다.

비록 사생활에 한가로운 곳에 머물지라도 용모에 신경을 쓰거나 희롱하는 말을 하지 아니하였으며, 오직 바르고 굳건하게 스스로를 지켰으니 겸손하고, 공손하여 뽐내지 아니하였다.

평생에 술을 입에 대지 아니하였고, 창녀와 기생을 가까이하지 아니하였으며, 더욱이 소리와 음악을 기뻐하지 아니하였다. 세간의 화려하고, 사치한 것과 노리개와 애호하는 일체의 것은 마치 더러 워지는 것처럼 여겼다.

어린아이 때로부터 오직 부모에게 순종만 하였기에 부모가 효도 하는 아이라고 칭찬하였으며, 이미 자라서는 어버이의 안색을 받들 어 뜻을 따르는 양지(養志)의 효도를 하여 좌우에 어김이 없었다.

대부인(大夫人)이 맏며느리에게 기쁘지 아니함이 있어 일찍이 공을 끌어안고 일러 말하기를 너는 자라서 아내를 얻으면 하여금 너의 형수가 나를 섬기듯이 함이 없도록 하라고 하거늘 공이 어려 서부터 가슴속에 간직하고 잊지 않으며, 항상 부인을 경계하고 격 려하니 부인이 한결같이 공의 뜻을 따라서 정성과 효도를 지극히 갖추었다.

부모가 살아 계실 때에는 사사로운 재물을 저축하지 않았으니 수행원의 녹봉까지도 모두 어버이의 마당으로 보내서 어버이가 내 려 준 다음에 사용하였다.

대부인(大夫人)이 일찍이 공의 집에 계시다가 마침 질병이 생겨 서 오래도록 쾌유하지 않으니 점치는 사람이 말하기를 거처를 옮 기면 편안할 것이라고 하였다. 대부인이 말하기를 질병을 치료함에 는 마음의 편안함과 같은 것이 없나니 나는 여기에 머무는 것이 마음이 편안하다고 하였다.

그 개성부(開城府)에 있을 때에 대부인이 매사냥을 구경하고 싶 어 하거늘 공이 모시고, 천수원(天壽院)에 놀러가서 매를 풀어 놓 으니 매가 홀연히 구름을 뚫고 날아가서 잠시 있다가 한 마리의 꿩을 쫓아 천수원의 마당에 이르러 움켜잡으니 대부인이 기뻐하며 말하기를 너의 효성이 아니면 어찌 이렇게 기특한 일을 보리오 하였다.

부모의 상복(喪服)을 입음에는 묘의 곁에 움막을 짓고, 3년을 마칠 때까지 한 번도 집으로 가지 않고, 아침과 저녁으로 묘에 올라가서 곡(哭)을 함에 반드시 기절할 정도여서 형체가 파리하여 뼈만 남아서 거의 기력(氣力)을 보존할 수 없는 상태이었다.

항상 말이 부모에게 미치면 문득 먼저 눈물이 흘렀고, 기일(忌日)이 되면 초하룻날 아침부터 술과 고기를 가까이하지 않았으며 그 제삿날에 이르면 곡(哭)하여 흐느낌을 처음 초상(初喪) 때와 같이 하였고, 생일이 되면 또한 반드시 제물과 술을 기제(忌祭)의 의식으로 바쳤다.

백씨(伯氏)에게 후사(後嗣)가 없으므로 공이 다음의 좨주(祭主)로서 강신주(降神酒)를 주관하였는데 무릇 제사에는 반드시 기일보다 먼저 7일 동안 재계(齋戒)하였다. 노비도 제사의 일에 돕는 사람은 반드시 하여금 깨끗하게 씻어서 옷을 갈아입게 하였다.

몸소 제찬(祭饌)을 차리는 자리에 임하였으니 늙음에 이르러서도 게을리하지 아니하였다.

여러 아우들이 나라의 풍속에 의거하여 기제(忌祭)는 형제가 해마다 돌아가면서 지내자고 요청하였으나 공이 허락하지 아니하였다.

백형(伯兄)을 섬기기를 마치 엄부(嚴父)같이 하여 날마다 찾아뵙고, 문안을 드리면서 공손하고 각별히 일을 받들어 비록 고귀한 신분에 올랐어도 바꾸지 아니하였다.

형이 죽고, 형수를 섬김에는 더욱 삼가며 무릇 논밭이나 일꾼을 형수가 바라는 바가 있으면 모두 돌려주었다.

자매(姉妹)를 만나면 온화하게 공경하여 이간질하는 말이 없었고, 과부가 된 누이동생이 가난하게 살거늘 집을 지어 주며, 의복과 진기하고 색다른 물건을 계속 공급하였다.

누이동생이 일찍이 이질(痢疾)을 앓아도 쓴 약을 먹지 못하거늘 공이 손수 개구리를 삶아서 인절미를 만들어 주니 병이 곧 쾌차하게 되었는데 누이동생이 울면서 말하기를 나를 기르고, 나를 치료한 것은 공이 내리신 것이로다. 늙은 몸을 돌아보건대 은혜를 보답할 길이 없으므로 오직 소원은 길이 많은 복이 공의 덕에 부응하여 많은 복을 누리기만 바랄 뿐이라고 하였다.

막내 누이동생이 시집가서 영남(嶺南)에 살았는데 임진왜란(壬辰倭亂) 뒤에 기근(飢饉)으로 거의 죽을 지경에 이르거늘 공이 듣고 곧 가서 살피며 주머니를 풀고, 곁마를 주었다. 그리고 옆에 읍(邑)에서 곡식을 빌려서 구원하였는데 16년 뒤에 공의 나이가 이미 70이었어도 매양 이 누이동생을 생각하여 그만두지 않고, 사신(使臣) 가기를 요청하여 갔더니 한 길에 사람들이 알아보고, 다투어 음식을 대접하면서 받드니 향리의 사람들이 감탄하였다.

고아(孤兒)가 된 생질(甥姪)을 자기가 낳은 자식같이 어루만지고, 더욱이 위급한 환난(患難)에 처한 여러 조카와 생질을 돌보아 의지하게 하였으며, 받은 바의 봉급을 반드시 가난한 고아에게 나누어 주었으니 매양 봉급날이면 양식자루를 가지고 대문을 밟았다.

친척을 대우함에는 곡진(曲盡)하게 은혜로운 예절이 있었으며, 간혹 관련된 편지를 요구할 때에는 일찍이 번거롭고 외람되지 않게 하여 말씀을 여쭈되 말하기를 일을 받아들이고, 거절함은 그쪽에 있는 것이나 나로부터 하는 것은 마땅히 이와 같다고 하였다.

일찍이 선대로부터 물려받은 재산이 적은데다가 형제가 많았기 때문에 재산을 분배할 때에 사당을 받들 논밭과 일꾼을 마련하지 못하고 이에 부인 집에 노예를 묘지기로 삼았다.

집안사람을 경계하여 오직 부지런하고, 검소함에 힘써서 넉넉함을 취하게 하였고, 아침과 저녁에 절대로 나누어 표출하여 경영함이 없었으며, 의복과 그릇과 살림도구는 한결같이 질박하고, 깨끗한 것으로 하였다.

그 대간(臺諫)이 됨에는 남의 허물을 밝혀내고, 사건을 들추어 정직하게 폭로하는 것을 능사(能事)로 여기지 않고, 공명정대(公明正大)함에 힘써 사실을 속이지 않는 것으로 근본을 삼았다.

일찍이 대신(大臣)이 허물을 숨겼다가 연좌되어 견책을 당한 것을 듣고, 자제에게 명령하여 소학(小學)을 가져오게 해서 고윤(高允)이 동궁(東宮)의 지도를 받들지 않은 사실을 읽게 하면서 말하기를 사람의 신하가 된 의리(義理)가 마땅히 이와 같다고 하였다.

임종(臨終)함에도 오직 충효(忠孝) 두 글자로 자제를 힘쓰게 하였다.

그 정치를 함에는 밝게 전해 오는 역사적 사례(事例)를 인식하도록 하였으며, 사회적 기강을 유지하는 데에 힘썼다.

재판하여 판결함에는 사건의 전말을 긍정적으로 검토하여 미세한 사건도 남기지 아니하였으며, 촛불이 그윽이 숨긴 것을 밝혀내듯이 움직임이 신명(神明)과 같아서 분석하여 결단함에 정밀하게 살피고, 갈고리로 더듬어 판단함에 민첩하고 빨랐다.

그 벼슬자리에 임함에는 반드시 먼저 간악하고, 교활한 무리를 규탄하여 형벌을 씀이 엄중하였다.

공은 명령을 내면 되돌리지 아니하였고, 권세를 좇아 법을 굽히지 아니하였으며, 세속을 따라 구차하게 편안하려고 아니 하였다.

명분(名分)과 실질을 반드시 밝혔으며, 근본과 말단을 모두 이루게 하였으니 서생(書生)의 경박함이나 속리(俗吏)의 비루함이 없었으니 진실로 책무를 인식하는 학자이고, 방법을 달통하는 재주라고 할 것이다.

안타까워라, 공은 바르고 곧은 덕성과 큰 재능으로 청빈(淸貧)한 가문으로 말미암아 대과(大科)에 급제하여 어지러운 임진왜란의 시대를 만나 빛나는 업적을 쌓았으니 그 이력으로 보아 높은 벼슬자리에 올라도 어려울 것이 없을 것 같았는데도 돌아보건대 이에 한 번 일어나면 한 번 넘어져서 지방의 주(州)와 부(府)에 실컷 머물렀으니 비록 오래된 햇수의 공적으로 벼슬이 정경(正卿)과 소재(少宰)에 올랐지만 그동안의 품계가 압반(押班) 참서(叅署)에 지나지 않을 따름이었고, 마침내 장군과 재상의 중책을 맡아서 그 경세제민(經世濟民)의 방략을 펼 수 없었으니 어째서인가?

대개 공은 평생 동안 지략(智略)과 재덕(材德)을 감추고, 희미하게 하여 스스로의 인격을 길렀으니 외로운 절개를 홀로 지켜 기울어지게 하지 아니하였다.

공적인 모임이 있지 아니하면 고요히 앉아 있었으니 손님이 이르면 그윽이 상대하였는데 안부를 묻는 인사말 이외에는 다른 말을 주고받지 아니하였으니 손님이 모두 공경하고, 꺼려하면서 감히 오래 앉아 있지 못하고, 빨리빨리 일어나서 돌아갔다.

그 착하지 못한 사람에 대해서는 진실로 그를 보기를 마치 더러워지는 것같이 하였으므로 비록 착한 사람일지라도 또한 일찍이 곡진한 생각으로 의기투합하지 못하였다. 이래서 세상에 홀로 섰나니 앞서고 뒤따르며 하는 것이 없었다.

젊었을 때에 과거시험장에서 이름을 떨쳤던 문인(文人) 김태정(金泰廷)이 매우 정성스럽게 교제하였는데 더불어 공부를 하자고 요청하였지만 공이 허락하지 아니하였다.

그 한원(翰苑: 翰林院·藝文館)에 있을 때에 의정(議政) 홍섬(洪暹) 공과 이준경(李浚慶) 공 그리고 민기(閔箕) 공 및 승지(承旨) 이후백(李後白) 공과 기대승(奇大升) 공이 모두 공의 재능과 도량은 크게 쓸 만하다고 칭찬하였다. 그러나 공은 일찍이 여러 공을 찾아뵈고 감사의 뜻을 표하지 않았다.

수상(首相) 류성룡(柳成龍)이 검열(檢閱)로 함께 숙직하면서 가장 오래 있었는데 한 번도 정성스럽게 사사로이 사귀지 아니하였다.

그 구성(龜城)으로 나아감에 이조판서(吏曹判書) 이산해(李山海) 공이 마침 인사 선발이 합당치 못하다고 하면서 공의 좌천을 안타까워하였다. 당시에 나주목사(羅州牧使)가 결원이라 그 땅이 가깝고, 비옥하므로 옮겨 주려는 뜻을 가지고 공에게 물으니 공이 사양하고 사절하면서 끝내 허락하지 아니하였다.

구성부사(龜城府使)로 4년간 있으면서 질병을 앓아 매우 위독하므로 계씨(季氏) 의정공(議政公)이 여러 번 편지를 보내 그 해직하고 돌아오기를 재촉하며, 또한 진취(進取)할 기회임을 암시하였어도 공이 또 따르지 아니하였다.

계씨(季氏) 의정공(議政公)은 착하고 악함을 가리는 데 자못 명석하므로 한 떼의 사류(士類)들이 추앙하는바 되었기에 권위와 신망이 성대하였으나 공은 일찍이 관계를 말하지 아니하였다.

그 사이에 조정(朝廷)의 벼슬아치들로부터 당파가 나누어지니 진실로 용렬하고, 둔하며, 어리석은 사람과 결점이 심한 사람이 아니면 그 당파의 경계로 밟아 나아가지 않은 이가 드물었다.

공은 조정(朝廷)에 선 지 50년이지만 뚜렷하게 어떤 당파로 지목되어 나타남이 없었으니 세상에서 무겁게 여겼다.

왕실(王室)과 혼인한 집은 나라와 더불어 기쁨과 슬픔을 함께할 의리가 있고, 은혜와 예절이 융숭하므로 기약하지 아니해도 그런 것이 있는 것이다.

공은 사위 왕자(王子)에게 처음부터 성대하게 가득 채운 것으로 경계를 삼도록 하였고, 가족들에게 혹시라도 궁가(宮家)의 일을 빙자하지 말라고 힘써 단속하였다.

왕자(王子)가 와서 뵈면 공은 다만 엄숙한 용모로 맞이하여 인사만 받고, 감히 장인과 사위의 분수로 친근하게 가까이하지 아니하였다.

선조(宣祖) 말엽에 권(權) 재상(宰相)이 평소 공에게 중요하게 의지하면서 혹 문을 밟으며 못내 잊지 못하고, 혹 높고 좋은 자리를 만들어 주겠다고 하였지만 공은 절대로 되찾아가서 사례하지 아니하였다.

광해주(光海主) 시대에 원흉(元兇)이 다른 사람을 말미암아 결탁하여 밀어서 구덕노신(舊德老臣)이 되려고 곡진하게 정의(情誼)와 예절을 다했지만 공은 더욱 두려워하여 대문을 단속하고, 질병을 핑계대면서 고요히 한 방에 거처하며 글씨와 그림으로 스스로 즐겼다.

마당에 하나의 긴 대나무를 가꾸어 어루만지고, 감상하면서 뜻을 부쳤으니 완전히 세상 밖의 사람과 같은 지가 또한 5~6년이 지난 뒤에 졸(卒)하였다.

오호라, 선비에게 도(道)가 고귀한 바는 그 나아가고 물러가며, 떠나고 남음에 그 바른 행실을 능히 잃지 않는 것일 뿐이다. 오늘의 현실에서 공의 세대를 논한다면 공이 조금이라도 깎아서 억눌러 시대적 형세를 따르려고 하지 않았던 것은 자취를 따라 확인할 수 있다.

그 이름 높은 마당에서 발을 끌며 걷다가 마침내 크게 쓰임을 얻지 못했으나 마땅히 족히 괴상할 것도 없도다. 붕당(朋黨)의 극치에 선비에겐 온전한 이름이 없고, 궁가(宮家)의 재앙이 지금까지도 아직 아름답지 못하거늘 공만 홀로 초연하게 의심하고 비방하는 밖에 남아서 몸이 죽을 때까지 덫과 함정 속으로 들어가지 아니했나니 이것은 그 중립(中立)하여 기울지 아니하는 절도요, 기미(幾微)를 살펴서 몸을 온전히 간직하는 지혜인즉 더욱 크게 현창하여 명백하고 뚜렷이 밝혀야 할진저!

재상(宰相) 심희수(沈喜壽)가 매양 칭찬하기를 공은 일생 동안 오로지 고요하여 일찍이 자기를 굽혀 남을 따르지 아니하였으니 참으로 철석간장(鐵石肝腸)이라고 하였고, 재상(宰相) 신흠(申欽)이 일찍이 칭찬하기를 공은 법률과 사례(事例)에 정통하고, 정치의 체제에 밝게 통달하며, 그 아랫사람을 어거하기를 마치 약속하듯이 부드럽게 따르도록 하니 사람마다 미칠 바가 아니라고 하였다.

동지중추(同知中樞) 송영구(宋英耉)는 곧 공의 조카사위로 성품이 고결해서 돌아볼 만한 사람을 허락함이 적었는데 홀로 공만은 마음으로 열복(悅服)하여 항상 칭찬하였으니 공은 충효(忠孝)에 바탕해서 정사(政事)에 베풀었는데 집에서 숨어 살고, 조정에 벼슬하는 절도가 마치 푸른 하늘에 태양같이 한 개의 오점도 없다고 하였다.

그리고 공의 죽음에 미쳐 글을 지었는데 그 덕행을 서술함이 매우 자상하면서도 또한 공의 여러 자손에게 집안의 명성을 타락시킴이 없도록 경계할 만하였다.

아~, 세 군자(君子)의 말이 다하였도다.

정부인(貞夫人) 박씨(朴氏)는 광주목사(廣州牧使) 휘(諱) 간(諫)의 따님으로 곧은 덕성과 지극한 행실 및 어여쁜 용모가 있었는데 함께 늙었으나 공이 졸(卒)하자 부인(夫人)이 음식을 끊고, 지극히 슬퍼하다가 공보다 한 달 남짓 뒤에 졸(卒)하므로 빈소(殯所)를 같이 만들고, 같은 날에 장사 지내니 사람들이 또한 공의 덕성이 집에서 본받은 바가 이와 같음을 알았다.

4남 2녀를 두었으니 장남은 신(璶)이니 평양서윤(平壤庶尹)이고, 둘째는 미(瑂)로 전 온양군수(前溫陽郡守)요, 셋째는 교(璬)이니 지금 내시교관(內侍敎官)이며, 넷째는 제(璾)로 지금 면천군수(沔川郡守)이다.

장녀는 전 군기첨정(前軍器僉正) 이변(李忭)에게 시집갔고, 둘째 사위가 곧 왕자(王子) 인성군(仁城君) 공(珙)이다.

손자는 15인인데 참군(參軍) 창원(昌遠), 전적(典籍) 창립(昌立), 창운(昌運)은 서윤(庶尹)이 낳았고, 창업(昌業), 창국(昌國), 창환(昌煥), 창현(昌顯), 창계(昌啓)는 온양군수가 낳았으며, 창안(昌顔), 창형(昌亨)은 교관(敎官)이 낳았고, 창언(昌言), 창문(昌門), 창정(昌庭), 창명(昌明), 창세(昌世)는 면천군수가 낳았다.

손녀는 4인이니 도사(都事) 권심중(權審中)은 서윤(庶尹)의 사위요, 생원(生員) 정원첨(鄭元詹)은 면천군수의 사위이며, 둘은 어리기에 시집가지 못하였다.

식(植: 澤堂)은 젊어서 편벽되고, 고루하여 대궐의 문에 오르지 못했으나 또한 일찍이 사대부(士大夫)의 뒤를 좇아 공의 평소에 대하여 익히 들어 귀에 넘쳤거늘 늘그막에 용문산(龍門山)의 남쪽에 집을 짓고, 자주 교관(敎官) 군과 교유한대 교관(敎官) 군은 충신(忠信)하여 망령된 사람이 아니었다.

이어 그 가승(家乘)과 전하는 문서를 고찰하니 일찍이 귀로 들은 바와 더불어 거짓이 없었다. 이에 감히 그 큰 것을 추려서 차례로 엮어 이상과 같이 행장(行狀)을 지었다.

그 내용을 취하여 특별히 쓰는 것은 태사(太史: 史家)에게 있고, 상고하여 이름을 바꾸는 것은 태상(太常)에게 있으며, 쇠와 돌에 기록하여 새겨서 후세에 보이는 것은 당세에 논리를 세우는 군자(君子)에게 있도다.

그윽이 생각하건대 다행히 감식하여 살펴주소서.

숙간공시장(肅簡公諡狀)

백호(白湖) 윤휴(尹鑴) 엮음

공은 휘(諱)가 승길(承吉)이요, 자(字)는 자일(子一)이며, 호(號)는 남악(南岳)이니 윤씨(尹氏)로 계통은 영남(嶺南)의 해평현(海平縣)에서 나왔다.

시조(始祖)는 군정(君正)인데 고려(高麗)에 벼슬하여 사공(司空)으로 치사(致仕)하였으며, 지밀직사사(知密直司事) 만비(萬庇), 첨의좌정승(僉議左政丞) 시(諡) 영의공(英毅公) 석(碩), 정당문학(政堂文學) 지현(之賢), 진현관제학(進賢館提學) 방안(邦晏), 보문각제학(寶文閣提學) 사수(思修), 우리 조선왕조(朝鮮王朝)에 들어와서는 수원부사(水原府使)가 되어 증병조판서(贈兵曹判書) 처성(處誠), 사헌부장령(司憲府掌令) 증좌찬성(贈左贊成) 면(沔)을 거쳐 무릇 7세(世)에 휘(諱) 훤(萱)에 이르니 군기시첨정(軍器寺僉正)으로 증영의정(贈領議政)인데 이분이 공의 증대부(曾大父)이다.

대부(大父)는 휘(諱) 은필(殷弼)이니 이조참판(吏曹叅判) 증좌찬성(贈左贊成)으로 중종(中宗) 때에 북문지화(北門之禍)를 당함에 쟁신(爭臣)의 말이 있었기에 사실이 기묘록(己卯錄)에 보이며, 고(考)는 휘(諱)가 홍언(弘彦)이니 사헌부감찰(司憲府監察)로 증영의정(贈領議政)인데 두 대에 걸쳐 증직한 것은 계씨(季氏)가 영의정(領議政) 승훈(承勳)이므로 은전(恩典)을 베푼 것이다.

비(妣)는 정경부인(貞敬夫人) 전주이씨(全州李氏)로 종실(宗室) 장임수(長臨守) 휘(諱) 순민(舜民)의 따님이다.

가정(嘉靖) 경자(庚子: 서기 1540)년 10월 병자(丙子)일에 공을 한양(漢陽)의 동촌(東村) 집에서 낳으니 총명하고, 아주 지혜로워서 어려서부터 희롱함을 좋아하지 않고, 5~6세에 스스로 스승 앞에 나아가서 글 읽을 줄을 알았으며, 춥거나 더워도 각고 노력해서 잠자고, 밥 먹는 것도 잊어버리는 데 이르렀다.

겨우 약관(弱冠)에 학업이 크게 성취하여 신유(辛酉)년에 성균관(成均館)의 상사(上舍)에 올라가서 배우거늘 좨주(祭酒) 허엽(許曄) 공이 더불어 중용(中庸)과 대학(大學)을 강설하다가 깜짝 놀라서 감탄하고, 그 속유(俗儒)의 학문이 아님을 알았다.

갑자(甲子)년에 통경과(通經科)에 급제하여 승문원부정자(承文院副正字)에 뽑혔다.

명종(明宗)이 승하하시고, 바야흐로 선조(宣祖)를 임금으로 맞이할 때에 자리를 걱정하는 종인(宗人)들이 선조의 사저(私邸)로 많이 달려가서 뵈므로 승문원의 직원들도 역시 가서 뵈기를 요청하니 동료들이 따르자고 하였지만 공이 말하기를 반드시 우리들이 가려고 한다면 모름지기 정부의 허가증을 받아야만 이에 옳다고 하였다.

얼마 지나서 양사(兩司)가 사저에 찾아간 사람들을 탄핵하니 동료들이 부끄러워하였다.

추천으로 예문관검열(藝文館檢閱) 겸춘추관기사관(兼春秋館記事官)을 제수(除授)받았다가 승문원주서(承文院注書)로 옮겼는데 선조(宣祖)가 처음으로 정사를 보시면서 날마다 손님을 맞이하는 자리를 개최하니 좌의의 사관(史官)이 그 임무를 감당하기가 어려웠다.

공이 귀로 들으면서 손으로 기록하여 자상하게 기재하니 시신(侍臣)들이 모두 칭찬하였다.

이문순공(李文純公: 退溪)이 퇴직을 요청하자, 임금이 불러서 접견하고 물으시니 문순공(文純公)이 대답하여 말함에 해 그림자가 옮기도록 하였다. 다음 날 문인(門人)을 통하여 기록한 초고(草稿)를 보자고 하여 글을 복사하고, 칭찬한 말이 퇴계집(退溪集) 속에 보인다.

성균관전적(成均館典籍)으로 승진하고, 사헌부감찰(司憲府監察)과 공조좌랑(工曹佐郎)으로 옮겼다.

경오(庚午)년에 병조(兵曹)에 들어가서 좌랑(佐郎)이 되자 비로소 관리로서의 능력이 나타났으니 이보다 먼저 위사(衛士: 宮城, 陵, 官衙, 軍營을 지키는 병사)의 봉급이 서리(胥吏)로부터 지급되었는데 높고 낮은 차례를 잃어 폐단이 쌓여 고질병이 되었다.

공이 먼저 농간을 부린 간악한 서리들을 축출하고, 손수 장부를 검사하여 털끝만큼도 문서를 사사롭게 다루지 못하게 하니 위사(衛士)들이 길에서 서로 경하하였다.

판서(判書) 오상(吳祥) 공이 감탄하며 말하기를 아무개의 강직하고 현명함이 아니라면 어찌 이 일을 판별할 수 있으리오 하였다.

명종실록(明宗實錄)을 편수하는 일에 참여하였다.

신미(辛未)년 여름에 나아가 황해도도사(黃海道都事)가 되었으니 좌천하여 제수(除授)받은 것이다.

공이 한원(翰苑)으로부터 병조좌랑(兵曹佐郎)으로 승진하니 사람이 모두 말하기를 마땅히 대각(臺閣)으로 들어가리라고 하였는데도 공이 시세(時勢)에 부화뇌동(附和雷同)하지 않으므로 전조(銓曹)의 요로(要路)가 기뻐하지 않는 바가 되었다. 공의 자취에 화려하고 빛나는 길이 막힌 것은 처음부터 여기에 기인한 것이다.

경기도도사(京畿道都事)로 바뀌었다가 들어와서 승문원교리(承文院校理)와 예조좌랑(禮曹佐郎)이 되었는데 호조정랑(戶曹正郎)

으로 승진하여 임금의 명령을 받들어 경기도(京畿道)의 재해와 손상을 검사하였다.

계유(癸酉)년에 사건으로 인하여 파직당하고, 조금 있다가 병조정랑(兵曹正郎)으로 복직하였고, 성균관사예(成均館司藝) 겸종학도선(兼宗學導善)으로 승진하였다.

처음으로 헌대(憲臺)에 들어가서 지평(持平)이 되었는데 돌아서 전적(典籍)과 형조정랑(刑曹正郎)이 되었다가 돌아와서 지평(持平)과 직강(直講)이 되었다.

어버이를 봉양하기 위하여 외직(外職)을 요구하니 개성경력(開城經歷)을 제수받았다.

갑술(甲戌)년에 공적인 사건으로 인하여 파직되어 돌아왔는데 등용하여 직강(直講)으로 복직하고, 다시 지평(持平)을 배수(拜受)하였다가 금방 판관(判官)으로 나아갔다.

3도(三道)는 이때에 조운(漕運)을 하면서 불시에 별도로 추종하는 신하를 파견하여 열읍(列邑)을 탄압하는 까닭으로 이러한 벼슬을 제수한 것이다.

들어와서 장령(掌令)이 되고, 군기시첨정(軍器寺僉正)으로 옮겼다.

인순왕후(仁順王后)의 상(喪)에 산릉도감랑(山陵都監郎)이 되었는데 이보다 먼저 도감랑(都監郎)은 본디 깨끗하고, 신망(信望)이 있는 사람으로 선발하지만 일을 관리함이 번거롭고, 사소하며, 또 의례적으로 유림(儒林)은 느리고 실무를 살피지 아니하므로 서리(胥吏)와 노복(奴僕)에게 일임하여 버렸으니 간특하게 속이는 것이었다.

공은 쇠를 녹이는 직무를 관장하였으니 곧 저울에 달아서 관리하는 것을 싫어하지 않았기에 잃어버리는 바가 없어 공사를 완료하고 남은 철 3,000근을 탁지부(度支部: 戶曹)에 반환한즉 판서(判書) 윤현(尹鉉) 공이 감탄하여 말하기를 산릉(山陵)의 역사(役事)에 더 요구함이 없고, 나머지가 있는 것은 내가 바야흐로 이 도감랑(都監郞)에게서 보았을 뿐이라고 하였다.

다시 장령(掌令)이 되었으니 돌아서 바뀌고, 돌아서 제수(除授) 받은 것이 3번이요, 사예(司藝)가 된 것이 두 번이었다.

병자(丙子)년에 다시 장령(掌令)이 되었는데 이해에 외간(外艱: 父喪)을 당하였고, 상기(喪期)를 마치고, 다시 종부시첨정(宗薄寺僉正)으로 복직하였다.

어머니를 봉양하기 위하여 다시 외직(外職)을 요구해서 남양부사(南陽府使)를 제수받았는데 남양은 서울에 가까워서 토호와 권세 있는 사람의 농장과 집이 많았다. 공이 부임하여 한 끈의 3척법(三尺法)으로 간교한 도적질을 대대적으로 그치게 하니 비방모략하면서 앙갚음을 해서 제거하려고 하였지만 공이 청렴하고 삼감으로써 끝내 중상할 수 없었다.

임오(壬午)년에 목장의 말을 잃어버린 사건에 연좌되어 의례적으로 파직되었으나 곧 다시 등용되어 사예(司藝)가 되었다가 사간원헌납(司諫院獻納)으로 전근하였다.

이때에 일본사신(日本使臣)을 접대하면서 여악(女樂)을 쓰려고 하거늘 공이 힘써 그 불가함을 논하여 이에 그만두었다.

바뀌어 사예(司藝)가 되었는데 이해에 명(明)나라 사신(使臣)이 오니 영접도감랑(迎接都監郞)이 되었다. 영접도감랑도 또한 고매한 인물을 선발하지만 그 관례에 따라 실무를 살피지 아니함이 산릉도감랑(山陵都監郞)에 비교해서 더욱 심했는데도 공은 사주국찰직

(司酒局察職)을 더욱 신중하게 단속하였다. 동료가 추위가 심하므로 한잔의 술을 마시자고 요구하였지만 공이 말하기를 아직 공식적인 연회도 개최하지 아니했는데 이것을 먼저 사람들에게 먹게 하는 것은 옳지 않다고 하였다.

원접사(遠接使) 이문성공(李文成公) 이(珥)가 듣고 치하하면서 그 술을 마시려고 했던 사람들을 편지로 꾸짖었다.

종부시정(宗簿寺正)으로 옮겼다가 다시 장령(掌令)이 되었다.

계미(癸未)년에 사예(司藝)로 바꾸어 옮겼다가 다시 장령(掌令)이 되었는데 사도시첨정(司導寺僉正)으로 옮겼으며, 사섬시정(司贍寺正)으로 승진하였으니 사섬(司贍)은 재화를 관리하는 기관이다. 공이 포탈한 것을 찾아내고, 누락된 것을 묶어서 한결같이 법으로 처단하였다.

또 사재감정(司宰監正)이 되었는데 사재(司宰)는 반찬을 관리하는 부처이다. 그 판별하여 다스림을 더욱 엄중하게 단속해서 교활한 서리(胥吏)들의 농간에 흔들리지 아니하였으니 간교하게 법도를 어긴 자들이 사섬시(司贍寺) 때보다도 더욱 전전긍긍(戰戰兢兢)하며 두려워하였다.

공이 두 기관의 시정(寺正)을 하게 된 것은 모두 대관(臺官)으로서 임금의 은전(恩典)을 차례로 미치게 하는 관례에 따라 제수받은 것으로 사람들은 지나가는 나그네같이 보았으나 공은 오직 벼슬로 생각하여 10일이나 한 달 만에 유능하다는 명성이 나타났으니 그 관직을 맡음에 구차하지 아니함이 대개 이와 같았다.

장령(掌令)으로 옮겼는데 당시에 북쪽 오랑캐 이탕개(尼湯介)의 사변이 있으므로 이문성공(李文成公)이 장차 본부병사를 출행시키기 위하여 말을 바치고, 방역(防役)을 대행해서 면제하는 명령을 아직 임금의 허락도 듣지 않고 시행하니 3사(三司)가 탄핵하여 논하거늘 공도 또한 참여하였다.

그 임금에게 아뢰는 계사(啓辭)에 말하기를 "전 병조판서(前兵曹判書) 이이(李珥)는 현저하게 전권을 휘두르며, 임금을 기만하는 죄가 있으므로 언관(言官)이 논하여 탄핵한 것은 그 일에 따라 바로잡아서 국가를 함께 구제(救濟)하려는 뜻입니다.

몸에 돌이켜 스스로 반성해서 잘못이 있으면 고치고, 없으면 더욱 힘쓰는 것이 당연한 것인데도 도리어 대간(臺諫)의 말을 기뻐하지 않으면서 계사(啓辭) 가운데 몇 마디 말을 끄집어내서 스스로 변명하는 계책으로 삼아 여러 날 동안 상소문(上疏文)을 올림에 불평하는 말이 많거늘 임금으로부터 자상하게 위로하여 깨우치는 말씀이 지극하지 않은 것이 없었나이다.

이에 대신(大臣)은 또 돈독히 힘써 일어나서 복무해야 함에도 임금의 공식적인 명령을 내리기를 청하면서 오히려 생각을 움직이지 아니하며, 바야흐로 벼슬아치의 허물을 추문(推問)하여 고찰하는 가운데 벼슬을 사양하는 청원서를 관청에 공공연히 제출하고, 죄를 논할 때 임금에게 올리는 계사(啓辭)에 이르러서는 대신(大臣)으로서 말을 억제하지 못한 것이 잘못이라고 하였습니다. 그리고 또 좌우의 신하들에게 물어서 경중(輕重)을 저울질하여 헤아리시기를 요청하였나이다.

설령 대간(臺諫)의 말이 혹시 중용(中庸)에서 지나침이 있다고 할지라도 스스로 공론(公論)이 있거늘 논박을 당한 사람이 어찌 가히 스스로 허물이 없다고 말하면서 다투어 변론하기를 그치지 않으리까?

대저 나라의 중신(重臣)이 된 사람은 마음을 화평하게 가지고,

자기의 주장을 비워서 남의 말을 싫어하지 아니하며, 오직 옳고 그름을 서로 함께 해결하는 것으로 급한 일을 삼나니 그런 뒤에 가히 화평한 행복을 이룩할 수 있는 것입니다.

만약 조금이라도 사람의 말함이 있으면 문득 기뻐하지 아니하여 반드시 공격하여 제거한 이후에 그만두고자 한다면 다른 날의 폐단을 이루 다 말할 수 없을 것입니다"라고 운운(云云)하였다.

대개 공의 생각은 같은 조정(朝廷)이 서로 규제(規制)하려는 뜻에서 나온 것이므로 이에 세상 사람이 사사로운 감정을 가지고, 배척하여 추방하는 것과는 같지 않음을 여기에서 볼 수 있는 것이다.

이때에 조정(朝廷)의 의론(議論)이 두 가지로 갈리어 초야에서 상소문이 계속 올라왔다. 이웃에 한 재신(宰臣)이 당론(黨論)을 논하기 좋아하며, 공에게 부탁하여 문성공(文成公)을 두둔하는 상소문을 올린 유생(儒生)을 구속도록 주장하라고 하였는데 공이 말하기를 초야의 선비들이 하는 말이 비록 간혹 적중하지 못하다고 하여도 어찌 죄를 줄 수 있겠는가? 하물며 유생(儒生)을 구속하여 죄로 다스리는 것은 성세(聖世)의 일이 아니라고 한대 들은 사람이 기뻐하지 아니하였다.

종부시사도첨정(宗簿寺司導僉正)으로 옮겼다가 경상도(慶尙道)에 빚을 죄다 받아들이는 경차관(敬差官)이 되었다.

이때에 북도(北道: 咸鏡道) 경원(慶源)의 관비(官婢)였던 옥비(玉非)란 자가 본래 영남(嶺南)의 진주(晉州)에서 태어났는데 도망하여 관향(貫鄕)으로 돌아와서 몇 년이 지나니 자손을 낳아 번성하므로 아들은 혼인하고, 딸은 시집가며, 두루 10여 군(郡)에 살며 서로 속이고 숨겨 주었기 때문에 적발하기가 어려웠다.

공이 임금의 명령에 따라 원상태로 되돌림에 형장(刑杖)을 사용

하지 않고, 핵심을 살펴 구별하여 하여금 연줄연줄 파급하는 폐단
이 없게 하여 여러 군(郡)이 시끄럽지 않게 하였다.

일이 아직 끝나지 아니했는데 백씨(佰氏)가 죽었다는 부음을 듣
고, 지름길로 돌아오니 대관(臺官)에서 그 위법성을 탄핵하여 파직
시켰다.

이때에 북방에서 새롭게 이호(尼胡)의 난을 제거하니 조정(朝廷)
에서 바야흐로 변방을 충실하게 하는 대책을 논의하거늘 공을 대
신하는 사람이 조정의 뜻을 받들어 다시 실상을 분별하지 않고,
일체를 무력으로 다스려 더듬어 찾아내어 모두 옮겼기 때문에 횡
액을 당하여 옮긴 사람도 또한 많았다.

이리하여 하나의 도(道)가 크게 소요하여 늙은이와 어린이가 길
에 넘어지고, 엎드려지며, 서로 더불어 울부짖으면서 말하기를 전
에 관리가 만약 있었더라면 반드시 우리로 하여금 여기에 이르게
는 하지 않았을 것이라고 하였다.

갑신(甲申)년에 내간(內艱: 母喪)을 당하고, 상기(喪期)를 마치니
상의원정(尙衣院正)으로 복직하였다가 사간(司諫)으로 옮겼는데 교
체되어 사재감정(司宰監正)으로 옮겼다.

임금의 명령을 받들어 해서(海西)의 재판사건을 안찰(按察)하고,
정해(丁亥)년에 집의(執義)로 전근하였다. 이때에 유생(儒生) 이귀
(李貴)가 상소하여 계미(癸未)년의 일을 논박하여 말하니 그때에 3
사(三司)에 있었기 때문에 공이 사직한대 교체되어 상의원정(尙衣
院正)으로 옮겼다.

임금의 명령을 받들어 호서(湖西)의 재앙과 손상을 검사하고, 나
아가 구성부사(龜城府使)가 되었다. 이때에 구성부사 임식(林植)은
술에 빠져서 행정을 게을리하므로 탄핵을 받으니 임금이 그 대신

할 사람을 지극히 선택하라고 명령하셨다.

전조(銓曹) 가운데 공을 기뻐하지 않는 사람이 있었으나 공이 임금의 명령에 따르자, 간원(諫院)이 세 번 임금에게 아뢰어 유임을 요청하였다.

임금이 말씀하시기를 이 고을은 자주 행위가 바르지 못한 관리를 겪었고, 또 흉년이 들어 굶주리니 위로하여야 편안히 모일 것이므로 반드시 어진 관리가 필요하다고 하시며, 말을 지급하여 파견하였다.

친구들이 모두 와서 위로의 말을 하여도 공은 평안한 듯이 취임하였다. 창고를 열어 가난한 서민에게 곡식을 나누어 주고, 부과한 세금을 감면하며, 간악한 좀도둑을 잘라서 제거하고, 도망하여 떠도는 사람을 편안히 모여 살게 하였다.

매양 크고 작은 부역할 일이 있으면 가깝고 먼 거리를 헤아리고, 넉넉하고 부족함을 비교하여 균등하게 조절해서 한결같이 고르게 하였다.

낡은 습속이 서로 짝을 지어 도적질을 하거늘 관청에서도 금지시킬 수 없었는데 공이 최고 악질을 잡아다가 제거하고, 그 무리들은 용서하여 사면하니 관할하는 경내가 안정하였다.

지역이 변방의 요새와 접하고, 인민이 예절을 아는 사람이 드물어서 혼인하고 장가듦에 대부분 저속하고 난잡하였다. 공이 실천조목을 만들어 인민의 금지사항을 가르치니 자못 새롭게 따랐으며 지방의 호족(豪族)이 있어 사조직을 만들어 윗사람을 능멸하기를 좋아하거늘 곧 관청에서 죄의 경중에 따라 합당한 형벌을 주려고 하면 뇌물로써 죄를 면하였기에 공이 서로 왕래하는 것을 통렬하게 금지시키고, 거듭 엄중히 범죄자를 벌금형으로 다스리지 않겠다고 약속하니 더러운 습속이 한번 변화하였다.

이전 때에 관청에서 조세로 받은 양곡은 간악한 주민이 감히 모래흙을 섞었기에 인민이 그 피해를 당하거늘 공이 몸소 검사하고 살펴서 하여금 체로 치고, 씻어서 고루 깨끗하게 하니 이로부터 창고가 충실하여 인민의 원성이 사라졌다.

이에 관청의 건물을 수선하고, 그릇과 도구를 다듬어 갖추며, 폐단이 있는 것을 제거하고, 이로움이 있는 것을 일으켜 1백 가지를 크게 개방하였다.

또 향교(鄕校)의 성묘(聖廟: 大聖殿)를 중수(重修)하고, 학칙(學則)을 바로잡으며, 청금(靑衿)을 입은 유생(儒生)을 북돋우고, 일으켜 세워서 내지(內地)의 학교와 똑같은 기풍이 있게 하였다.

3년을 머물러 다스린즉 4방의 경계가 편안하고, 정치를 잘한다는 소리가 한 도(道)에 들리게 되었다.

신묘(辛卯)년에 당상관(堂上官)의 도당록(都堂錄)에 참여하였다.

임진왜구(壬辰倭寇)가 침입하여 임금의 수레가 서쪽으로 의주(義州)에 들어가실 때에 공이 임금이 지나가시는 곳으로 나아가서 통곡하였는데 조금 있다가 평양(平壤)이 함락되었다는 소리를 듣고 공이 이에 소속관리와 주민의 노인들에게 알리면서 말하기를 국가의 일이 한번 여기에 이르렀으니 나는 사람의 신하가 되어 비록 전시에 맡은 바의 관직과 사업이 없으나 오히려 한번 죽어야 옳으리로다. 하물며 이 땅을 지키는 사람이리오?

오직 여기를 지키고 싶지만 성곽이 없고, 적들과 싸우고 싶지만 무기가 없으므로 오직 강토 안에서 쓰러져 죽은 시체로써 종전에 나라에 몸을 바치겠다는 뜻에 보답하리니 그대들은 마땅히 스스로 편한 대로 좇아 함께 칼날을 밟지 말라고 하였다.

여러 군중이 모두 눈물을 떨구면서 말하기를 공이 인민을 보기를 아들같이 하였기에 인민도 또한 공을 아버지처럼 보았나니 아버지가 여기에 계신다는데 아들이 어디로 가리오 하였다.

공이 인민의 굳은 뜻을 알고, 떠나지 않은 경내의 장정을 모두 군적(軍籍)에 편입하여 병사로 삼고, 나라를 지키는 대의(大義)로써 깨우치니 사기(士氣)가 조금 떨쳤다.

격문(檄文)을 강호(江湖)의 요회처(要會處)에 돌려 토병(土兵)을 불러 모으니 날래고, 용감한 기마병(騎馬兵)이 자못 집결하였다.

이때에 도원수(都元帥) 김명원(金命元) 공이 한 쪽부대의 군사를 임금이 계신 행재소(行在所)에 머물게 하였는데 조정에서는 바야흐로 요동(遼東)으로 건너가는 문제를 논의하였다.

공이 곧 모은 바의 병사와 식량을 원수(元帥)에게 돌려보내니 원수(元帥)가 힘을 입어 군대를 편성하고, 일찍이 박천군수(博川郡守) 아무개를 장형(杖刑)으로 다스리면서 말하기를 구성부사(龜城府使)는 문인(文人)임에도 오히려 전쟁물자와 인원을 보충하여 나를 돕거늘 너는 무인(武人)으로 가족을 이끌고 먼저 도망쳤으니 장차 너를 어디에다 쓰겠는가 하였다.

이때에 여러 고을에는 피란민이 많아 관청의 재물을 겁탈하고 약취하면서 간혹 공의 고을에도 잠입하여 변란을 일으키려고 하였기에 관리들이 대비하기를 요청한대 공이 말하기를 사변에 대비할 필요가 없다고 하면서 한 마리의 말을 타고, 몇 명의 노복들과 태연자약하게 출입하였다.

도적들이 마침내 움직이지 못하다가 곧 선동하여 거짓말을 하기를 왜적(倭賊)이 가평강(嘉平江)을 건너서 곧장 행재소(行在所)로 향한다고 하니 어떤 사람이 공에게 권하기를 창고에 곡식을 풀어서 인민에게 나누어 주고, 왜적이 얻지 못하게 하라고 하였다.

이에 공이 말하기를 우리나라는 반드시 갑자기 멸망하는 데 이르지 않는다. 천병(天兵: 明나라의 지원군)이 아침이나 저녁에 압록강(鴨綠江)을 건너오면 나는 이 곡식을 이용하리라. 군수(軍需)에 대비하는 양곡은 곧 한번 흩어 버리면 다시 모을 수 없을 것이다. 이것은 한갓 피란민들의 헛소문일 따름이라고 하였는데 과연 그러하였다.

이해 겨울에 천병(天兵)이 압록강을 건너옴에 공이 먼저 민간인들의 말에 양곡을 싣고 가서 먹이니 인민들이 다투어 따르거늘 겨울로부터 봄에 미치기까지 짐수레가 날아다니면서 길을 누볐는데도 인민들이 괴로움을 호소하지 아니하였다. 우리나라 조정(朝廷)이 천병(天兵)을 영접(迎接)하여 다시 창조하는 공업(功業)이 실로 여기에 기초하였다.

원수(元帥)가 공의 전후(前後)에 노력한 업적을 임금에게 올리니 명령으로 통정대부(通政大夫)를 더하여 권장하였다.

계사(癸巳)년에 송경략(宋經略)을 접대하는 도차원(都差員)이 되었는데 요동(遼東)의 병사들이 평소에도 사나웠지만 이미 우리를 위하여 왔으므로 우리나라 사람들에게 난폭함이 심하였다.

차원(差員)이 임시방책으로 대응하였지만 일행(一行)들이 혹독하게 조세(租稅)와 재화를 4방에서 모아들였다. 공이 여러 가지 방법으로 기쁘게 조절하여 교제를 잃지 않으면서 몸소 어려움을 무릅쓰고 겁내지 않으며, 대항하지도 않으니 요동(遼東) 사람들이 공경하여 탄복하면서 감히 능멸하거나 범접하지 아니하였다.

접반사(接伴使) 윤근수(尹根壽) 공이 매양 큰일을 만나면 반드시 공을 맞이하여 상의해서 결정하였다.

지방장관으로서의 임기를 채웠기에 임금에게 보고하고도 계속 재임(在任)했는데 겨울에 충청감사(忠淸監司)를 배수(拜受)하니 대간(臺諫)에서 공은 멀리 서쪽 변방에 있으므로 호서(湖西)의 일은 중대한데 아득히 오래되었기에 마땅치 않음을 논하여 교체하기를 요청하였다.

당시에 의정공(議政公: 承勳)이 승지(承旨)가 되었는데 임금이 곧 공과 교대하여 감사(監司)로 나아가게 하고, 공을 대체하여 승지(承旨)가 되게 하셨으니 특별히 내리신 은총이었다.

갑오(甲午)년 봄에 형방승지(刑房承旨)로 송유진(宋儒眞)의 반역 사건을 국문(鞫問)하는 데 참여하였다. 유진(儒眞)이 이미 역적모의를 하다가 체포되니 도당으로 관련자가 매우 많았다.

공이 나아가 말하기를 임진왜란(壬辰倭亂)으로 만신창이가 되고, 흉년으로 굶주려 죽어 가는 끝에 역모사변이 계속 일어나니 역적을 문초하여 관련자를 모두 체포한다면 아마도 인심이 의심하고 위태로워하여 장차 처리하기 어려운 바가 있을까 두렵나이다 하니 선조(宣祖)가 그 말이 옳다고 하시어 그 우두머리 주모자 16명만을 처형하고, 그 나머지는 모두 아울러 죄를 묻지 아니하였다.

3월에 강원도감사(江原道監司) 강신(姜紳)이 직무를 유기함으로써 논박을 당하니 선조(宣祖)가 지극히 간택하고, 논의하여 천거하라고 명령하시니 비변사(備邊司)에서 공을 추천하여 임금의 명령에 응하였다.

배수(拜受)하고 떠나는 날에 임금이 명령하여 술을 내리게 하고, 눈물을 흘리면서 말씀하시기를 나라의 일이 여기에 이른 것은 허물이 실로 나를 말미암은 것이로다. 평안감사(平安監司) 이원익(李元翼) 이외에 한 사람도 나라를 위하여 있는 힘을 다해서 몸이 파리하게 된 사람이 없으니 나는 진실로 통탄하노라. 당금의 급한 업무는 백성을 길러 군대를 강화하고, 나라를 부강하게 하면서 인민을 교육하고 훈련하여 지극한 부끄러움을 씻어 버리기를 도모함과 같은 것이 없나니 모름지기 나의 뜻을 체득하여 가거든 그대의 마음을 다하라고 하시니 공이 감격하여 명령을 받고, 이미 관직에 취임하여 임금의 특별한 대우에 보답하기를 기약하였다.

이때에 강원도(江原道)는 임진왜란의 병화(兵禍)를 가장 혹독하게 당했고, 이어 흉년으로 기근(飢饉)이 들어서 굶어 죽은 시체가 날마다 쌓이는데 서로 먹을거리도 또한 다한 상황이라, 감사(監司)와 수령(守令)이 빙 둘러보아도 나아갈 바를 알지 못하였다.

공이 명령을 받은 이래로 다방면에 걸쳐 설계하여 굶주린 사람에게 양곡을 나누어 주고, 죽은 시체를 장사 지내면서, 사이에 장정(壯丁)을 뽑아 나누어 군대의 대오(隊伍)를 만들었으며, 임금에게 아뢰어 군사교관(軍事敎官)과 훈련사범(訓鍊師範)을 요청하여 척씨 기효신법(戚氏紀效新法: 兵法)을 전문적으로 가르치게 하며, 종사관(徒事官)이 때로 여러 읍에 그 무예(武藝)를 고시(考試)하여 상과 벌을 주고, 군대를 위로하여 먹이게 하였다.

수령(守令)의 승진과 파면도 또한 교련(敎鍊)의 부지런함과 게으름으로써 평가하니 여러 군(郡)이 바람을 타고, 위아래가 크게 격려하여 해가 1년도 되지 못해서 손과 발의 자세와 대열법을 정밀하게 익혀서 깃발로써 지휘할 수 있게 되니 무인(武人)의 복무정신이 일신하였다.

그 기계(器械)를 제작하고, 병기(兵器)와 장비를 굳세고, 날카롭지 아니함이 없게 하니 교관(敎官)으로 왔던 명나라의 당(唐) 장군이 군진(軍陣)에 임하여 탄복하면서 말하기를 비록 병마절도사(兵

馬節度使)가 직접 지휘하는 남병영(南兵營)의 군사에 비교하여도 이보다 뛰어남이 없다고 하였는데 서울에 들어가서 임금에게 말을 올려 말하기를 "귀국에 들어와서부터 두루 열병(閱兵)을 많이 하였사오나 기계(器械)와 군용(軍容)이 강원도(江原道)와 같은 곳이 있지 아니하오니 한 도(道)가 숨어 있는 긴 성곽이라고 할 것입니다"라고 하였다.

선조(宣祖)가 크게 기뻐하시고, 매양 경연(經筵) 가운데서 수상(首相) 류성룡(柳成龍)에게 물어 말씀하시기를 근래에 강원도(江原道)의 군사훈련이 어떤가 하시었다.

공이 또 병기(兵器)를 만들어 여러 읍(邑)에 나누어 감추고, 소금을 팔고 물고기를 팔아서 군량미를 요새지에 저축하며, 지형의 험난한 곳을 살펴 방어시설을 갖추어 요해지(要害地)를 삼으니 관동지역의 사람들이 믿고 두려움이 없었다.

전에 송유진(宋儒眞)의 역모사건에 국문(鞫問)한 공로로 품계가 가선대부(嘉善大夫)에 올랐다. 임기가 만료되었는데 비변사(備邊司)에서 그를 대체하기 어렵다고 임금에게 아뢰어 유임을 청하였다.

이때에 의정(議政)이 탄핵을 당하니 선조(宣祖)가 수상(首相) 류성룡(柳成龍)에게 물어 말씀하시기를 이제 의정(議政)에 결원이 있으니 누구로서 재상(宰相)을 삼으리오? 대답하여 말하기를 세상의 요망이 평안감사(平安監司) 이원익(李元翼)으로 돌아간 지가 오래되었나이다. 선조(宣祖)가 말씀하시기를 그러면 평안감사는 누구로 대신할 만한가? 대답하여 말하기를 이덕형(李德馨) 같은 사람이면 족히 그 임무를 감당할 것입니다.

선조(宣祖)가 말씀하시기를 강원감사(江原監司)가 홀로 정치를 잘한다는 명성이 평소에 나타났을 뿐만 아니라 그 어지러운 지역에 임명을 받아서 인민을 다스리고 병사를 훈련함에 각각 조리와 법칙이 있으므로 내가 매우 치하하였으니 경(卿)의 생각이 어떤지를 알지 못하겠노라. 대답하여 말하기를 이제 만약 바꾸면 관동(關東)의 사세(事勢)가 장차 중도에서 폐지되는 까닭으로 신(臣) 등이 그 유임을 청하였사오니 진실로 대체하기가 어렵습니다.

선조(宣祖)가 말씀하시기를 지역에는 가볍고 무거움이 있으므로 나의 뜻은 결정되었노라 하시고 다음 날에 이(李) 공이 재상(宰相)으로 들어가고 공이 그를 대체하였다.

공이 평안감사(平安監司)를 배수(拜受)하고, 임지로 떠남에 임금을 뵈는 날 임금이 전교(傳敎)하여 말씀하시기를 "어제는 명나라의 당(唐) 장군을 접대하여 밤이 깊어서야 환궁(還宮)하였기에 불러 보지 못하였노라. 경(卿)은 그곳에 가서 처음과 같이 게으르지 말지어다"라고 하셨다.

이보다 먼저 한원(翰苑)에서 임금의 교서(敎書)를 지어 올렸는데 정원(政院)에 하명하시어 고쳐 짓게 해서 받았으니 보는 사람이 앞에 교서(敎書)에는 공적을 표창하고, 착함을 권장하는 논조가 소략하게 서술되었기 때문이라고 하였는바 성교(聖敎)를 고쳐 지은 것은 반드시 여기에서 나왔다고 할 것이다.

이때에 관서(關西)는 이미 임금이 계시는 행재소(行在所)에 물품을 공급하는 일을 경영하여 도적을 막고, 강토를 회복하여 항상 천병(天兵)이 왕래하니 큰길에 부역을 조달하느라고 공사간(公私間)에 분주하였다.

이(李) 공은 이미 중신(重臣)으로 머물러 살피며, 인자한 은혜로 어루만지니 군대와 인민이 편안하게 안정하였거늘 그가 떠남에 미쳐 부모를 잃은 것같이 슬퍼하면서 생사당(生祠堂)을 건립하고, 사모하는 데 이르렀다.

공이 대체하여 다스림에 미쳐 간략하고 편리하게 일을 처리함을 대체적으로 이(李) 공에게 견주어 침체된 것을 일으키고, 폐지된 것을 진작하면서 옛날의 규정을 더욱 넓혀 화인(華人: 明나라 군대)을 응대하며 기쁜 뜻을 곡진하게 창달하니 민폐(民弊)를 끼치지 않게 되어 민정(民情)이 또한 흡족하게 생각하고 칭송이 자자하였다.

류성룡(柳成龍) 수상(首相)이 매양 관서(關西)로부터 돌아오는 사람을 보면 반드시 공의 하는 바를 묻고, 임금에게 전달하면 임금의 용안(龍顔)이 기뻐서 움직이셨다.

사람들이 공의 관동(關東)을 잘 다스림에 대하여 사람이 혹시 미칠 수 있다고 여겼지만 이(李) 공을 대신하여 업적이 나타나기는 더욱 어려울 것이라고 말하였다.

이때에 호노(胡奴: 오랑캐)가 강대해지기 시작하여 틈이 벌어지는 상황에 있었는데 조정에서 논의하여 무인(武人) 신충일(申忠一)을 파견해서 명나라 장군 여희원(余希元)과 함께 교린(交隣)의 의리(義理)를 깨우치고, 이에 그 동정(動靜)을 정탐하게 하면서 묘당(廟堂)으로부터 지휘하지 아니하고, 공에게 글을 내려 하여금 방략(方略)을 주게 하였으니 조정에서 공에게 무겁게 의지함이 이와 같았다.

여(余) 장군이 공과 더불어 대화를 하고, 물러와서 역관(譯官)에게 일러 말하기를 너희 나라에도 또한 사람이 있다고 하였다.

병신(丙申)년에 공이 피로가 쌓여서 병(病)이 되었으나 해가 지나도록 감히 휴양(休養)을 하겠다고 알리지도 못하다가 이에 이르러 질병이 더욱 심하였기에 두 번이나 글월을 올려 파직(罷職)을 요청하니 비변사(備邊司)에서도 다시 임금에게 아뢰어 공의 요청

을 인준하고, 임금이 명령하여 지극히 간택하여 논의해서 추천하라
고 하셨다.

이때에 신잡(申磼)이 대신 감사(監司)가 되었는데 헌부(憲府)가
논란하므로 이판(吏判)으로 교체하고, 또 비변사(備邊司)에서 추천
한 바 류근(柳根), 한효순(韓孝純), 홍이상(洪履祥)으로 추천장을
갖추어 들어가서 정청(政廳)에 올림에 말하기를 이 추천장에는 감
당할 만한 사람이 없으니 전 감사(前監司)의 병세가 매우 위중한
데 이르지 않았거든 곧 연임하면서 질병을 조리하라고 하였다.

그러나 공이 오래도록 직무에 임하지 못하므로 가을에 미쳐 대
간(臺諫)이 임금에게 아뢰어 논했기 때문에 교체의 허락을 얻어 강
동촌(江東村)의 집에 머물렀다.

정유(丁酉)년 겨울에 동지중추(同知中樞)로 복직되었지만 질병으
로 임금의 명령을 배수(拜受)하지 못하다가 기해(己亥)년에야 조정
으로 돌아왔다.

이때에 관북(關北)에는 노토(老土)의 근심거리가 있었으므로 공
을 선택하여 함경도관찰사(咸鏡道觀察使)를 제수(除授)받았는데 공
이 이전의 질병이 아직 쾌유하지 못했기에 세 번 상소하여 교체를
허락받고, 다시 동지중추(同知中樞)를 배수(拜受)하였다가 한성부
우윤(漢城府右尹) 겸동지의금부사(兼同知義禁府事)로 옮겨서 양경
략(楊經略)을 위한 접반부사(接伴副使) 겸3도추량총관사(三道蒭粮
摠管使)가 되었는데 공조참판(工曹叅判)으로 전근하였다.

경자(庚子)년 봄에 도총부부총관(都摠府副摠管)을 겸직하였다가
병조참판(兵曹叅判)으로 옮겼다.

이때에 홍여순(洪汝諄)이 판서(判書)가 되었는데 뇌물을 공공연
히 받았다. 죽산(竹山)땅에 사는 성(姓)이 주(朱)가 라는 사람이 노

비(奴婢) 10명으로 사람을 통하여 작은 성곽을 지키는 보장(堡將)의 자리를 요구하였으나 공이 물리치면서 말하기를 나는 곧 이러한 짓을 하지 않는다고 하였다.

이로 말미암아 홍(洪) 판서와 더불어 동석(同席)하는 것을 부끄러워하여 매양 정책회의가 있는 날이면 질병으로 출근을 못 한다고 핑계를 대고 나아가지 아니하였다.

얼마 되지 아니하여 홍여순과 이이첨(李爾瞻)이 붕당(朋黨)을 나누어 권력을 다투거늘 임금이 그 고요하지 아니함을 싫어하시고 두 사람을 추방하였다.

임금이 강직하고 방정(方正)하며 당파심이 적은 사람을 등용하여 대각(臺閣)을 진정시키라고 명령하시니 5월에 공을 대사간(大司諫)으로 발탁하였으며, 조금 있다가 대사헌(大司憲)으로 옮기니 사림(士林)의 촉망을 받았는데 돌아서 교체되어 동지중추(同知中樞) 겸 동지의금(兼同知義禁) 비변사제조(備邊司提調)가 되었다.

신축(辛丑)년에 부총관(副摠管)을 겸직하였는데 대사헌(大司憲)으로 옮겼다.

이때에 임해군(臨海君)과 순화군(順和君) 두 왕자(王子)의 집에서 범법(犯法)을 많이 하므로 인민이 그 피해를 받으니 공이 탄핵하려고 한즉 동료들이 어려워하였다.

공이 말하기를 "말을 얻었음에도 말하지 아니하면 죄이다" 하고 드디어 의논을 꺼내 처벌할 것을 요청하고, 또 경연(經筵) 자리에서 극단적으로 말하니 임금의 안색이 기뻐하지 아니하였다.

좌의정(左議政) 김명원(金命元) 공이 나아가 말하기를 "근래에 대각(臺閣)에서 말하기를 꺼렸거늘 윤(尹) 아무개의 임금에게 아뢰는 말은 간절한 충성심에서 나오는 것으로 가히 조양(朝陽: 산의 동쪽)에서 봉황이 우는 것이라고 말할 것입니다"라고 하였다.

경연(經筵)을 파하고 특진관(特進官) 신잡(申磼) 공이 탄복하며 말하기를 "사람이 말하기가 어려운 바를 공이 홀로 말하니 우리들에게 능히 부끄러움이 없으리오?" 하였다.

얼마 되지 아니하여 사건으로 인하여 교체되어 서반(西班)으로 옮기니 선비들의 공론(公論)이 탄식하고 슬퍼하였다.

가을에 형조참판(刑曹㕘判)을 배수(拜受)하여 죄수를 재판하는 사건을 판단함에 반드시 법에 의거하여 재판할 것을 주장하니 장관(長官)이 크게 승복하여 크고 작은 형사사건을 반드시 먼저 공에게 묻거늘 공이 이에 판결하였다.

광주(廣州)의 변(邊)씨 성을 가진 사람이 살인자로 무고를 당하여 오래도록 판결을 하지 못했는데 공이 특진관(特進官)으로 입시(入侍)하여 억울한 죄상을 거듭 진술하니 좌우가 모두 공의 말이 옳다고 하므로 임금이 특명으로 석방하셨다. 변씨 성을 가진 사람이 공의 집으로 달려와서 대문을 두드리며 감사하였으나 공은 사양하고 만나 주지 아니하였다.

무고(誣告)한 자들이 길에서 큰 소리로 외치기를 공이 사사롭게 변(邊)씨를 보아 주었다고 하였지만 조정(朝廷)에서는 공의 청렴하고, 정직함을 익히 믿었기에 참소하는 말이 떠돌 수 없었다.

계묘(癸卯)년에 품계가 자헌대부(資憲大夫)에 올라 형조판서(刑曹判書)를 배수(拜受)하였는데 조금 있다가 서반(西班)으로 바꾸어 옮겨서 동지중추(同知中樞)를 배수하였다.

갑진(甲辰)년에 전의감제조(典醫監提調)가 되었는데 설날에 햇빛을 가리는 일식(日蝕)의 변고로 인하여 왕의 뜻에 따라 봉사(封事)를 올려서 인민을 사랑으로 구제하여 재난을 풀리게 하는 대책을 말하였으니 지적하여 진술하는 내용이 아주 적절했기 때문에 보는 사람들이 얼굴에 감동할 정도였다.

을사(乙巳)년에 구성(龜城)에서 대응하는 정책의 공적으로 선무원종공신(宣武原徒功臣)을 하사받았다.

이때에 대간(臺諫)에서 임금에게 아뢰기를 서쪽의 의주(義州)로 갔던 장군과 병사(兵士) 이외에 서쪽 지방의 수령(守令)으로 수고함이 있는 사람은 아울러 모두 훈적(勳籍)에서 제거하기로 하였기 때문에 공이 정식 훈공(勳功)에 참여하지 못하니 뭇사람들이 논의하면서 아쉬워하였다.

조정(朝廷)에서 공이 정식 훈공(勳功)에 참여하지 못함으로써 특별히 그 아들에게 벼슬을 시키고, 뒤에 총관(摠管)과 지의금(知義禁)을 겸하게 했다가 좌참찬(左參贊)을 배수(拜受)하였다.

병오(丙午)년 8월에 5위도총부도총관(五衛都摠府都摠管)을 겸직하였다. 9월에 임금의 부름을 받아 대궐에 이르렀다.

이때에 일본이 우리에게 화친(和親)을 일컬으면서 두 명의 사형수를 포박하여 왕릉(王陵)을 도굴(盜窟)한 도적이라고 데리고 와서 화친의 성의를 보였다.

당국에 권력을 쥐고 있는 사람들이 자기의 공로로 삼기 위하여 장차 태묘(太廟)에 포로를 바치는 예식을 거행하려고 하니 조정의 논의가 일치하지 아니하였다.

선조대왕(宣祖大王)이 명령으로 2품(品) 이상의 신하를 불러 각자 논의한 의견을 올리라고 하셨다.

공은 마침 연흥부원군(延興府院君) 김제남(金悌男)과 함께 앉아 논의의 초안을 엮어 김(金) 공에게 보였으니 그 대략을 말하면 "우리나라는 마땅히 그 두 명의 사형수를 되돌려 보내되 정의(正義)에 근거하여 물리쳐 절교하면서 말하기를 사람의 신하로서의 죄는 임금을 속이고 권력을 휘두른 것보다 큰 것이 없나니 200년 동안 평화롭게 우호(友好)하던 나라가 하루아침에 아무런 까닭도 없이 전쟁을 일으켜서 그 부형(父兄)을 살해하고, 그 자제(子弟)를 포로로 잡아가며, 그 종묘(宗廟)를 허물고, 그 능침(陵寢)을 도굴하여 그 중요한 그릇을 옮겨 갔으니 이것은 고금의 역사책에도 기재되어 있지 않은 행위였다.

마땅히 임진(壬辰)년의 시초에 너희 나라에도 반드시 사람이 있었을 터인즉 토지를 넓히며, 이웃나라를 정복하자고, 그 임금을 속이면서 군사를 일으킨 주동자를 너희가 과연 국경 위에 도적으로 묶어 놓고, 그 죄악상을 셈한 다음에 쳐서 능지처참하여 그 재앙을 뉘우치는 뜻을 보인다면 우리는 마땅히 위로 명(明)나라의 조정에 통고하고, 가운데로 종묘(宗廟)와 사직(社稷)에 보고하며, 아래로 신민(臣民)에게 알려서 다시 더불어 처음처럼 평화롭게 우호(友好)하리로다” 운운하였다.

김(金) 공이 말하기를 “말의 뜻은 진실로 늠연(凜然)하여 비록 수길(秀吉)로 하여금 보게 하여도 반드시 무릎을 꿇겠지만 그러나 말하는 뜻에 지적하는 바가 있는 것 같아서 일에 보탬이 없고도 사람의 분노심을 촉발시킬까 두렵노라”고 하였다. 공이 말하기를 공의 말과 같다면 하지 않은 것만 같지 못하다고 하면서 그 초고(草稿)를 소매에 넣고 병을 칭탁하며 나왔다.

기유(己酉)년에 기로소(耆老所)에 참여하고, 교체하여 동지중추(同知中樞)로 옮겨 지춘추(知春秋)를 겸직하여 선조실록(宣祖實錄)을 편수하는 데 참여하였다.

신해(辛亥)년에 다시 참찬(叅贊)을 배수하여 지의금(知義禁)을 겸직하였다.

임자(壬子)년에 익사공신(翼社功臣)에 수록되고, 품계가 숭정대부(崇政大夫)에 올라 해선군(海善君)을 봉(封)했고, 판의금부사(判義禁府事)를 겸직하였다.

을묘(乙卯)년에 사섬시제조(司贍寺提調)가 되었는데 일곱 번이나 상소하여 전원(田園)의 마을로 돌아가기를 간청하였으나 허락받지 못했다.

병진(丙辰)년 11월 21일에 낙선동(樂善洞)의 정침(正寢)에서 졸(卒)하니 수(壽)가 77이였다.

천계(天啓) 계해(癸亥: 서기 1623)년 인조반정(仁祖反正) 이후에 익사공신(翼社功臣)의 녹훈(錄勳)이 혼조(昏朝: 光海朝)에 있었으므로 폐기하였다.

뒤에 의정부좌찬성(議政府左贊成)을 증직(贈職)하였으니 사위 인성군(仁城君) 공(珙)으로 은전(恩典)을 받은 것이며, 또 영의정(領議政)을 증(贈)하였으니 아들 미(瑂)가 호성원종공신(扈聖院從功臣)이 됨으로써이다.

공은 자태와 용모가 아름답고 수려하며, 의표와 법도가 단정하고 우아하며, 젊어서 경학(經學: 儒學)을 익혀 오로지 조행(操行)과 지신(持身)에 힘써 일찍이 말을 빨리 하거나 급작스러운 얼굴이나 게으른 모양이나 희롱하는 말이 있지 아니하였다.

평생에 술을 입에 대지 아니하였고, 창기(娼妓)를 가까이하지 않았으며, 더욱이 성악(聲樂)을 기뻐하지 아니하였다. 세간에 화려하고 사치한 것과 노리개와 애호하는 일체의 것은 마치 더러워지는 것처럼 여겼다.

어린아이 때로부터 오직 부모에게 순종만 하였기에 부모가 효도하는 아이라고 칭찬하였으며, 이미 자라서는 어버이의 안색을 받들어 뜻을 따르는 양지(養志)의 효도를 하여 좌우에 어김이 없었다.

대부인(大夫人)이 맏며느리에게 기쁘지 아니함이 있어 일찍이 공을 끌어안고 일러 말하기를 너는 자라서 아내를 얻으면 하여금 너의 형수가 나를 섬기듯이 함이 없도록 하라고 하거늘 공이 어려서부터 가슴속에 간직하고 잊지 않으며, 항상 부인을 경계하고 격려하니 부인이 한결같이 공의 뜻을 받들어 정성과 효도를 극진히 하였다.

부모가 살아 계실 때에는 사사로운 재물을 저축하지 않았으니 수행원의 녹봉까지도 모두 어버이의 마당으로 보내서 어버이가 내려 준 다음에 사용하였다.

대부인(大夫人)이 일찍이 공의 집에 계시다가 마침 질병이 생겨서 오래도록 쾌유하지 않으니 점치는 사람이 말하기를 거처를 옮기면 편안할 것이라고 하였다. 대부인이 말하기를 질병을 치료함에는 마음이 편안함과 같은 것이 없나니 나는 여기에 머무는 것이 마음이 편안하다고 하였다.

부모의 상복(喪服)을 입음에는 묘의 곁에 움막을 짓고, 3년을 마칠 때까지 한 번도 집으로 가지 않고, 아침과 저녁으로 묘에 올라가서 곡(哭)을 함에 반드시 기절할 정도로 하여 형체가 파리하여 뼈만 남아서 거의 기력(氣力)을 보존할 수 없는 상태이었다.

항상 말이 부모에게 미치면 문득 먼저 눈물이 흘렀고, 기일(忌日)이 되면 초하룻날 아침부터 술과 고기를 가까이하지 않았으며 그 제삿날에 이르면 곡(哭)하여 흐느낌을 처음 초상(初喪) 때와 같이 하였고, 생일이 되면 또한 반드시 제물과 술을 기제(忌祭)의 의식으로 바쳤다.

백씨(伯氏)에게 후사(後嗣)가 없으므로 공이 다음의 좨주(祭主)로서 강신주(降神酒)를 주관하였는데 무릇 제사에는 반드시 기일보다 먼저 7일 동안 재계(齋戒)하였다. 노비(奴婢)도 제사의 일에 돕는 사람은 반드시 하여금 깨끗하게 씻어서 옷을 갈아입게 하였다.

몸소 제찬(祭饌)을 차리는 자리에 임하였으니 늙음에 이르러서도 게을리하지 아니하였다.

여러 아우들이 나라의 풍속에 의거하여 기제(忌祭)는 형제가 해마다 돌아가면서 지내자고 요청하였으나 공이 허락하지 아니하였다.

백형(伯兄)을 섬기기를 엄부(嚴父)같이 하여 날마다 찾아뵙고 문안을 드리면서 공손하고, 각별히 일을 받들어 비록 고귀한 신분에 올랐어도 바꾸지 아니하였다.

형이 죽고 형수를 섬김에는 더욱 삼가며, 무릇 논밭이나 일꾼을 형수가 바라는 바가 있으면 모두 돌려주었다.

자매(姉妹)를 만나면 온화하게 공경하여 이간질하는 말이 없었고 과부가 된 누이동생이 가난하게 살거늘 집을 지어 주며, 의복과 진기하고 색다른 물건을 계속 공급하였다.

누이동생이 일찍이 이질(痢疾)을 앓아도 쓴 약을 먹지 못하거늘 공이 손수 개구리를 삶아서 인절미를 만들어 주니 병이 곧 쾌차하게 되었는데 누이동생이 울면서 말하기를 나를 기르고, 나를 치료한 것은 공이 내리신 것이로다. 늙은 몸을 돌아보건대 은혜에 보답할 길이 없으므로 오직 소원은 공의 덕(德)에 부응하여 많은 복을 누리기만 바랄 뿐이라고 하였다.

막내 누이동생이 시집가서 영남(嶺南)에 살았는데 임진왜란(壬辰倭亂) 뒤에 기근(饑饉)으로 거의 죽을 지경에 이르거늘 공이 듣고 가서 주머니를 풀고, 곁마를 주었다. 그리고 옆에 읍(邑)에서 곡식을 빌려서 구원하였는데 16년이 지난 뒤에 공의 나이가 이미 70이었어도 매양 이 누이동생을 생각하여 그만두지 않고, 사신(使臣) 가기를 요청하여 갔더니 한 길에 사람들이 알아보고, 다투어 음식을 대접하면서 받드니 향리의 사람들이 감탄하였다.

고아(孤兒)가 된 생질(甥姪)을 자기가 낳은 자식같이 어루만지고 더욱이 위급한 환난(患難)에 처한 여러 조카와 생질을 돌보아 의지하게 하였으며, 받은 바의 봉급을 반드시 가난한 고아에게 나누어 주었으니 매양 봉급날이면 양식자루를 가지고 대문을 밟았다.

친척을 대우함에는 곡진(曲盡)하게 은혜로운 예절이 있었으니 간혹 관련된 편지를 요구할 때에는 일찍이 번거롭고 외람되지 않게 하여 말씀을 여쭈되 말하기를 일을 받아들이고, 거절함은 그쪽에 있는 것이나 나로부터 하는 것은 이와 같다고 하였다.

직무를 받들고, 자기를 다스림에 이르러서는 곧 법령을 준행하여 홀로 실천하고, 공공의 일을 먼저 하여 사사로운 일은 뒤에 하며, 정의가 아닌 것은 하지 아니하였다.

그 전의제조(典醫提調)가 됨에는 당시 각 사(司)에 공물(貢物)로 바친 것을 모두 세력가가 결탁하여 독점하는 바 되니 도시민으로 임무를 받은 사람들은 생업을 잃고, 원망하여 외치는 소리가 이르지 않는 데가 없었다.

공이 그 폐단을 알고, 제조(提調)가 된 지 10여 년에 일찍이 그 사이에서 주거나 빼앗지 아니하였다.

이때에 서산군(瑞山郡)에 약공미(藥貢米) 수십 가마니가 있었는데 이른바 사주인(私主人)이라는 자가 진성(陳省)에서 받아 배로 경강(京江: 漢江)으로 운반하면서 한 재상(宰相)의 부탁하는 말이 있다고 하며, 그 집의 결전(結田)에서 수확한 것이라고 하였다.

모두 빼앗아 압수하니 공에게 와서 청하여 돈으로 대납하려고 하자, 공이 말하기를 진성(陳省)에 조회한즉 소유권은 호조(戶曹)에 있고, 약재(藥材)를 봉급으로 들이는 권리는 대(臺)와 감(監)에 있으니 이른바 제조(提調)에게 있는 것이므로 속담에 이른바 떡을 잃어버린 증거인 것이라고 한대 그 재상(宰相)이 공의 뜻을 알고, 얼굴이 붉어져서 물러갔다.

일찍이 선대로부터 물려받은 재산이 적은데다가 형제가 많았기 때문에 재산을 분배할 때에 사당을 받들 논밭과 일꾼을 마련하지 못하고, 이에 부인의 집에 노예를 묘지기로 삼았다.

집안사람을 경계하여 오직 부지런하고, 검소함에 힘써서 넉넉함을 취하게 하였고, 아침과 저녁에 절대로 나누어 표출하여 경영함이 없었으며, 의복과 그릇과 살림도구는 한결같이 질박하고 깨끗한 것으로 하였다.

그 대간(臺諫)이 됨에는 남의 허물을 밝혀내고, 사건을 들추어 정직하게 폭로하는 것을 일삼지 아니하였고, 임금을 섬김에는 속이지 않는 것을 근본으로 삼았다.

일찍이 대신(大臣)이 허물을 숨겼다가 연좌되어 견책을 당한 것을 듣고, 자제에게 명령하여 소학(小學)을 가져오게 해서 고윤(高允)이 동궁(東宮)의 지도를 받들지 않은 사실을 읽게 하면서 말하기를 사람의 신하가 된 의리(義理)가 마땅히 이와 같다고 하였다.

임종(臨終)함에도 오직 충효(忠孝) 두 글자로 자제를 힘쓰게 하였다.

그 정치를 함에는 밝게 전해 오는 역사적 사례(事例)를 인식하도록 하였으며, 사회적 기강을 유지하는 데에 힘썼다. 홀로 그으기 숨은 이치를 발견함은 귀신과 같았기에 판결을 민첩하고 빨리빨리

하였다.

그 벼슬자리에 임함에는 반드시 먼저 간악하고, 교활한 무리를 규탄하고, 정치와 형벌을 밝혔으며, 무릇 명령을 냄에는 형세를 따라 법을 굽히지 아니하였고, 세속에 좇아 구차하게 편안하지 아니하였으니 가히 직무를 인식하는 학문이요, 방법을 통달한 재능이라고 할 것이다.

안타까워라, 공은 평생 동안 지략(智略)과 재덕(才德)을 감추고 희미하게 하여 스스로의 인격을 길렀으니 외로운 절개를 홀로 지켜 기울어지게 하지 아니하였다.

공적인 모임이 있지 아니하면 대문을 잠그고, 고요히 앉아 있었으니 손님이 이르면 그윽이 상대하였는데 날씨가 춥고 따뜻한 안부를 묻는 인사말밖에는 다른 말을 주고받지 아니하였으니 손님이 모두 공경하고, 꺼려하면서 감히 오래 있지 못하고 빨리빨리 일어나서 돌아갔다.

그 착하지 못한 사람에 대해서는 진실로 그 보기를 마치 더러워지는 것같이 하였으므로 비록 착한 사람일지라도 또한 일찍이 곡진한 생각으로 의기투합하지 못하였다. 이래서 세상에 홀로 섰나니 앞서고 뒤따르며 하는 일이 없었다.

젊었을 때에 과거시험장에서 이름을 떨쳤던 문인(文人) 김태정(金泰廷)이 매우 정성스럽게 교제하였는데 더불어 공부를 하자고 요청하였지만 공이 허락하지 아니하였다.

그 한원(翰苑: 翰林院·藝文館)에 있을 때에는 의정(議政) 홍섬(洪暹) 공과 이준경(李浚慶) 공 그리고 민기(閔箕) 공 및 승지(承旨) 이후백(李後白)과 기대승(奇大升) 공이 모두 공의 재능과 도량을 크게 쓸 만하다고 칭찬하였다. 그러나 공은 일찍이 여러 공을 찾아뵈고 감사의 뜻을 표하지 아니하였다.

수상(首相) 류성룡(柳成龍)이 검열(檢閱)로 함께 숙직하면서 가장 오래 있었는데 한 번도 정성스럽게 사사로이 사귀지 아니하였다.

그 구성(龜城)으로 나아감에 이조판서(吏曹判書) 이산해(李山海) 공이 마침 인사 선발이 합당치 못하다고 하면서 공의 좌천을 안타까워하였다. 당시에 나주목사(羅州牧使)가 결원이라 그 땅이 가깝고, 비옥하므로 옮겨 주려는 뜻을 가지고 공에게 물으니 공이 사양하고, 사절하면서 끝내 허락하지 아니하였다.

구성부사(龜城府使)로 4년간 있으면서 질병을 앓아 매우 위독하므로 계씨(季氏) 의정공(議政公)이 여러 번 편지를 보내 그 해직하고, 돌아오기를 재촉하며 또한 진취(進取)할 기회임을 암시하였어도 공이 또 따르지 아니하였다.

의정공(議政公)은 착하고, 악함을 가리는 데 자못 명석하므로 한 떼의 사류(士類)들이 추앙하는 바 되었기에 권위와 신망이 뚜렷하게 빛났지만 공은 일찍이 관계를 말하지 아니하였다.

그 사이에 조정(朝廷)의 벼슬아치들로부터 당파가 나누어지니 벼슬하는 선비들이 그 경계를 밟지 않은 사람이 드물거늘 공은 조정에 벼슬한 지 50년에 홀로 뚜렷하게 어떤 당파로 지목되어 나타남이 없었으니 세상에서 무겁게 여겼다.

왕실(王室)과 혼인한 집은 나라와 더불어 기쁨과 슬픔을 함께할 의리가 있고, 은총(恩寵)이 무겁기에 기약하지 아니해도 그런 것이 있는 것이다.

공은 사위 왕자(王子)에게 처음부터 성대하게 가득 채운 것으로 경계를 삼도록 하였고, 가족들에게 혹시라도 궁가(宮家)의 일을 빙자하지 말라고 힘써 단속하였다.

왕자(王子)가 와서 뵈면 공은 다만 엄숙한 용모로 맞이하여 인사만 받고, 감히 장인과 사위의 분수로 친근하게 가까이하지 아니하였다.

선조(宣祖) 말엽에 권(權) 재상(宰相)이 평소 공에게 중요하게 의지하면서 혹 문을 밟으며 못내 잊지 못하고, 혹 높고 좋은 자리를 만들어 주겠다고 하였지만 공은 절대로 되찾아가서 사례하지 아니하면서 말하기를 흰머리로써 남은 인생에 명성과 벼슬이 이미 지극하거늘 그 또한 권력을 가진 높은 사람과 더불어 좇으리오 하였다.

광해주(光海主) 시대에 권력을 잡은 신하가 휘어잡아 결탁하여 밀어서 구덕노신(舊德老臣)이 되려고 곡진하게 정의(情誼)와 예절을 다했지만 공은 더욱 두려워하여 대문을 단속하는 사람에게 질병을 핑계 대라고 하면서 고요히 한 방에 거처하며, 글씨와 그림으로 스스로 즐겼다.

마당에 하나의 긴 대나무를 가꾸어 어루만지고, 감상하면서 거닐었으니 완전히 세상 밖의 사람과 같은 지가 또 5~6년 만에 졸(卒)하였으니 그 스스로의 지조를 간직함이 이와 같았다.

심희수(沈喜壽) 재상(宰相)이 매양 칭찬하기를 공은 일생 동안 오로지 고요하여 일찍이 자기를 굽혀 남을 따르지 아니하였으니 참으로 철석간장(鐵石肝腸)이라고 하였고, 신흠(申欽) 재상(宰相)은 일찍이 칭찬하기를 공은 법률과 사례(事例)를 익숙하게 기억하고, 정치의 체제를 밝게 통달하며, 그 아랫사람을 어거하기를 마치 약속하듯이 부드럽게 따르도록 하니 사람마다 미칠 바가 아니라고 하였다.

송영구(宋英耈) 동지중추(同知中樞)는 곧 공의 조카사위로 성품이 고결해서 돌아볼 만한 사람을 허락함이 적었는데 홀로 공만은 마음으로 열복(悅服)하여 항상 칭찬하였으니 공은 충효(忠孝)에 바탕해서 정사(政事)에 베풀었는데 집에서 숨어 살고, 조정에 벼슬하는 절도가 마치 푸른 하늘에 태양처럼 한 개의 오점도 없다고 하였다.

그리고 공의 죽음에 미쳐 글을 지어 그 덕행(德行)을 서술함이 매우 자상하고, 또한 공의 자손에게 집안의 명성을 떨어뜨리지 말도록 경계할 만하였다.

이식(李植) 판서(判書)가 칭찬하기를 공의 곧은 덕성과 뛰어난 재능으로 칼날을 쓰기가 곤란하여 한 번 일어나면 한 번 넘어져서 변방에만 오래 있었고, 늦게야 이에 소재(少宰)에 올랐지만 한가로운 품계인지라 장군(將軍)과 재상(宰相)의 중책을 감당하여 경세제민(經世濟民)의 방략을 강구할 수 없었다. 그러나 공의 나아가고 물러옴은 정도(正道)로써 하였으며, 조금도 굽혀서 세속을 따르기를 허락하지 아니하였을 따름이로다.

아~, 곧 수 3공의 말이 가히 공의 몸가짐과 처세(處世)함을 증명할 것이로다.

정부인(貞夫人) 박씨(朴氏)는 광주목사(廣州牧使) 간(諫)의 따님으로 곧은 덕성과 지극한 행실과 어여쁜 용모가 있었는데 해로(偕老)했으나 공이 졸(卒)하자 부인(夫人)이 음식을 끊고, 지극히 슬퍼하다가 공보다 한 달 남짓 뒤에 졸(卒)하니 같은 빈소(殯所)에 모셨다가 같은 날에 장사 지내니 사람들이 또한 공의 덕성이 집에서 본받은 바가 이와 같음을 알았다.

4남 2녀를 두었으니 아들은 장남이 신(璶)이니 평양서윤(平壤庶尹)이고, 둘째는 미(瑂)로 온양군수(溫陽郡守)요, 셋째는 교(璬)이니 내시교관(內侍敎官)이며, 넷째는 제(璾)니 광흥창수(廣興倉守)이다.

장녀는 군기시첨정(軍器寺僉正) 이변(李忭)에게 시집갔고, 차녀
는 왕자(王子) 인성군(仁城君) 공(珙)에게 시집갔다.

손자는 10여 인인데 도사(都事) 창원(昌遠), 전적(典籍) 창립(昌
立), 창운(昌運)은 서윤(庶尹)이 낳았고, 창업(昌業), 창국(昌國), 창
환(昌煥), 창현(昌顯), 창계(昌啓)는 온양군수가 낳았으며, 창안(昌
顔), 창형(昌亨)은 내시교관이 낳았고, 창언(昌言), 창문(昌門), 창정
(昌庭), 창명(昌明), 창세(昌世)는 광흥창수가 낳았다.

외손(外孫)은 사인(士人) 이광한(李廣漢)으로 첨정(僉正)의 뒤를
계승하고, 해평군(海平君) 길(佶), 해안군(海安君) 억(億), 해원군(海
原君) 건(健), 해녕군(海寧君) 급(伋), 해양군(海陽君) 희(僖)는 인성
군(仁城君)이 낳았다.

손녀로 말하면 좌랑(佐郎) 권심중(權審中)은 서윤(庶尹)의 사위
요, 사인(士人) 장백년(張百年), 사인(士人) 이적(李摘)은 교관(敎官)
의 사위이며, 그리고 현감(縣監) 정원첨(鄭元詹), 사인(士人) 윤이
승(尹以升), 문과(文科) 좌랑(佐郎) 조효창(曺孝昌), 진사(進仕) 안
시철(安時哲)은 광흥창수(廣興倉守)의 사위이다.

또한 영장(營將) 남수성(南壽星), 생원(生員) 심장경(沈長卿)은
인성군(仁城君)의 사위이다.

내외 증손 남녀가 약간 명이 있다.

휴(鑴)는 태어남이 늦어서 공의 문을 청소하는 데 미치지 못하
고, 사이에 처사(處士) 창문(昌門) 씨를 좇아 교유하였는데 그 가승
(家乘)을 얻어 엎드려 읽으니 그 집에 머물면서 효도하고, 우애(友
愛)함과 조정(朝廷)에 들어가서 충성하고, 부지런함과 마음을 씀이
공명정대함과 몸을 행함이 다듬어지고, 깨끗함을 법도에 마땅히 책
으로 저술해서 전하여 후세에 보여야 하겠기에 삼가 그 가승(家乘)

에 나아가 그 언행(言行) 가운데 기록할 만한 것을 이상과 같이 뽑
아서 태상(太常)에게 보내 이름을 바꾸어 주는 은전(恩典)을 청하
나이다.

숙간공신도비명(肅簡公神道碑銘) 병서(幷序)

송곡(松谷) 이서우(李瑞雨) 엮음

옛 좌참찬(左叅贊)으로 증영의정(贈領議政)이며, 시(諡)는 숙간(肅簡)이신 남악(南岳) 윤(尹) 공이 돌아가신 지 83년에 공의 사현손(嗣玄孫) 세주(世周)가 비로소 아름다운 비석돌을 잘 다듬어 놓고, 서우(瑞雨)를 재주가 없다고 여기지 않으며, 글을 지으라고 하기에 글을 잘하지 못하여 미루었으나 급히 그 아들 함(錻)을 보내 그 명(銘)을 요구하거늘 고사(固辭)하였지만 허락을 얻지 못하였도다.

삼가 그 가승(家乘)과 행장(行狀)을 살펴보면 옛 판서(判書) 택당(澤堂) 이식(李植) 공이 행장(行狀)을 지었고, 옛 찬성(贊成) 백호(白湖) 윤휴(尹鑴) 공이 시장(諡狀)을 지었으니 이 두 공은 세상에서 명신(名臣)으로 일컫거늘 두 장(狀)이 어찌 돈독하지 않으리오?

서우(瑞雨)는 이러한 근거를 인용하여 글을 짓노니 후세의 군자는 마땅히 증거가 없다고 말하지 말지어다.

공의 휘(諱)는 승길(承吉)이요, 자(字)는 자일(子一)이며, 가정(嘉靖) 경자(庚子: 서기 1540)년에 태어나서 만력(萬曆) 병진(丙辰: 서기 1616)년에 졸(卒)하니 향년이 77이었다.

그 세계(世系)는 해평(海平)의 윤(尹)씨로 시조는 휘(諱) 군정(君正)이니 고려(高麗) 사공(司空)이 되었는데 6대가 벼슬이 드러나게 높고 귀하였다.

장령(掌令)으로 증좌찬성(贈左贊成) 휘(諱) 면(沔)에 이르렀으니 공의 고조(高祖)이며, 증조(曾祖)는 휘(諱) 훤(萱)이니 군기첨정(軍器僉正)으로 증영의정(贈領議政)이다. 할아버님은 휘(諱)가 은필(殷

弼)이니 이조참판(吏曹叅判)으로 증좌찬성(贈左贊成)이요, 아버님은 휘(諱)가 홍언(弘彦)이니 감찰(監察)로 증영의정(贈領議政)이다.

어머님은 증정경부인(贈貞敬夫人) 이씨(李氏)로 종실(宗室) 장임수(長臨守) 휘(諱) 순민(舜民)의 따님이다.

2대의 증직(贈職)은 공의 아우 영의정(領議政) 승훈(承勳)의 벼슬로 은전을 베푼 것이다.

그 이력으로 말하면 신유(辛酉)년에 진사(進士)가 되었고, 갑자(甲子)년의 명경병과(明經丙科)에 올라 괴원(槐院)에 뽑히고, 추천으로 좌우사(左右史)가 되었는데 기사(己巳)년에 전적(典籍)으로 승진하였다.

이로부터 무자(戊子)년까지 20년간을 감찰(監察), 직강(直講), 사예(司藝), 승문원교리(承文院校理)와 공(工), 형(刑), 병(兵), 호(戶), 예조(禮曹)에서 낭관(郎官)이 되었으며, 사헌부(司憲府)에서는 지평(持平), 장령(掌令), 집의(執義)를 했고, 사간원(司諫院)에서는 헌납(獻納)과 사간(司諫)을 하였으니 조(曹)의 낭관(郎官)과 대관(臺官)을 여러 번 거침이 있었으며, 아울러 춘추관(春秋館)과 종학도선(宗學導善)을 겸직하였다.

중요하지 않은 부서로는 곧 군기시(軍器寺)와 종친부(宗親府)의 사도(司導)와 첨정(僉正) 그리고 사섬(司贍), 상의(尚衣), 사재(司宰), 사옹(司饔)의 정(正)을 지냈고, 외직(外職)으로는 황해(黃海), 경기(京畿)의 도사(都事)와 개성경력(開城經歷), 해운판관(海運判官) 및 남양(南陽)과 구성(龜城)의 부사(府使)를 지냈다.

계해(癸亥)년에 구성부사(龜城府使)로부터 충청관찰사(忠淸觀察使)를 배수(拜受)하였으나 길이 멀다고 교체하였는데 조금 있다가 승지(承旨)를 배수(拜受)하였다.

갑오(甲午)년에는 강원도관찰사(江原道觀察使)를 배수(拜受)하였으며, 을미(乙未)년에는 평안도관찰사(平安道觀察使)로 옮겨 배수(拜受)하였는데 정유(丁酉)년에 교체하여 서추(西樞)로 부쳤다.

기해(己亥)년에 북번(北藩)을 배수(拜受)하였다가 질병으로 상소하니 교체하여 우윤(右尹) 동지의금부(同知義禁府)를 배수(拜受)하고, 양경리(楊經理)의 반접부사(伴接副使)와 3도추량(三道芻粮)이 되었다가 공조참판(工曹叅判), 부총관(副摠管)으로 전근하였는데 병조참판(兵曹叅判)으로 옮겼다가 간장(諫長)으로부터 옮겨 도헌(都憲)을 배수(拜受)하였다가 교체하여 호군(護軍) 비변제조(備邊提調)가 되었다.

을사(乙巳)년에 선무원종공신(宣武原從功臣)에 수록하였고, 정미(丁未)년에 좌참찬(左叅贊)을 배수(拜受)하며, 무신(戊申)년에 정헌대부(正憲大夫)의 품계를 더하였다. 기유(己酉)년에는 기로소(耆老所)에 들어가고 지춘추(知春秋)를 겸직하였으며, 임자(壬子)년에 익사훈(翼社勳)에 수록하여 해선군(海善君)을 봉(封)하며, 판의금부사(判義禁府事)를 겸직하였다.

공이 이미 죽었는데 인조(仁祖) 계해(癸亥)년에 광해조(光海朝)의 여러 훈공권(勳功卷)을 소급하여 삭탈(削奪)하니 또한 환수(還收)되었다.

뒤에 여러 번 증직(贈職)하여 영의정(領議政)에 이르렀는데 현재의 임금 경신(庚申)년에 시(諡)를 숙간(肅簡)으로 증(贈)하였으니 강직한 도덕심을 잘 성취했다는 강덕극취(剛德克就)와 정직하여 사악함이 없다는 정직무사(正直無邪)의 뜻을 취했노라고 말하였다.

공은 태어나면서부터 영특하고, 지혜로워서 희롱하는 것을 좋아하지 않았다. 5세 때에 집에서 물건을 잃어버리므로 여러 어린 종을 힐문하였는데 공이 그 한 사람을 가리키며 말하기를 그 얼굴빛을 보니 반드시 네가 훔쳤지 하니 어린 종이 과연 자복하므로 부모가 크게 기특하게 여겼다.

겨우 10세에 스스로 스승에게 나아가 글을 읽을 줄을 알았는데 침식을 잊어버렸으며, 관(冠)을 씀에 미쳐서는 학업이 크게 성취하였다.

성균관(成均館)의 상사(上舍)에 들어가니 좨주(祭酒) 허엽(許曄) 공이 더불어 중용(中庸)과 대학(大學)을 강설하다가 깜짝 놀라며 탄복하고, 속유(俗儒)의 학문이 아님을 알았다.

괴원(槐院)에 있을 때에 명종(明宗)이 승하하시고, 바야흐로 선조(宣祖)를 임금으로 맞이하려고 한대 국상(國喪)을 치르는 1백 관료들이 대부분 사저(私邸)로 달려가서 뵈므로 괴원(槐院)의 관들도 또한 가기를 청하거늘 동료들이 좇고자 하였으나 공이 말하기를 반드시 우리들이 가려고 한다면 모름지기 정부의 허가장이 내려와야만 이에 가능하다고 하였다.

이윽고 양사(兩司)에서 사저(私邸)에 이르렀던 사람들을 탄핵하니 동료들이 부끄러워하였다.

병조랑(兵曹郎)이 되어서는 일을 꾸미는 간교한 서리(胥吏)들을 먼저 추방하고, 손수 위사(衛士)의 계급장부를 검사하여 차례로 녹봉을 주어서 그 사사롭게 올리고 낮추는 폐단을 혁신하여 문서대로 시행하게 하니 위사(衛士)들이 길에서 경하(慶賀)하거늘 판서(判書) 오상(吳祥) 공이 탄복하여 말하기를 아무개 랑(郎)의 강직하고, 현명함이 아니라면 어찌 능히 이 일을 분별하리오 하였다.

인순왕후(仁順王后)의 상(喪)에 산림도감랑(山林都監郎)이 되었는데 산림도감랑은 본디 깨끗한 신망이 있는 사람으로 선발하였으나 의례적인 업무인데다가 유림(儒林)은 느릿느릿하고 자질구레한 일을 가까이 아니 하므로 서리(胥吏)와 노예들에게 일임하였기에 간교하게 훔쳤던 것이다.

공이 쇠를 녹이는 일을 장악하여 이에 스스로 저울에 달아서 지급하여 잃어버림이 없게 해서 공사를 마치고, 남은 쇠 3,000근을 반환하니 판서(判書) 윤현(尹鉉) 공이 감탄하여 말하기를 산릉(山陵)의 역사(役事)에 더 요구함이 없고, 나머지를 반환하는 것은 내가 겨우 이 랑(郎)에게서 보았을 따름이라고 하였다.

시(寺)와 감(監)의 정(正)은 대부분 대(臺)의 관리를 쓰는 것이라 관례적으로 제수(除授)받은 까닭에 사람들이 보기를 지나가는 나그네처럼 하였는데 공은 직무를 맡음에 구차하지 아니하여 오직 벼슬로 생각하였다.

사섬(司贍)의 재화를 취급하는 기관에서는 곧 포탈한 것을 찾아내고, 누락된 것을 묶어 한결같이 법으로 처리하였으며, 사재(司宰)의 반찬을 관리하는 부처에서는 부드럽게 묶어 버리는 교활한 서리(胥吏)들을 더욱 엄격하고 세밀하게 처리하였다.

구성(龜城)은 여러 번 사람 같지 않은 부사(府使)를 만나고, 거듭 천재지변(天災地變)을 당하므로 임금이 명령하여 그 수령(守令)을 지극히 선택하라고 하시니 전조(銓曺)에 공을 기뻐하지 않는 사람이 있어 공으로 임금의 명령에 응한대 간신(諫臣)이 세 번이나 임금에게 아뢰어 머물기를 청했지만 허락하시지 아니하였다.

친구들이 모두 공을 위로한즉 공은 편안한 마음으로 취임하여 창고를 열어서 가난한 백성에게 양곡을 나누어 주고, 이미 부과한 세금을 감면하며, 간교한 좀도둑을 척결하며, 유랑민과 도망간 사람들을 편안히 모여 살게 하였다.

부역이 있으면 멀고 가까움을 헤아리고, 넉넉함과 부족함을 비교하여 한결같이 균등하게 조절하였다.

구속(舊俗)이 서로 짝을 지어 도적질을 하므로 관청에서도 금지시킬 수 없었는데 공이 가장 악질분자를 들추어 제거하고, 그 잔당을 용서하였다.

변방의 인민이 예속(禮俗)을 아는 이가 드물어 시집가고 장가감에 모독하고 어지러움이 많은지라 공이 금지하는 조목을 설치하였다. 호족(豪族)이 사사로이 조직을 만들어 어른을 능멸하고, 죄를 지음에 뇌물을 써서 면하거늘 공이 교통하는 관문을 통렬히 금지시키고, 죄를 범하면 돈으로 변상함이 없게 하였다.

관청에 바치는 양곡에 간교한 백성이 모래흙을 섞으므로 곡식이 쌓여 있어도 쓸모가 없고, 가난한 백성이 그 곡식을 받으면 더욱 군색해지는 것이었다. 공이 되와 말을 검사하고, 씻어서 말리어 깨끗하게 하니 창고의 곡식이 이미 충실하였다.

이에 관청의 건물을 수선하고, 그릇과 용구를 다듬으며, 낡은 것은 버리고, 이로운 것은 일으키어 1백 가지를 크게 개발하였다.

또 향교(鄕校)의 문묘(文廟)를 중수(重修)하고, 학칙(學則)을 바로잡으며, 청금(靑衿)을 입은 유생(儒生)을 북돋아 일으키며, 3년을 머무르거늘 임진왜변(壬辰倭變)이 일어났다.

왕의 수레가 서쪽의 의주(義州)로 가심에 공이 나아가 임금이 계신 곳에서 통곡하였는데 조금 있다가 평양(平壤)이 함락되었다는 소리를 듣고, 이에 소속 관리와 인민의 부로(父老)에게 대의(大義)로써 깨우쳐 설득하고, 격문(檄文)을 강(江)과 관문(關門)에 돌려서 토병(土兵)을 불러 모집하니 날랜 기마병이 자못 모였다.

이때에 도원수(都元帥) 김명원(金命元) 공이 일부 군사를 임금이 머물러 계시는 행재소(行在所)에 배치하거늘 조정에서는 바야흐로 요동(遼東)으로 건너가는 문제를 논의하였다.

공이 즉시 군사와 식량을 원수(元帥)에게 귀속시키니 원수(元帥)가 힘입어 군대에 편입하고, 일찍이 박천군수(博川郡守) 아무개를 장형(杖刑)으로 다스리면서 말하기를 구성부사(龜城府使)는 문사(文士)임에도 오히려 군대를 수습하여 나를 구원하거늘 너는 무사(武士)로서 가족을 이끌고, 먼저 도망쳤으니 장차 너를 어디에 쓰겠느냐 하였다.

이때에 여러 읍(邑)에 피란민이 많아서 관청의 재물을 겁탈하여 빼앗고 훔쳤는데 구성(龜城)에 잠입하여 변란을 일으키고자 하는 이가 있어 관리들이 대비하기를 청하니 공이 말하기를 대비할 것이 없다고 하면서 한 마리 말을 타고 몇 사람의 참모들과 태연자약하게 출입하였다.

또 거짓말로 왜적(倭賊)이 가평강(嘉平江)을 건너 곧장 행재소(行在所)로 향한다고 하므로 어떤 사람이 공에게 창고의 곡식을 인민에게 나누어 주어서 왜적이 얻지 못하게 하라고 권하니 공이 말하기를 천병(天兵)이 아침이나 저녁에 압록강(鴨綠江)을 건너오면 마땅히 이 곡식으로 먹일 것이다. 곧 한번 흩어 버리면 어찌 다시 모으리오? 이것은 한갓 피란민이 거짓말을 퍼뜨렸을 뿐이라고 하더니 과연 그러하였다.

천병(天兵)이 이르니 공이 민간인의 말로 먼저 운반하게 한대 인민이 다투어 따르면서 겨울부터 봄이 올 때까지 짐수레를 달리며 길을 누볐지만 인민이 괴로움을 하소연하지 아니하였다.

원수(元帥)가 전후(前後)의 공로를 임금에게 올리니 임금의 명령으로 통정대부(通政大夫)를 더하여 장려하였다.

송(宋) 경략(經略)이 옴에 공이 접반도원(接伴都員)이 되었다. 요동(遼東)의 병사(兵士)들은 평소에도 사나웠는데 우리를 돕는다는 형세를 믿고, 방자하게 다니면서 토색질을 하였으나 공이 관계를 튼튼히 유지하면서 조절하여 기쁘게 하며 교제를 잃지 않도록 몸소 어려움을 무릅쓰며 두려워하지도 않고, 대항하지도 않았다.

접반사(接伴使) 윤근수(尹根壽) 공이 매양 일을 만나면 반드시 공을 맞이하여 상의하여 처리했다.

갑오(甲午)년에는 승지(承旨)로서 송유진(宋儒眞)의 역옥(逆獄)을 국문(鞫問)하는 데 참여하여 이미 그윽이 밝혀서 체포하고, 도당(徒黨)의 무리가 줄줄이 이어져서 아주 많으니 공이 나아가 임금에게 말하기를 나라가 온통 전쟁의 상처로 얼룩진 나머지 이와 같은 국내의 사변이 있으니 만약 끝까지 잡아다가 신문하면 인심이 불안하게 될 것이므로 이에 다만 우두머리 악질분자 16인만 처형하라고 건의하였다.

관동관찰사(關東觀察使)가 되어 장차 임지(任地)로 떠남에 임금이 불러 접견하여 눈물을 흘리면서 말씀하시기를 급무(急務)는 백성을 길러 군대를 강화하고, 나라를 부강하게 하며, 인민을 교육하고 훈련하여 지극한 부끄러움을 씻어 버리는 것이니 경(卿)은 모름지기 나의 뜻을 체득하여 맡기고, 부탁하는 무거운 책무를 저버림이 없도록 하라고 하시거늘 공이 명령을 받고 감격하였다.

이때에 관동(關東)은 왜란(倭亂)을 혹독하게 겪고, 흉년으로 굶어 죽은 시체가 서로 베고 있는 참상이었는데 공이 다방면으로 가난한 사람에게 곡식을 나누어 주고, 구제하니 인민이 조금씩 회생하였다. 사이에 장정(壯丁)을 뽑아 군대를 편성하여 무예(武藝)를 훈련시키고, 또 조정(朝廷)에 요청하여 특별히 훈련교사(訓練敎師)

를 배치하며, 새로 반포한 척씨(戚氏)의 병서(兵書)를 배포하여 종
사관(從事官)이 차례로 돌면서 과제를 시험하고, 기율을 밝히면서
이것으로 수령(守令)을 평가하여 승진하고, 강등하는 기준을 삼으
니 1년도 되지 아니하여 병사(兵士)들이 모두 정밀하게 익혀서 쓸
만하게 되었다.

명(明)나라의 당(唐) 장군이 그것을 보고 칭찬하였는데 임금에게
아뢰어 말하기를 귀국의 군사진용(軍事陣容)은 관동(關東)이 최고
라고 하는 데 이르렀다.

또 병기(兵器)를 더욱 저장하고, 군량미를 비축하여 뜻밖의 재난
에 대비하니 강원도의 한 길이 믿어서 편안하게 되었다.

이원익(李元翼) 공이 관서(關西)로부터 들어와서 재상(宰相)이
되니 조정(朝廷)에서는 그 후임을 의논하여 모두 이덕형(李德馨)
공으로 대체하기로 요청하였다.

임금이 말씀하시기를 강원감사(江原監司)의 정치업적이 가장 현
저하므로 나의 뜻은 결정되었다고 하시고, 드디어 공으로 이(李)
공을 대신하였는데 교서(敎書)가 이루어지니 왕(王)이 특별히 명령
을 내려 다시 엮게 하여 표창하는 말을 더욱 두텁고 무겁게 하였다.

이때에 관서(關西)는 새로 행재소(行在所)에 물품을 공급하는 일
을 경영하고, 또 천병(天兵)이 왕래하는 길을 담당하였으니 부역과
조달하는 업무로 공사간(公私間)에 아주 분주하였다.

이(李) 공은 이미 중신(重臣)으로 군대와 인민을 자식처럼 은혜
롭게 다스렸기 때문에 그가 떠나감에 미쳐 마치 부모를 잃은 듯이
하여 생사당(生祠堂)을 건립하며, 사모하는 마음을 부치는 데 이르
렀다. 공이 그를 대신하여 일을 간략하고, 편리하게 함에 대체로
이(李) 공을 기준으로 삼아 막힌 것을 일으키며, 허물어진 것을 진

작하여 옛날의 규범을 더욱 크게 넓히고, 화인(華人)을 응대함에 기쁜 뜻을 곡진하게 해서 폐해가 인민에게 미치지 않도록 하니 인민들이 또한 흡족해하면서 공을 칭송하였다.

류성룡(柳成龍) 재상(宰相)이 매양 관서(關西)로부터 오는 사람을 보면 공이 하는 바를 묻고, 왕에게 전달하여 천안(天顔)이 기쁘게 움직이셨다.

사람이 이르기를 공이 관동(關東)을 다스리는 치적은 혹시 미칠 수 있으려니와 능히 이(李) 공을 이어 관서(關西)의 치적에는 미칠 수 없을 것이라고 말하였다.

공이 평안감사(平安監司)로 있으면서 피로가 쌓여 질병이 생기므로 거듭 글월을 올려서 교체를 허락받아 이미 대체할 사람을 선출하였는데도 왕이 감당할 만한 사람이 없다고 하시고, 특별히 하교(下敎)하시어 유임케 하였지만 공이 얼마 안 되어 마침내 질병으로 교체되었다.

공이 병조참판(兵曹參判)을 배수(拜受)하였을 때 판서(判書) 홍여순(洪汝諄)이 뇌물을 공공연히 받으면서 죽산(竹山)에 사는 주(朱)씨 성을 가진 자가 어린 동복(僮僕) 10명을 뇌물로 바치고, 작은 성곽을 지키는 보장(堡將)을 요청하거늘 공이 분노하여 말하기를 나는 곧 이러한 짓을 하지 않노라고 거절하고, 매양 정책회의가 있으면 질병을 핑계로 나아가지 아니하였다.

전의제조(典醫提調)가 되어서는 권력을 가진 재상(宰相)이 사람들의 약공미(藥貢米) 수십 가마니를 빼앗으면서 공에게 청하여 돈으로 배상하고자 하였지만 공이 말하기를 쌀의 소유권은 호조(戶曹)에 있고, 약(藥)을 보관하는 것은 대감제조(臺監提調)에게 있으니 어떻게 줄 것인가 하니 재상(宰相)이 공의 뜻을 알고, 얼굴이 붉어져서 물러갔다.

대각(臺閣)에 있을 때에는 문득 말을 다하여 꺼리지 아니하였으니 북쪽 오랑캐 이탕개(尼湯介)의 변란에 율곡(栗谷) 이(李) 공이 병조판서(兵曹判書)로서 장차 본부의 병사를 파병하기 위하여 말을 바치는 사람에게는 병역 출동을 면제하는 명령을 임금의 재가(裁可)가 내려오기도 전에 먼저 시행하므로 공이 장령(掌令)이 되어 관(館), 원(院)과 더불어 나란히 임금에게 아뢰어 다음과 같이 탄핵하였다.

"이이(李珥)에게는 권력을 전권으로 행사하여 임금을 업신여기는 죄가 있으므로 언관(言官)이 탄핵을 논하여 일에 따라 바로잡고자 하였거늘 이(珥)는 몸에 돌이켜 스스로 반성하지 않고, 계사(啓辭) 가운데의 몇 마디 말을 끄집어내서 스스로 변명하는 계책으로 삼으면서 여러 날에 걸쳐 상소(上疏)를 올림에 불평하는 말이 많이 있으니 마침내 다른 날의 폐해가 이루 다 말할 수 없음이 있을 것입니다" 하였다.

당시에 조정(朝廷)의 의논이 두 가지로 갈리어 초야에서 유림(儒林)의 상소(上疏)가 계속 올라오거늘 이웃에 한 재신(宰臣)이 있어 당파를 좋아하며, 공에게 부탁하기를 상소하는 유림을 체포하도록 건의하라고 하였다.

공이 말하기를 초야의 상소문이 비록 적중하지 못했다고 하여도 어찌 죄를 줄 수 있으리오? 하물며 유생(儒生)을 구속하여 다스리는 것은 성세(聖世)의 일이 아니라고 한대 들은 사람이 기뻐하지 아니하였다.

임해군(臨海君)과 순화군(順和君), 두 왕자(王子)의 집에서 범법(犯法) 사항이 많아 인민이 그 피해를 받으니 공이 도헌(都憲)이 되어 탄핵하려고 하자 동렬(同列)이 어려워한대 공이 말하기를 말할 자리를 얻고도 말을 하지 않는 것은 죄이다 하고, 마침내 발론(發論)하여 죄를 청하였으며, 또한 경연(經筵) 자리에서 극단적으로 말하니 임금의 얼굴빛이 기뻐하지 않거늘 좌상(左相) 김명원(金命元) 공이 나아가 말하기를 "근래에 대각(臺閣)에서는 말하기를 꺼리는데도, 윤(尹) 아무개가 진실하고 간절하게 발언하였으니 조양(朝陽)에서 봉황이 우는 소리라고 말하겠나이다" 하였다.

공은 용모와 의표가 수려하고, 우아하며 젊어서 경학(經學: 儒學)을 익혀 오로지 지조(持操)에 힘써 일찍이 말을 빨리 하거나 얼굴색을 갑자기 바꾸거나 게으른 용모나 희롱하는 말이 있지 아니하였다.

무릇 주색(酒色), 성악(聲樂), 화미(華靡), 완호(玩好)의 물건은 일체 모두 마치 더러워지는 것처럼 보았다. 유치(幼稚)할 때로부터 오직 부모만을 이에 순종하였으므로 부모가 칭찬하여 효도하는 아이라고 하였다.

이미 자람에는 어버이의 뜻을 잘 받들어 마음을 기쁘게 하며 좌우에 어김이 없도록 하였으며, 벼슬하여 조정에 들어가서는 수행원의 봉급까지 모두 어버이의 마당에 보내서 어버이가 내려 주신 다음에 사용하였다.

전후(前後)에 어버이의 상(喪)을 당함에는 묘에 움막을 짓고, 3년상(三年喪)을 마칠 때까지 한 번도 집에 다녀가지 않고, 아침저녁으로 묘에 올라가서 곡(哭)을 하였는데 반드시 기절할 정도로 하였으니 형체가 파리하여 뼈만 서서 있는 듯하였다.

평상시에도 말이 부모에게 미치면 문득 먼저 눈물을 흘렸고, 기일(忌日)과 생신(生辰)에는 초하루 아침부터 술과 고기를 가까이하지 않았으며, 그날에 이르면 곡(哭)하고, 흐느끼기를 초상(初喪) 때처럼 하였다.

백씨(伯氏)에게 후사(後嗣)가 없으므로 공이 다음으로 강신주(降神酒)를 주관하였는데 모든 제사에 반드시 밤에 묶으며 재계(齋戒)하고, 노비(奴婢)에게도 깨끗하게 씻어서 옷을 바꾸어 입게 하였다.

몸소 제사에 임하여 살피고, 깨끗이 하였는데 늙음에 이르렀으나 조금도 게을리하지 않았다.

백형(伯兄)을 섬김에 엄부(嚴父)같이 하여 날마다 안부를 묻기를 그치지 아니하였으며, 형이 죽고 형수를 섬김엔 더욱 삼갔다.

자매(姉妹)에게는 지극히 온화하게 공경하여 과부가 된 누이동생을 돕고, 멀리 가서 구원하면서 그 정성과 노력을 다하였는데 생질(甥姪)을 보살펴 의지하는 바 되게 하였다.

녹봉(祿俸)을 가난한 고아(孤兒)들에게 나누어 주었으며, 친척을 대우하여 곡진(曲盡)하게 은혜와 예절이 있게 하였다.

선세(先世)의 유업(遺業)은 적었고, 형제는 많았으므로 재산을 나눔에 제사를 받들 논밭과 일꾼을 설치하지 못했기에 집안사람을 경계하여 근검(勤儉)에 힘쓰게 해서 거두어 지급하였으며, 아침과 저녁에는 절대로 나누어서 표창함이 없게 하였고, 쓰는 것과 먹는 것은 한결같이 질박하고 검소한 것으로 하였다.

벼슬을 받아 직무를 받들 때에는 자기 자신을 규율(規律)하여 법률을 집행하되 정의(正義)가 아닌 것은 하지 않았다. 역사적으로 전해 온 사례(事例)를 밝게 인식하고, 기강(紀綱)을 바르게 세우되 그윽이 숨은 뜻을 반드시 밝혀서 물이 흐르듯이 해부하고, 분석하였다.

무릇 정치명령을 해석하여 조치함에 세력에 따라 법을 굽히지 아니하였고, 세속에 좇아 구차하게 편안하지 아니하였으니 평생 동안 외로운 절개를 지켜 남에게 의지하지 아니하였다.

공적인 연고가 아니면 대문을 닫고, 고요히 앉아 있었으니 손님이 이르면 그윽이 상대하여 춥고 더운 인사말 이외에는 다른 말을 주고받지 아니하므로 사람이 모두 공경하고, 꺼려서 감히 오래 앉아 있지를 못하였다.

젊어서 문인(文人) 김태정(金泰定)이 친구로 사귀며 매우 정성스럽게 찾아와서 더불어 학업을 강론하자고 요청하였지만 공이 허락하지 않았다.

그 한원(翰苑)에 있을 때에는 홍섬(洪暹) 공, 이준경(李浚慶) 공, 민기(閔箕) 공, 이후백(李後白) 공, 기대승(奇大升) 공이 모두 공의 재능과 도량을 칭찬하여 크게 쓰일 것이라고 칭찬하였다.

그러나 공은 일찍이 여러 공에게 찾아가서 감사의 뜻을 표하지 아니하였다.

류성룡(柳成龍) 공이 검열(檢閱) 시절에 함께 숙직하면서 가장 오래 있었는데 한 번도 사사롭게 대접하며 사귀지 아니하였다.

그 구성부사(龜城府使)로 떠날 때에는 이산해(李山海) 공이 공의 좌천을 안타까워하면서 마침 나주목사(羅州牧使)가 결원이므로 땅이 가깝고 비옥함을 말하며, 공을 옮겨 제수(除授)받으라고 하였지만 공이 사절하였다.

구성(龜城)에 4년 동안 있을 때에는 질병을 앓아 매우 위독하므로 계씨(季氏) 의정공(議政公)이 여러 번 편지를 보내 그 해직하고 돌아올 것을 촉구하면서 또한 진취(進取)의 기회임을 암시하였지만 공은 또 응하지 아니하였다.

의정공(議政公)은 착하고 악함을 자못 명석하게 판단하였으므로 한 떼의 사류(士類)가 추앙하는 바 되었는데도 공은 일찍이 관계를 말하지 아니하였다.

그 사이에 조정(朝廷)에는 당파(黨派)가 이미 나누어졌으나 공만 오직 뚜렷하게 지목하는 사람이 없으므로 세상에 무겁게 여기는 바가 되었다.

사위 왕자(王子)에게는 깊이 스스로 경계하고, 두려워하도록 가르치고, 집안사람을 단속하여 혹시라도 궁가(宮家)의 일을 빙자함이 없게 하였다.

선조(宣祖) 말엽에 권(權) 재상(宰相)이 평소 공에게 찾아와 문을 밟으며 못내 잊지 못하고, 높고 좋은 자리를 만들어 주겠다고 하였지만 공은 절대로 되찾아가서 사례하지 아니하면서 말하기를 흰머리로써 남은 인생에 명성과 벼슬이 이미 지극하거늘 또한 권력을 가진 높은 사람과 더불어 좇으리오 하였다.

광해주(光海主) 시대에 권력을 잡은 신하가 중신(重臣)을 빙자하여 곡진하게 정의(情誼)와 예절을 다했지만 공은 더욱 두려워하여 대문을 단속하는 사람에게 질병을 핑계 대라고 하면서 고요히 한 방에 거처하며 글씨와 그림으로 스스로 즐겼다.

마당에 하나의 긴 대나무를 가꾸어 어루만지고 감상하면서 거닐었으니 완전히 세상 밖의 사람과 같은 지가 5~6년이었다.

병진(丙辰)년 봄에는 꿈속에서 "며칠 동안의 번성했던 영화가 이미 먼지티끌이 되었도다(少日繁華已作塵)"라는 시구를 얻어서 아들 교(璬)에게 일러 말하기를 내가 장차 죽으리로다 하였다.

11월 무자(戊子)일에 낙선방(樂善坊) 집의 정침(正寢)에서 졸(卒)하니 임금이 부음(訃音)을 들으시고, 조회(朝會)를 취소하여 예관(禮官)을 보내 조문하며, 제관(祭官)으로 상사(喪事)를 돕게 하셨다.

다음 해의 봄에 지평(砥平) 미지산(彌智山)의 축좌(丑坐) 언덕에 장사 지냈다.

심희수(沈喜壽) 재상(宰相)이 매양 칭찬하기를 공은 일생 동안 오로지 고요하여 일찍이 자기를 굽혀 남을 따르지 아니하였으니 참으로 철석간장(鐵石肝腸)이라고 하였고, 심흠(沈欽) 재상(宰相)은 칭찬하기를 공은 법률과 사례(事例)를 익숙하게 기억하고, 정치의 체제를 밝게 통달하였으니 사람마다 미치는 바가 아니었다고 하였다.

송영구(宋英耉) 동지중추(同知中樞)는 곧 공의 조카사위인데 성품이 고결해서 인정한 사람이 적었는데 홀로 공에게 심복(心服)하여 칭찬하기를 공은 충효(忠孝)에 바탕해서 정사(政事)에 베풀었는데 집에서 숨어 살고, 조정에서 벼슬하는 절도가 푸른 하늘에 태양처럼 하나의 오점(汚點)도 없다고 하면서 매양 공의 자손에게 너희 집안의 명성을 떨어뜨리지 말라고 경계하였다.

판서(判書) 이식(李植)은 칭찬하기를 공은 곧은 덕성과 뛰어난 재능으로 칼날을 쓰기가 곤란하여 한 번 일어나면 한 번 넘어져서 변방에만 오래 있었고, 늦게야 소재(少宰)에 올랐지만 한가로운 품계인지라 장군(將軍)과 재상(宰相)의 중책을 감당하여 경세제민(經世濟民)의 방략을 강구할 수 없었다. 그러나 공의 나아가고 물러옴은 정도(正道)로써 하였으며, 조금도 굽혀서 시세(時勢)를 따르지 않았다고 말하였다.

아~, 수 3공의 말이 가히 공의 평생을 알게 하도다.

증정경부인(贈貞敬夫人) 박씨(朴氏)는 세계(世系)가 나주(羅州)에서 나왔으니 고려(高麗) 보문각제학(寶文閣提學) 상충(尙衷)의 후예이다. 할아버지는 휘(諱)가 용(墉)이니 증영의정(贈領議政) 금성부원군(錦城府院君)인데 이분이 인성왕후(仁聖王后)를 낳았다. 고

(考)는 휘(諱)가 간(諫)이니 광주목사(廣州牧使)이다. 비(妣)는 창녕
성씨(昌寧成氏)이니 관찰사(觀察使) 휘(諱) 순(詢)의 따님이다. 부
인(夫人)은 무신(戊申)년에 태어났는데 단정하고 아름다우며, 밝고
순수하여 정숙한 효도의 행실이 있었다.

어려서 어머니를 잃고, 계모(繼母)가 원수처럼 보아서 사람의 이
치로 견딜 수 없는 바가 있었지만 부인(夫人)이 조심하고 두려워하
면서 더욱 공경하고 삼가니 계모 아무개 씨도 해칠 수 없었다.

목사공(牧使公)이 광주(廣州)의 관아(官衙)에서 병을 앓으니 여
러 아들이 모두 있지 아니하였는데 부인(夫人)이 당시에 나이가 15
세로 약(藥)을 반드시 맛보고, 밤이면 반드시 밖에 나와서 하늘에
기도(祈禱)하였으며, 공의전(恭懿殿)에 편지를 올려 내의(內醫)를
청하였다.

돌아가심에 미쳐 시신을 안고 3일 동안 울음소리를 그치지 않으
니 보는 사람이 슬퍼하고 불쌍하게 여겼다.

공에게 시집감에 미쳐서는 오직 공에게 순종하였다. 시어머니
이 부인(李夫人)이 일찍이 큰며느리에게 기쁘지 아니하여 공을 끌
어안고 어루만지며 말하기를 너는 자라서 아내를 맞이하거든 하여
금 너의 형수같이 하지 말도록 하라고 하였는데 공이 항상 이 말
로써 부인(夫人)을 격려하니 부인이 더욱 공경하고 두려워하였다.

시아버지 증영의정공(贈領議政公)이 늙어서 부인(夫人)에게 봉양
(奉養)을 받았는데 말하기를 나에게는 어진 며느리가 있으므로 늙
어서 홀아비가 된 것을 모두 잊었다고 하였다.

재물과 이익에 청렴하여 대문에 뇌물이 오고 가는 길을 끊어 버
렸고, 외척(外戚)이 궁궐과 연결되었지만 마침내 부탁하는 말이 없
었다. 그러나 길쌈을 하여 여자종에게도 일거리를 주어서 하여금

일 없이 먹는 날이 없게 하고, 쓸데없는 비용을 줄이며, 화려한 장식을 버려서 넉넉하게 남기고, 나머지를 비축하여 뜻밖의 일에 대비하였다.

단아(端雅)하여 화려한 사치를 좋아하지 않았으며, 반찬과 의복은 정결하고 치밀하게 만들었는데 비록 사치하고, 부유한 집이라도 또한 따를 수 없었으니 이것은 이에 생각이 깊고, 성실한 결과일 뿐이었다.

말과 웃음에는 절도가 있었고, 기뻐하고 슬퍼함을 겉으로 나타내지 아니하였으며, 이치가 아닌 것을 범하는 행동에는 문득 자기의 책임으로 돌렸으니 이로써 여덟 명의 시누이와 세 명의 동서 사이에 마침내 틈을 내는 말이 없었다.

공이 졸(卒)한 뒤에는 음식을 끊고, 거적자리에서 곡(哭)하고 흐느끼기를 그치지 아니하였는데 여러 번 기절하였다가 다시 소생하였다.

조석전(朝夕奠)은 반드시 친히 올렸는데 자녀들이 외치고 흐느끼면서 조금 너그럽게 하기를 요청한대 부인(夫人)이 말하기를 “내가 일찍 부모를 잃고, 계모(繼母)에게 사랑을 받지 못했거늘 남편에게 시집감에 미쳐서 나에게 은혜를 베풀고, 나에게 예절로 대하니 진실로 나에게는 부모와 마찬가지였다. 이제는 끝났으니 의리(義理)에 홀로 살 수 없거니와 하물며 너희들이 있어서 족히 뒷일을 감당할 것임에야?” 하고는 이어 눈을 감고 말을 하지 않으면서 미음과 죽을 입에 가까이하지 않다가 하루는 스스로 일어나서 머리를 감아 빗고, 단정히 앉아서 돌아가시니 마침내 공과 더불어 빈소(殯所)를 같이 만들고, 발인하여 합장(合葬)하였다.

이보다 먼저 꿈에 본 사람이 있었는바 화려한 짐수레가 먼저 길로 나아감에 높고 큰 수레가 뒤따라 대문을 나서는 데 따르며 호위하는 의장물(儀仗物)이 매우 성대하거늘 이야기하는 이들이 윤(尹)씨 집에 세 재상(宰相)의 일행이라고 하더라는 것이다.

대개 장례행렬과 부합하였으니 장례는 가벼운 상(喪)을 먼저 장사 지내고, 무거운 상(喪)을 뒤에 장사 지내는 것인즉 그 꿈이 또한 기이하였다.

4남 2녀를 두었으니 아들은 장남이 신(瑠)이니 평양서윤(平壤庶尹)이고, 둘째는 미(瑂)로 온양군수(溫陽郡守)이며, 셋째는 교(璬)로 의금부도사(義禁府都事)이며, 넷째는 제(璾)니 광흥창수(廣興倉守)이다.

장녀는 군기시첨정(軍器寺僉正) 이변(李忭)에게 시집갔고, 차녀는 왕자(王子) 인성군(仁城君) 공(珙)에게 시집갔다.

신(瑠)이 3남 1녀를 낳으니 장남은 창원(昌遠)으로 의금부경력(義禁府經歷)이요, 둘째는 창립(昌立)이니 성균관전적(成均館典籍)이며, 셋째는 창운(昌運)이고, 딸은 호조좌랑(戶曹佐郎) 권심중(權審中)에게 시집갔다.

미(瑂)는 5남을 낳으니 장남은 창업(昌業), 다음은 창국(昌國), 창환(昌煥), 창현(昌顯), 창계(昌啓)이다.

교(璬)가 2남 2녀를 낳으니 장남은 창안(昌顔), 다음은 창형(昌亨)으로 충청수사(忠淸水使)이다. 장녀는 이적(李樀)에게 시집갔고, 차녀는 장백년(張百年)에게 시집갔다.

제(璾)는 5남 4녀를 낳았으니 장남은 창언(昌言)이요, 다음은 창문(昌門), 창정(昌庭), 창명(昌明), 창세(昌世)이고 딸은 장녀가 현감(縣監) 정원첨(鄭元詹)에게 시집갔고, 다음은 윤이승(尹以升)에게 시집갔으며, 다음은 좌랑(佐郎) 조효창(曺孝昌)에게 시집갔고, 다음은 진사(進士) 안시철(安時哲)에게 시집갔다.

인성군(仁城君)이 5남 2녀를 낳았으니 장남은 해평군(海平君) 길(佶)이요, 다음은 해안군(海安君) 억(億)이며, 다음은 해원군(海原君) 건(健)이고 다음은 해녕군(海寧君) 급(伋)이며, 다음은 해양군(海陽君) 도정(都正) 희(僖)이다. 딸은 장녀가 영장(營將) 남수성(南壽星)에게 시집갔고, 다음은 생원(生員) 심장경(沈長卿)에게 시집갔다. 새김돌에 노래하노니 말하기를

사람에게는 부러워하여 바라는 것이 있나니
재주와 덕성과 벼슬과 나이로다.
갖추었는저, 윤(尹) 공이여!
이에 그것들을 전부 얻었도다.
공은 태어날 때부터 영특하여
나이는 젊어도 뜻이 씩씩하였나니
밝은 선배들이 있어서
그릇을 칭찬하지 않음이 없었네.
평탄한 네거리에서 걸음을 재촉했건만
혹 천리마를 알아보지 못하는지라
서리어 얽힌 뿌리가 가닥이 풀어져서
이에 날카로운 칼과 헤어졌도다.
성대한 업적이 변방에서 나타났나니
관동(關東)에서, 관서(關西)에서 거두었지.
관동(關東)의 업적은 대적할 사람이 없고
관서(關西)의 업적은 이원익(李元翼) 공과 나란히 함께했네.
조정에 들어와서 대(臺)와 원(院)의 장(長)이 되거늘

더욱 강직하고 더욱 굳게 지켰으니
재상(宰相)이 절하고, 왕에게 하례하기를
조양(朝陽)에 봉황이 울었다고 하였네.
벼슬은 곧 3고(三孤)의 지위에 올랐고
수명은 거의 80줄에 이르렀으며
많은 아들이 임종(臨終)하였으므로
행복을 그 누구와 더불어 필적하리오?
어여쁜 숙녀(淑女)를 배필로 맞이하여
함께 죽어서 무덤을 같이 썼으니
공은 한 가지 유감도 없으리나
아는 사람들이 서로 조문하였소.
계씨(季氏)는 아우로 보기 어려움이 있었지만
공은 이에 원방(元方)같이 덕(德)이 있는 형이었도다.
어찌 서로를 갖추지 않으리오?
백성에게 은택이 질펀히 흘렀다네.
사나이와 사나이들이 서술한 글이 있는데
그 누가 아첨하는 글월이라고 말하랴!
내가 새김돌에 노래를 지었나니
후세의 사람에게 이것을 증명하리로다.

정부인박씨행장(貞夫人朴氏行狀)

택당(澤堂) 이식(李植) 엮음

정부인(貞夫人) 박씨(朴氏)는 의정부좌참찬(議政府左叅贊) 윤(尹) 공 휘(諱) 승길(承吉)의 배필이다. 박(朴)씨는 세계(世系)가 나주(羅州)에서 나왔으니 고려명신(高麗名臣) 보문각제학(寶文閣提學) 상충(尙衷)의 후예로 조선왕조(朝鮮王朝) 좌명원훈(佐命元勳) 의정부좌의정(議政府左議政) 금성부원군(錦城府院君) 시(諡) 평도공(平度公) 은(訔)의 현손이다.

증조(曾祖)는 휘(諱)가 치(稙)이니 군기시정(軍器寺正)으로 증좌찬성(贈左贊成)이며, 할아버지는 휘(諱)가 용(墉)이니 첨지중추부사(僉知中樞府事)로 증영의정(贈領議政) 금성부원군(錦城府院君)인데 우리 인종대왕(仁宗大王)의 외숙(外叔)이다.

고(考)의 휘(諱)는 간(諫)이니 광주목사(廣州牧使)요, 비(妣)는 창녕성씨(昌寧成氏)로 관찰사(觀察使) 휘(諱) 순(詢)의 따님이다. 부인(夫人)은 가정(嘉靖) 무신(戊申: 서기 1548)년 8월 초 9일에 탄생하여 만력(萬曆) 정사(丁巳: 서기 1617)년 정월 25일에 졸(卒)하니 수(壽)가 70이었다.

부인(夫人)은 자태와 용모가 단정하고 아름다웠으며, 식견과 도량이 밝고 순수하여 마음이 곧고 한결같은 지조가 있었으며, 효도하고 순종하는 행실이 있었다.

대개 어려서 길쌈벽돌을 가지고 놀 때부터 뛰어나게 보통의 아이들과는 달랐기 때문에 목사공(牧使公)이 가장 많이 사랑하였다. 5세에 어머니를 여의고, 계모(繼母) 아무개 씨가 전실 자식들을 원수처럼 미워하였으므로 사람의 이치로써 견디지 못할 바가 있었으나 부인(夫人)이 힘써 효도와 공경을 융숭하게 하면서 두려워하고 조심하며 더욱 삼가니 아무개 씨도 또한 해칠 수 없었다.

목사공(牧使公)이 매양 눈물을 흘리며 등을 어루만지고, 말하기를 어버이를 섬김에는 오직 얼굴빛을 부드럽게 하는 것인즉 남자도 하기가 어려운 바인데 너는 하나의 어린 여자아이임에도 아주 잘하는구나 하였다.

목사공(牧使公)이 졸(卒)할 때에 광주(廣州)의 관아(官衙) 집에서 앓아누웠거늘 여러 자녀들이 마침 곁에 있지 않았는데 부인(夫人)이 당시 나이가 15세였지만 밤낮으로 허리띠를 풀지 않고, 약은 반드시 입으로 맛보고, 음식은 반드시 손으로 익혔다. 밤이면 밖에 나와 서서 하늘에 기도(祈禱)하였고, 대궐의 공의전(恭懿殿)에 편지를 올려 내의원(內醫院)이 와서 질병을 치료해 달라고 앙청하였다.

마침내 일어나지 못하거늘 부인(夫人)이 시신을 끌어안고, 곡(哭)함에 3일 동안 곡성(哭聲)이 끊어지지 않으니 보는 사람도 슬퍼하며 감동하였던 것이다.

3년의 상기(喪期)를 마치자 참찬공(參贊公)에게 시집갔는데 공의전(恭懿殿)에서 그 고독함을 불쌍하게 여기고, 가죽허리띠를 비롯하여 여러 가지 혼수(婚需)를 하사하였는데 아무개 씨가 모두 자기의 용도로 삼고, 얄팍하게 갖추어 초례(醮禮: 昏禮式)를 거행하고, 그 주는 살림살이는 대개 늙고 병든 사람을 써서 수량만 채우니 곁에서 보는 사람이 한가지로 탄식하고 원망하였으나 부인(夫人)은 조금도 얼굴빛에 내색을 하지 않으므로 부형(父兄)과 종족(宗族)이 모두 탄복하여 말하기를 이는 여자 가운데 군자(君子)라고 하였다.

공의 집에 들어옴에 미쳐서는 공이 어버이를 섬김에 사사로운 재물을 저축하지 아니하여 청빈(淸貧)하고, 검약(儉約)함이 심하니 부인(夫人)이 모든 것을 섬세하게 경영하여 무릇 1백 가지를 받들어 공급함에 일찍이 부족함을 하소연하지 아니하였다.

공이 효도로 어버이를 봉양(奉養)함이 돈독하고 또 일찍이 대부인(大夫人)의 가르침을 받았기에 매양 거듭 부인(夫人)에게 경계하니 부인(夫人)이 늙음에 이를 때까지 공경하고 두려워하면서 공을 대접하기를 큰 손님처럼 하였고, 시아버님과 시어머님을 섬기기를 자기의 어버이를 섬기듯이 하였다.

이미 어머님이 먼저 돌아가심에 백씨(伯氏)에게 후사(後嗣)가 없으므로 공이 집에서 아버님 의정공(議政公)을 봉양하였는데 부인(夫人)이 정성을 다하여 효도하였다.

날이 아직 밝기 전에 세수하고, 머리 빗고, 손수 맛있는 반찬을 만들어 올리며, 몸에 따르는 1백 가지 도구를 알맞게 갖추지 않음이 없으니 의정공(議政公)이 매양 기뻐하면서 말하기를 나에게는 어진 며느리가 있으므로 늙어서 홀아비가 된 것을 잊을 따름이라고 하셨다.

무릇 제사가 있으면 반드시 기일 전에 목욕재계하고, 집 안팎을 깨끗이 청소하며, 제물을 자르고 익히고 씻는 일에 친히 임하였으니 제품(祭品)을 이미 갖추면 탁자에 벌어 놓고, 감시하면서 앉아서 새벽을 기다렸는데 손실과 더럽혀짐을 방지하기 위함이었다.

사당의 문을 닫은 뒤에야 바야흐로 엄숙한 얼굴빛을 조금 풀고, 형제간에 우애하고, 종족(宗族) 간에 정의를 두텁게 하되 한결같이 공의 뜻을 기준으로 하였다.

사람에게 혹시 말이 있으면 문득 자기 허물로 돌리는 까닭에 8명의 시누이와 3명의 동서 사이에 있으면서도 감히 이간질하는 사람이 없었다.

재물과 이익에 청렴하여 한 개라도 구차하게 취하지 아니하였고, 한 집안에 선조의 문서를 숨겨서 유산을 오로지 독점하는 이가 있다고 여러 조카들이 말을 하였지만 부인(夫人)은 중지시키며, 말하기를 나도 밝히고 싶지만 차마 못 하는 바가 있다고 하였다.

공이 풍요로운 부(府)를 두 번 맡았고, 큰 변방을 이어 관장하며, 사구(司寇)의 장(長)으로 정치와 형벌 사이에 오래 있어서 지름길로 일을 주선하고, 소개하는 사람이 없지 않았으나 부인(夫人)이 통렬하게 거절하여 물리치며, 말하기를 다른 사람도 오히려 속일 수 없거늘 하물며 남의 아내가 되어 그 남편을 속일 것이냐고 하였다.

그리고 궁궐과 인척관계에 있으므로 어떤 사람이 그 재산을 증식하려고 넘겨보며 농장을 점유하도록 하였지만 부인(夫人)은 더욱 스스로를 겸손하게 낮추고, 절대로 사유지를 경영하려고 부탁하는 말을 하지 않았다. 오로지 근검(勤儉)에 힘써 날마다 누에를 치며 삼을 삼으면서 집안사람들에게 일감을 나누어 주고, 하여금 하는 일이 없이 먹는 사람이 없게 하였다.

낭비를 줄이고, 화려한 장식을 버려서 해마다 저축하고, 달마다 남겨서 혹시 여분이 쌓여 있거든 뜻밖의 일에 대비하였다. 그러나 그 의복은 재봉을 정밀하고 치밀하게 하였으며, 음식은 맛있게 지극히 조리하였으므로 비록 평일에 말하기를 호화사치한 집이라도 모두 스스로 미치지 못한다고 생각하였으니 어찌 정성을 한결같이 쏟은 결과가 아니리오?

평소에 거처함에는 화려하고, 아름다운 사치를 좋아하지 않았다. 자제들이 간혹 비단옷을 만들어 올리면 물리치고, 입지 않으면서 이에 경계시켰고, 손수 여자의 일을 맡아 늙음에 이르기까지 폐지하지 않았다.

기쁨과 노여움을 얼굴빛에 나타내지 않았으며, 말과 웃음은 절도가 있었고, 음성과 얼굴빛으로 비복(婢僕)들을 용서하지 아니하였으며, 대문과 마당 안은 깨끗이 정리하여 가지런하고 엄숙하였다.

50~60세에 이름에 미쳐서도 정신이 날로 신명(神明)하여 일찍이 한집안의 미래를 예언했던 일이 오래됨에 부합하지 않음이 없었다.

공이 관서(關西)에서 질병을 앓을 때에는 부인(夫人)이 몸소 고생하면서 간호했는데 밥을 먹지 않고, 냉수만 마셨으므로 이에 담이 들었더니 겨울 달에는 문득 경련까지 일어났다. 이때에 이르러 공의 질병이 위급하자 부인(夫人)이 몸소 탕약을 달이기를 관서(關西)에 있을 때와 같이 하였다.

졸(卒)함에 미쳐서는 음식과 잠을 끊어 버리고, 거적자리에서 곡(哭)하며 흐느끼기를 그치지 아니하여 여러 번 기절하였다가 소생하였어도 오히려 아침과 저녁으로 전(奠)을 올리며 곡(哭)을 한 지 한 달여 만에 담을 토하고, 피를 토함에 자녀들이 부르고 흐느끼면서 조금 너그럽게 억누르기를 요청하였다.

부인(夫人)이 말하기를 나는 일찍이 부모를 여의고, 계모(繼母)에게 사랑을 받지 못하여 하나의 궁박한 사람이 되었더니 너희 집으로 시집옴에 미쳐서 다행히 남편으로부터 버림을 받지 않고, 나에게 은혜를 베풀며, 나를 예절로 대우하니 참으로 나에게는 부모인 것이다.

이제는 이미 끝났으니 나는 의리에 홀로 살 수 없는데 하물며 너희들이 있어서 족히 뒷일을 맡을 만하거늘 나에게 누가 있어서 세상에 미련을 가지고, 함께 죽지 않으리오 하고, 이어 눈을 감고 말을 하지 않으니 비록 미음이나 죽이라도 역시 입에 가까이하지 않았다.

하루는 스스로 일어나서 머리 빗고 세수하고, 단정히 앉아서 졸(卒)하니 마침내 공과 더불어 빈소(殯所)를 함께 하며, 같은 날에 발인(發靷)해서 같은 날 같은 곽(槨)에 장사 지냈다.

아~, 부부(夫婦)의 윤리는 남자와 여자가 있음으로부터 비롯하는 것이다. 그 맑은 덕성과 곧은 절개가 역사책에 빛나는 것이 어찌 한정이 있겠는가? 그러나 부인처럼 효도와 공경을 다하고, 그 가정을 의좋게 하며, 아름답게 짝하여 함께 오래 살면서 마음이 편하고 몸이 건강하며, 영화를 누리고 고귀한 신분으로 하늘의 복을 받아 거듭 자손에게 주는 사람은 진실로 천백에 하나둘인 것이다.

또한 50~60세의 나이로 죽음에 임하여 절의(節義)를 드날림에 스스로 꾀하고, 스스로 죽었으니 같은 무덤을 보기를 안방의 아랫목으로 돌아가듯이 하는 사람이 고금에 어찌 다시 있으리오!

이보다 먼저 사람이 있어 중화도(中和道)에 머물러 있을 때 꿈에 화려한 짐수레가 먼저 길로 나오고, 높은 수레가 뒤에 붙어 궤도를 따라 쫓거늘 호위하는 사람과 의식을 갖추는 물건이 아주 성대하였는데 이르기를 이것은 윤(尹)씨네 세 재상의 일행이라고 하더라는 것이다.

꿈을 깨고 일어나서 기록했더니 조금 있다가 공과 부인이 서로 이어 졸(卒)하였다는 소문을 들었다는 것이다. 발인(發靷)을 함에는 가벼운 상(喪)을 먼저 장사 지내는 것이 예법이므로 더욱 꿈의 경계와 부합한다고 말하였다. 아~ 어찌 그리도 기이한가? 무릇 큰 사람의 성대한 덕(德)이 아니라면 어떻게 능히 이러한 조짐이 응하리오?

영민하지 못한 나는 이미 공의 행장(行狀)을 엮었는데 간략하게 부인(夫人)의 일생을 간추려서 그 끝에 붙였으나 돌아보건대 능히 자상하지 못한 점이 있으므로 다시 가장(家狀)을 살펴 별도로 이렇게 기록해서 하여금 공의 행장(行狀)과 더불어 나란히 전하도록 거의 붉은 칠을 한 붓대로 엮었으니 고찰한 바가 있을지어다.

十二世傍祖承勳

청봉공묘표음기(晴峯公墓表陰記)
백사(白沙) 이항복(李恒福) 엮음

어이쿠, 살피건대 우리 소경왕(昭敬王: 宣祖) 말년에 재상(宰相) 류영경(柳永慶)이 음험하게 권력을 장악하고, 그윽이 현실정치를 경영하면서 망령되게 흉악한 속셈으로 임금의 마음을 말없이 헤아려 이에 계사(癸巳)년에 보복하는 일을 꾸미려고 하여 임금에게 존호(尊號)를 올릴 것을 의논하고, 임금의 뜻에 맞출 것을 노리니 조정의 사대부(士大夫)가 그 간교한 형상을 밝게 비추어 보고, 침을 뱉지 않음이 없었으니 입은 다물었지만 눈으로는 이미 흘겨보고 있었던 것이다.

이때에 수상(首相) 윤(尹) 공이 반박하며, 불가함을 말하였으니 이르기를 임진왜란(壬辰倭亂)의 깊은 원수를 아직 보복하지 못하여 바로 임금과 신하가 와신상담(臥薪嘗膽)하는 날에 이러한 일이 있는 것은 마땅치 않다고 하였다.

영경(永慶)이 슬며시 돌려서 암시하니 유사(有司)가 탄핵하였기에 집에서 거처한 지 7년에 졸(卒)하였다.

당시에 나는 명령을 받고, 성릉(成陵)의 역사(役事)를 하고 있었는데 부음(訃音)이 이르자 일하던 무리 수 1,000명과 이서(吏胥) 수십 떼가 일하던 도구를 잡고 서로 길에서 탄식하며, 말하기를 철인(哲人)이 떠나갔다고 하였다.

나는 듣고 곧 마음속으로 말하기를 덕(德)을 베푼 보답이 이와 같이 멀도다 라고 하였다.

공사를 끝내고 조정으로 돌아옴에 이르러 그 사위 내한(內翰) 이경여(李敬輿)가 가장(家狀)을 가지고 와서 그 윤자(胤子) 수찬(修撰) 공(珙)의 말을 전하였는데 말하기를 장례날이 남아 있으므로 예물을 들고 찾아뵐 수는 없지만 후세에 밝힐 수 있는 글이 없으니 청컨대 선생이 도모하라고 하였다.

가장(家狀)을 살펴건대 공의 휘(諱)는 승훈(承勳)이요, 자술(子述)은 그 자(字)이며, 선산부(善山府)의 해평현(海平縣) 사람이다.

처음에 휘(諱) 군정(君正)이 있어 고려(高麗)를 섬겨 마침내 벼슬이 상서(尙書) 좌복야(左僕射)이었다. 조선왕조(朝鮮王朝)에 들어와서는 정부사(政府事) 보문각제학(寶文閣提學)을 지낸 사수(思修)가 있었으며, 3세(世)를 내려와서 휘(諱) 훤(萱)에 이르렀으니 군기첨정(軍器僉正)으로 증영의정(贈領議政)인데 휘(諱) 은필(殷弼)을 낳으니 이조참판(吏曹叅判)으로 증좌찬성(贈左贊成)이며, 휘(諱) 홍언(弘彦)을 낳으니 사헌부감찰(司憲府監察)로 증영의정(贈領議政)이다.

종실(宗室)의 장임수(長臨守) 순민(舜民)의 따님을 배필(配匹)로 삼아서 가정(嘉靖) 기유(己酉: 서기 1549)년에 공을 낳으니 계유(癸酉)년에 성균관(成均館) 상상(上庠)에 입학하고, 인하여 명경과(明經科)에 급제해서 괴원(槐院)에 들어갔다.

병자(丙子)년에 내간(內艱)을 당했으며, 기묘(己卯)년에 한원(翰院)에 들었으며, 경진(庚辰)년엔 예조좌랑(禮曹佐郎)이요, 신사(辛巳)년엔 정언(正言)이 되었는데 말했던 일이 임금의 뜻에 거슬려서 지방으로 나아가 신창현감(新昌縣監)에 보임하였다.

계미(癸未)년에 해서도사(海西都事)가 되었는데 갑신(甲申)년에 외간(外艱)을 당했다.

그 뒤로 세 번 정언(正言)과 헌납(獻納)이 되었고, 네 번 헌부(憲

府)에 들어가서 지평(持平)과 장령(掌令)이 되었으며, 한 번 강릉부
사(江陵府使)가 되었다.

옥당(玉堂)에서는 곧 수찬(修撰)으로부터 교리(校理)와 응교(應
敎)에 이르렀으며, 또 의정부사인(議政府舍人)이 되었다.

임진왜란(壬辰倭亂)에 선묘(宣廟)가 서쪽으로 옮김에 종행(從幸)
하여 공이 있었기에 품계를 더하고, 대사성(大司成)이 되었다. 나
아가 양호(兩湖: 湖南, 湖西)를 순회하며 임금의 뜻을 밝게 알리
고, 이어 형조참의(刑曹參議) 겸조도사(兼調度使)로 육로와 해로의
군수물자 운반을 맡아 부족함이 없게 하였다.

계사(癸巳)년에 들어가서 동부승지(同副承旨)를 배수(拜受)하였
으며, 우부승지(右副承旨)에 올랐거늘 얼마 있다가 나아가 충청도
관찰사(忠淸道觀察使)가 되어 송유진(宋儒眞)의 반란을 토벌하여
진압하니 품계가 가선대부(嘉善大夫)에 올랐다.

이때에 호서(湖西)에는 새로 흩어진 병사들이 계속하여 역란(逆
亂)을 일으켰기 때문에 임금이 특별히 임기가 만료되었음에도 다
시 유임시켜서 진압도록 하였다.

들어가서 호조참판(戶曹參判)이 된 데 이어 부제학(副提學)과 대
사간(大司諫)으로 옮겼다.

정유(丁酉)년에 사은사(謝恩使)로 명(明)나라에 갔다가 돌아와서
대사헌(大司憲)을 배수(拜受)하였는데 얼마 되지 아니하여 4도총독
사(四道總督使)로 천병(天兵)의 괴향(餽餉)을 해결하는 데 공로가
있어 특별히 자헌대부(資憲大夫)에 올라 경상도관찰사(慶尙道觀察
使)가 되었다.

질병을 앓으니 임금이 의원(醫員)을 파견하고, 약(藥)을 하사하였
으며, 교체하라고 명령하여 조정으로 들어왔다가 돌아서 이조판서

(吏曹判書)가 되었다.

기해(己亥)년에는 호조판서(戶曹判書)가 되었는데 2월에 다시 헌부(憲府)의 장(長)이 되었다가 또 이조판서(吏曹判書)가 되었고, 4월에는 함경도관찰사(咸鏡道觀察使)가 되었다.

경자(庚子)년에는 배반한 오랑캐를 토벌함에 공로가 있어 정헌대부(正憲大夫)에 올랐다. 신축(辛丑)년에는 병조판서(兵曹判書)로 들어왔고, 5월에 우상(右相)을 논의하여 점치거늘 왕이 공의 성품이 간결하고 재질이 있어 나라의 일에 마음을 다한다고 하여 특별히 제수(除授)한다는 명령이 나오니 조야(朝野)가 눈을 씻고 보았다.

임인(壬寅)년에 이항복(李恒福)을 옹호하다가 류영경(柳永慶)에게 꺼림을 받으니 해직을 청하여 물러났다. 계묘(癸卯)년에 다시 들어가 좌의정(左議政)이 되었는데 갑신(甲辰)년에 영의정(領議政)에 올랐다.

다시 류영경(柳永慶)을 만나 서로 미워하고, 싫어하는 바가 되어서 마침내 일생을 마쳤으니 이해는 신해(辛亥: 서기 1611)년 6월로 누린 나이가 63세요, 양주(揚州) 홍복산(洪福山)에 장사 지냈다.

공의 배위(配位)는 광흥창수(廣興倉守) 성호문(成好問)의 따님으로 2남 2녀를 낳았으니 장남은 곧 수찬(修撰)이요, 다음은 숙(璹)이니 무과(武科)로 통정대부(通政大夫) 용천군수(龍川郡守)이다. 장녀의 남편은 곧 내한(內翰)이요, 다음은 생원(生員) 허국(許國)이다. 측실(側室)의 아들로는 형(珩)이 있다.

수찬(修撰)은 1남이니 창수(昌壽)요, 딸은 사인(士人) 정복길(鄭復吉)에게 시집갔고, 남은 하나의 딸 및 용천군수(龍川郡守)의 딸은 모두 어리다.

공은 밝고 어질며 간결하고 침묵하였는데 일을 만나면 강직하고 과감하여 자주 사람에게 배척당해서 거의 위태로운 경지에 이르렀으나 조금도 흔들리지 아니하였다.

더욱이 정사(政事)에 능하여 일찍이 외직(外職)으로 변방을 시험할새 고소장(告訴狀)을 쌓아 놓고, 늙은 아전들이 현혹하며 안개를 피우거늘 공이 문득 번개 치고 도끼로 패듯이 깨끗이 처리함에 마치 생각을 하지 않은 것처럼 하고서 기쁘게 고요히 앉아 있을 따름이었다.

신창(新昌)과 강릉(江陵)을 다스림에는 두 고을의 주민들이 비석을 깎아서 빛나는 업적을 기록하였으며, 호조판서(戶曹判書)가 됨에 미쳐서는 질병으로 휴가를 청하였는데 이때에 천병(天兵)의 근심거리가 있으므로 도읍의 사람들이 항상 공의 덕이라고 하였으며, 참판(參判) 때에는 정치적 사례(事例)가 되는 데 미쳤다.

왕이 출행(出幸)하심에는 임금의 수레를 호위하다가 기뻐하고, 호소하는 사람이 있으면 머물기를 청하여 인민을 살리도록 하였다.

혼자 된 누이와 함께 살면서 의복과 음식을 누이보다 뒤에 하였고, 혹시 질병을 앓으면 몸소 탕약(湯藥)을 지어다 주었다. 생질(甥姪)을 어루만지기를 자기의 자식처럼 하였으며, 혼인과 초상에 비용을 도와줌에 반드시 정분과 정성을 다하였다.

내가 가장(家狀)을 받들고 비문을 마침에 인하여 기록하노니 내가 기해(己亥)연간에 홀로 내각(內閣)에 있었는데 장차 전장(銓長)을 바꾸려고 의논할 때에 권력을 조종하는 대신(大臣)이 있어 속으로 공에게 자기의 자랑을 하려고 나그네를 시켜서 공을 나에게 부탁하였다.

정부의 명령이 나아감에 미쳐 또 그 나그네를 시켜 공에게 치하하면서 말하기를 아무개의 말이 아니었으면 이(李) 재상(宰相)이 거의 공을 잃었을 것이니 오늘의 일은 모두 아무개의 힘이었다고 말하였다. 이에 공이 정색하고 말하기를 나의 평생에 뜻은 벼슬살이에 사람의 도움을 인연하지 않는 것이라고 하니 나그네가 시무룩하였다.

정석(政席)에 들어옴에 미쳐 나아가고 물러옴을 한결같이 정도(正道)에 따랐으며, 시대의 유행에 아부하지 아니하여 자리를 같이 하면 발끈 화를 내고, 정무를 마치자 공이 서리(胥吏)를 돌아보면서 북백(北伯: 咸鏡道觀察使)의 임기만료를 묻더니 말하기를 내가 교대하고자 한다고 하였는데 몇 달을 머물다가 과연 북관(北關) 자리를 얻었다.

그 우상(右相)이 됨에는 내가 수상(首相)으로서 시대에 어질게 대처하지 않으면 거의 헤아리지 못하는 사건에 빠지게 됨을 살피라고 하였지만 공은 임금 앞에서 극단적으로 말하여 중요한 말을 인용하므로 기피하는 바에 저촉됨이 많았고, 아울러 영경(永慶)의 얽어매는 바가 되었으니 사실이 역사책에 올라 있다.

대개 공이 잘하는 바는 산초와 계피 같은 향기요, 잘하지 못하는 것은 연지를 바르고 갈대처럼 흔들거림인즉 당세(當世)에는 움츠렸지만 후세(後世)에는 펼치리로다. 후세의 군자는 그 반드시 분별함이 있을진저!

내가 감히 말을 많이 하리오? 새김돌에 노래하노니 말하기를

이에 공의 강하고 씩씩함을 생각하노니
타산(他山)의 돌에 다듬었다고 하겠도다.
더욱 쪼아서 갈수록 더욱 빛났나니
그 이러한 수양이 공을 만들었다네

해객공묘갈음기(海客公墓碣陰記)
백강(白江) 이경여(李敬輿) 엮음

군은 휘(諱)가 공(珙)이요, 자(字)는 원벽(元璧)이며, 성(姓)은 윤(尹)씨로 세계(世係)는 해평(海平)에서 나왔다. 비조(鼻祖)는 휘(諱)가 군정(君正)이니 고려(高麗)의 좌복야(左僕射)인데 휘(諱) 만비(萬庇)를 낳았으니 지밀직사사(知密直司事)로 휘(諱) 석(碩)을 낳으니 삼중대광도첨의(三重大匡都僉議) 우정승(右政丞)인데 공적으로 부원군(府院君)을 봉(封)하고, 시(諡)가 영의공(英毅公)이며, 휘(諱) 지현(之賢)을 낳으니 정당문학(政堂文學)이요, 휘(諱) 방안(邦晏)을 낳으니 제학(提學)이며, 휘(諱) 사수(思修)를 낳으니 조선왕조(朝鮮王朝)에 들어와서 버슬이 참지의정부사(叅知議政府事) 보문각직제학(寶文閣直提學)에 이르렀고, 휘(諱) 처성(處誠)을 낳으니 수원부사(水原府使)로 증병조판서(贈兵曺判書)이며, 휘(諱) 면(沔)을 낳으니 승문원참교(承文院叅校)로 증좌찬성(贈左贊成)이요, 휘(諱) 훤(萱)을 낳으니 군기첨정(軍器僉正)으로 증영의정(贈領議政)인데 아들 은보(殷輔)가 귀하게 되었기 때문이었다. 휘(諱) 은필(殷弼)을 낳으니 이조참판(吏曺叅判)으로 증좌찬성(贈左贊成)이요, 휘(諱) 홍언(弘彦)을 낳으니 사헌부감찰(司憲府監察)로 증영의정(贈領議政)이며, 휘(諱) 승훈(承勳)을 낳으니 영의정(領議政)인데 강직하고 방정(方正)하며 단정하고 어질었으며, 또한 정사(政事)에 능하여 재능은 안으로 돈독하고 지극하였고, 행실은 밖으로 뚜렷하고 무성하게 나타나서 한 시대의 명재상(名宰相)이 되었으니 오성(鰲城) 재상

(宰相)이 엮은 비문에 있는바 곧 군의 황고(皇考: 아버님)이다.

의정공(議政公)이 광흥창수(廣興倉守) 성호문(成好問)의 따님과 혼인하여 갑술(甲戌: 서기 1574)년 2월 일에 군을 낳으니 이갈이를 할 때부터 성인(成人)과 같아서 노는 것이 범상하지 아니하고, 침착하여 고요하며, 순수하고 성실해서 망령되게 말하고 웃지 아니하였다.

자라면서는 글을 읽어 큰 뜻을 통달하였으니 계묘(癸卯)년에 성균관(成均館) 상사(上舍)에 올라 병오(丙午)년에 현릉참봉(顯陵參奉)을 배수(拜受)하였고, 정미(丁未)년에는 별좌(別坐)를 배수(拜受)하였으나 모두 나아가지 않고, 무신(戊申)년의 과거(科擧)에 급제해서 처음으로 괴원(槐院)에 예속하였다.

기유(己酉)년에는 주서(注書)를 제수(除授)받았다가 금방 설서(說書)로 옮기고, 이어 6품(六品)에 올라 사서(司書)가 되었다.

경술(庚戌)년에는 정언(正言)을 배수(拜受)하고, 또 부수찬(副修撰)으로 옮겼는데 전조(銓曹)의 추천에 들어갔기 때문이었다.

그해에 의정공(議政公)의 상(喪)을 당했으며, 계축(癸丑)년에 상기(喪期)를 마치고, 직강(直講)으로 복직되니 아무런 일도 없는 곳 봉산군수(鳳山郡守)로 나아갔으니 대부인(大夫人: 어머니)을 봉양하려고 자청한 것이다.

을묘(乙卯)년에 흉악한 사람들이 군의 형제를 무고(誣告)하여 한때 체포당해서 대질심문하여도 문제 삼을 것이 없었지만 광해주(光海主)는 오히려 의심하여 석방하지 않고, 귀양 갈 사람을 명부에 적고, 통천(通川)으로 유배 보냈다.

군은 차마 모부인(母夫人)을 두고 혼자만 갈 수 없어서 함께 유배지로 갔으니 비록 바닷가에 궁벽한 마을이었지만 어여쁜 모양과 기쁜 얼굴빛으로 어머니의 안색(顔色)을 받들며, 무릎으로 나아감에 어린아이들처럼 사모하였다.

달고 맛있는 음식을 받듦에 지극히 생각해서 경영하여 드리고 남은 것을 묻지 않으니 대부인(大夫人)이 편안하여 문득 영해(嶺海)의 나그네로 사는 것을 잊으셨다.

정사(丁巳)년 3월 밤에 실화(失火)로 군이 항상 거처하는 서재(書齋) 건물에 불이 나서 대부인(大夫人)의 침실에까지 미치거늘 당황하여 안으로 들어가 신주(神主)를 내오고, 불길을 무릅쓰며 다시 들어가 보니 대부인(大夫人)이 불길 속에 있으므로 몸을 날려 불속으로 달려가 끌어안고 같이 죽었다. 군의 누이동생은 곧 나에게 시집왔는데 친정의 어머니를 뵈려고, 대부인(大夫人)의 곁에 있었거늘 손을 잡고 구르다가 대부인(大夫人)의 왼쪽에서 같이 죽었으며, 의정공(議政公)의 측실(側室)도 밖으로부터 왔다가 역시 죽었으니 한 집에 3인이 효도로 죽고, 의리에 죽은지라 길 가는 사람이 눈물을 뿌리고, 선비와 군자들이 탄식하고 안타까워하였다.

계해(癸亥)년 인조반정(仁祖反正) 후에 경연(經筵)에서 신하가 임금에게 아뢰니 두 번, 세 번 아름다운 행실을 탄복하시고, 유사(有司)에게 명하시어 두 집에 정문(旌門)을 세워 표창토록 하였다.

군이 죽은 해의 나이는 44세로 이해에 양근(楊根) 연양리(延陽里)에 먼저 쓴 의정공(議政公)의 묏자리 아래 해좌(亥坐)의 언덕으로 반장(返葬)하였다.

군의 초취(初娶)는 판관(判官) 심제겸(沈悌謙)의 딸이니 이에 청송(靑松)의 대족(大族)이다. 침착하고 고요하며, 생각이 깊고 마음이 착하여 우아한 법도가 자연스럽게 이루어졌다. 부귀한 집에서 생장하여 예절을 지키고, 몸을 단속하므로 또한 지극한 행실이 있었는데 불행하게도 자식이 없이 일찍 죽었으니 묘가 고령산(高嶺

山) 아래에 있다.

　재취(再娶)는 북도절도사(北道節度使) 김우서(金禹瑞)의 딸로 역시 부덕(婦德)이 있었으며, 화재의 변고를 당한 뒤에 놀라고 근심하다가 병을 앓게 되었는데 군보다 16년 뒤에 졸(卒)하였는바 합장하였다.

　1남 1녀를 낳았으니 아들은 창수(昌壽)로 지금 문경현감(聞慶縣監)이요, 딸은 장령(掌令) 정복길(鄭復吉)에게 시집갔다.

　창수(昌壽)가 참찬(叅贊) 이준(李準)의 딸에게 장가들어 1남 3녀를 낳으니 아들은 취징(就徵)이고, 큰딸은 사인(士人) 심정석(沈廷碩), 다음은 무인(武人) 정두제(鄭斗齊), 다음은 사인(士人) 박분(朴蕡)에게 각각 시집갔으며, 서출(庶出)로 1녀가 있으니 송여길(宋餘吉)에게 시집가서 1녀를 낳았다.

　정복길(鄭復吉)은 1남 1녀를 낳았으니 아들은 세보(世輔)인데 문과(文科)로 지평(持平)이요, 딸은 진사(進士) 최주(崔宙)에게 시집갔다.

　군은 재상(宰相)의 가문에서 태어나 몸을 단속하여 스스로를 지키고, 당시의 동년배에게 존중을 받았으며, 부모에게는 효도하고, 형제에게는 우애(友愛)하였으니 태어날 때에 천부적인 본성에서 얻은 것으로 부지런히 힘써서 하는 바가 아니었다.

　영민하지 못한 나는 일찍 의정공(議政公)의 집에 데릴사위가 되었는데 집이 가난하므로 처갓집에 15년을 살면서 군과 더불어 공부하였으니 형제와 같았다.

　안으로 성정(性情)에서 나오는 것과 밖으로 말과 행동으로 나타난 것을 마음에 깨닫고, 눈에 보지 않은 것이 없나니 군이 날마다 의정공(議政公)을 곁에서 모심에 변소에 다녀오는 이외에 일찍이 잠시도 떠나지 아니하여 부자 사이가 자연히 지기(知己)가 되었다. 꼭두새벽에 침실에 가서 문안을 드리고, 한밤중이 되어야 방에서 물러갔으니 질병이 있지 아니하면 날마다의 일상생활이 되었다.

나의 아내가 묵은 질병이 있어서 거의 죽을 뻔한 것이 여러 번이었거늘 군이 스스로 간호하며, 손수 직접 약을 달임에 옷을 벗지 않고, 눈을 감지 않으며 3개월을 하루같이 하였으며, 수염을 태우면서 고통을 나누었으니 옛사람도 어려운 일이라고 할 것이다.

그러나 이것은 특별히 한때의 일일 따름이다. 만약 군의 정성을 다하고, 노력을 다하며 오래도록 풀지 아니함은 지극한 사랑과 지극한 정성이 아니라면 어찌 능히 여기에 미치리오?

군이 의정공(議政公)의 상(喪)을 당했을 때에는 한 방울의 물도 입안에 들이지 않고, 5일이 되니 기운이 쇠약하여 죽은 사람의 몰골과 같았다. 대부인(大夫人)이 놀라고 당황하여 눈물을 흘리면서 돈독하게 권유하자, 비로소 미음을 마셨으며, 이미 장사 지내고도 초상 때처럼 거친 밥만 먹고, 채소와 과일은 물리쳤다.

안채에 들어가서 대부인(大夫人)을 살핌에는 반드시 처자를 물러나게 하였으며, 물러나와 움막에 거처함에는 상복(喪服)을 몸에서 벗지 아니하였고, 몸을 기울게 않고, 의지하지도 아니하였다. 사람을 대함에는 말만 하고, 대화는 하지 않았다. 밤이 되면 거적 자리에 누워 흙벽돌을 베고 눈물을 줄줄 흘려서 눈물자국이 베개와 자리에 있었다.

영민하지 못한 나는 이미 군의 효성을 알고 있거니와 금세에 효자(孝子)라고 일컫는 사람이 미칠 바가 아니었다.

끝내 7척(尺)의 몸으로 어머니를 불길 속에서 구하려고 집에 돌아가듯이 뛰어들어 죽었으니 나는 여기에서 더욱 착하면 복을 받는 천리(天理)에 대하여 유감이 있도다.

그러나 추후에 나라의 은전(恩典)을 받아 정문(旌門)을 새로 세워서 한 시대로 하여금 아버지와 아들이 된 사람에게 효도를 권장케 하고, 또 자기의 공덕을 먹지 않고, 자손에게 물려주었으니 하늘이 베풀어 보답함이 그 여기에 있는진저!

군의 장자 창수(昌壽)가 장차 묘도(墓道)에 비석을 세우려고 하면서 내가 군을 깊이 안다고 하여 와서 한마디 말을 요청하므로 감히 문장을 잘 쓰지 못한다고 사양할 수 없어 삼가 이상과 같이 쓰노라.

서윤공묘갈음기(庶尹公墓碣陰記)
외재(畏齋) 이단하(李端夏) 엮음

공의 휘(諱)는 신(珣)이요, 자(字)는 희옥(希玉)이며, 세계(世系)는 선산부(善山府) 해평현(海平縣)에서 나왔다. 원조(遠祖)로 휘(諱) 군정(君正)은 고려(高麗)시대에 고종(高宗)과 원종(元宗)을 차례로 섬겨서 벼슬이 높아 금자광록대부(金紫光祿大夫) 수사공상서(守司空尙書) 좌복야(左僕射) 판공부사(判工部事)이었으며, 휘(諱) 만비(萬庇)는 기사1등공신(己巳一等功臣)으로 봉익대부(奉翊大夫) 부밀직사사(副密直司事) 상호군(上護軍)이요, 휘(諱) 석(碩)은 충근절의동덕찬화보정공신(忠勤節義同德贊化保定功臣) 벽상3한3중대광(壁上三韓三重大匡)으로 도첨의(道僉義) 우정승(右政丞) 판전리사사(判典理司事) 해평부원군(海平府院君)이니 시(諡)는 영의공(英毅公)인데 원(元)나라에서 진국상장군(鎭國上將軍) 고려도원수(高麗都元帥)를 제수(除授)받았다.

휘(諱) 지현(之賢)은 정당문학(政堂文學)이 되었고, 휘(諱) 방안(邦晏)이 역시 정당문학(政堂文學)이 되었으며, 휘(諱) 사수(思修)가 비로소 조선왕조(朝鮮王朝)에 벼슬하여 가선대부(嘉善大夫) 참지의정부사(叅知議政府事), 보문각제학(寶文閣提學)에 이르렀다.

휘(諱) 처성(處誠)은 통정대부(通政大夫) 수원도호부사(水原都護府使)로 증병조판서(贈兵曹判書)요, 휘(諱) 면(沔)은 통훈대부(通訓大夫) 사헌부장령(司憲府掌令)으로 증의정부좌찬성(贈議政府左贊成)이며, 휘(諱) 훤(萱)은 통훈대부(通訓大夫) 군기시첨정(軍器寺僉

正)으로 증의정부영의정(贈議政府領議政)이니 이분이 공의 고왕고
(高王考)이다.

증왕고(曾王考)는 휘(諱)가 은필(殷弼)이니 가선대부(嘉善大夫)
이조참판(吏曹叅判)으로 증의정부좌찬성(贈議政府左贊成)이요, 왕
고(王考)는 휘(諱)가 홍언(弘彦)이니 통훈대부(通訓大夫) 사헌부감
찰(司憲府監察)로 증의정부영의정(贈議政府領議政)이며, 고(考)는
휘(諱)가 승길(承吉)이니 자헌대부(資憲大夫) 의정부좌참찬(議政府
左叅贊)으로 지춘추관(知春秋館), 의금부사(義禁府事), 5위도총부
도총관(五衛都摠府都摠管)을 겸하였는데 증의정부영의정(贈議政府
領議政)이며, 호(號)가 남악(南嶽)이다.

비(妣)는 증정경부인(贈貞敬夫人) 나주박씨(羅州朴氏)로 인종조
(仁宗朝)에 국구(國舅: 임금의 장인) 금성부원군(錦城府院君) 용
(墉)의 손자인 광주목사(廣州牧使) 간(諫)의 따님이다.

융경(隆慶) 무진(戊辰: 서기 1568)년 10월 초 1일 한양(漢陽) 동
촌(東村)에서 공을 낳았는데 어린 아기 때로부터 우뚝하게 영특하
고, 수려하므로 일찍 가정교육을 받들어 한 모서리를 거들어 주면
세 모서리를 깨달아 알았다.

갑신(甲申)년 공의 나이 17세에 참찬공(叅贊公)이 내간(內艱)을
당하니 다른 형제는 아직 어린 까닭에 공이 홀로 초상(初喪), 빈소
(殯所), 염습(殮襲), 장사(葬事), 제전(祭奠)의 의식에 보호하면서
예절을 어기지 아니하므로 참찬공(叅贊公)이 큰 그릇으로 여겼다.

나이 23세에 성균관(成均館)의 상상(上庠)에 입학한 뒤로는 더욱
힘써서 문장을 공부하였으며, 여러 번 벼슬에 추천을 받았지만 나
아가지 아니하였다.

기해(己亥)년에 음관(蔭官)으로 의금부도사(義禁府都事)를 제수

(除授)받았는데 이 부(府)의 낭직(郞職)은 오로지 재판사건을 담당하거늘 공이 매양 형사사건을 판결함에 임해서는 죄수를 마주 대하여 자백한 내용의 뜻을 살펴서 조금도 불리거나 빠짐이 없게 하니 당상관(堂上官)이 자백한 내용만을 인정하지 않는다고 칭찬하였다.

임기가 만료되니 관례에 따라 종묘서직장(宗廟署直長)으로 옮겼는데 얼마 되지 않아 교체되었다가 경자(庚子)년에 다시 금오랑(金吾郞)을 배수(拜受)하였으나 마침 참찬공(叅贊公)이 그 당상(堂上)에서 대동하고 있다는 혐의 때문에 귀후서별좌(歸厚署別坐)로 바꾸어 제수(除授)하였다.

훈련도감랑청(訓練都監郞廳)에 뽑히어 참여해서 공로상을 받아 6품의 품계(品階)에 오르고, 내섬시주부(內贍寺主簿)를 배수(拜受)하였는데 아무런 할 일도 없는 자리였기에 통진현감(通津縣監)을 제수(除授)받았다. 3년에 방백(方伯: 監司)이 업적을 상신하여 능성현령(綾城縣令)으로 승진하였으나 마침 본도(本道)를 겸하여 다스리는 관찰사(觀察使) 권회(權恢)와 인척(姻戚)이 된다는 혐의가 있어 부임하지 못하고, 함종현령(咸從縣令)으로 옮겨 배수(拜受)하였다.

이미 부임하여 아랫사람을 간단하고, 쉽게 어거하며, 잘못을 지적하여 굴복시킴이 귀신과 같으니 도필리(刀筆吏: 장부를 기록하는 행정관료)들이 감히 그 지혜를 부리지 못하였다. 행정에 임한지 4년에 전야(田野)를 개간하여 관청의 창고가 충실하여 노적(露積)하는 데 이르니 사실이 임금에게 보고되어서 특별히 옷의 겉감과 안감을 하사하여 치하하셨다.

기유(己酉)년에 참찬공(叅贊公)의 나이가 70에 이르므로 공이 간절하게 사모하여 날을 아껴서 효도를 하려면 감히 멀리 떨어져 있을 수 없다고 관례에 따라 보고서를 올리니 김포현감(金浦縣監)으로 옮겨 주자, 함종(咸從)의 민중들이 수레를 붙잡고 길을 막으면서 외치고, 흐느꼈기 때문에 차마 헤어지지 못하였다.

이해의 9월에 교체하여 파직(罷職)하고, 경술(庚戌)년 3월에 공조좌랑(工曹佐郎)을 제수(除授)받았으며, 4월에 나아가 황주통판(黃州通判)으로 보임했으나 어버이의 나이가 높았기에 관직에 부임하지 않았는데 조금 있다가 형조좌랑(刑曹佐郎)을 배수(拜受)하였다.

이때에 명(明)나라 사신(使臣)이 국경에 도착하였으므로 국가에서는 실타래처럼 얽힌 일을 조절하여 헤아릴 만한 마땅한 인물이 진실로 없었기 때문에 유사(有司)가 으뜸으로 추천하여 공이 연접도감랑(延接都監郎)이 되었으니 관청에서 음관(蔭官)으로 이 자리에 오른 사람은 공이 처음이라 사람들이 영광으로 생각하였다.

7월에 호조정랑(戶曹正郎)에 올랐는데 출근하여 업무를 처리한 지 며칠 만에 동료들로부터 명성이 자자하니 판서(判書) 황신(黃愼)이 그 명석하고 민첩함에 탄복하여 한 부서의 일을 모두 맡기거늘 공이 종합적으로 사무를 처리하여 끝내므로 일에 막힘이 없었다.

재물을 생산하는 방법을 넓히고, 국고를 좀먹는 폐단을 막으면서 무릇 1백 가지 수요와 공급을 알맞게 하지 않은 것이 없으니 본조(本曹)의 장관(長官)이 매양 새로운 일을 계획함에는 반드시 공에게 자문하고 헤아려서 처리하였다.

이리하여 정조(政曹)에서 전보하여 옮기면 본조(本曹)에서 문득 임금에게 품계(稟啓)를 올려서 유임을 시켰기에 이 직책에 머물러 옮기지 못한 지가 4년의 긴 세월에 이르렀다.

계축(癸丑)년에 비로소 양근군수(楊根郡守)를 제수(除授)받아 왕래하면서 늙은 어버이를 봉양하였다.

병진(丙辰)년 겨울 11월에 참찬공(參贊公)이 하세(下世)하시고 정사(丁巳)년 정월에 모부인(母夫人)이 이어서 돌아가시니 공이 늙어 가는 나이에 거듭 부모의 초상을 당하여 예절을 갖춤을 더욱 부지런해서 거의 생명이 위태로웠는데 다행히 몸을 보전하였다.

그러나 이해에 유(劉), 양(楊) 두 천사(天使)가 미리 알려져 있는 명성으로 또한 이르거늘 호조(戶曹)는 경비가 부족하여 응급조치할 방법이 없으므로 공의 계책을 생각하고 왕에게 아뢰어 청해서 공이 호조정랑(戶曹正郎)을 제수(除授)받아 접대하는 일까지 아울러 살피게 하였다.

이때에 기성(箕城)의 소윤(少尹)이 연속적으로 교체되었기에 가는 사람을 환송하고, 오늘 이를 환영하느라고 인민의 원성이 많았으며 행정을 대부분 폐기하였기 때문에 공을 발탁하여 평양소윤(平壤少尹)을 제배(除拜)하니 호조(戶曹)에서는 그를 대신할 인물을 찾기가 어렵다고 또 왕에게 품계(稟啓)를 올렸는데도 이어 기성(箕城)에 머물도록 하였으니 또한 화사(華使)가 머무르는 바의 땅이요, 명(明)나라에 조빙(朝聘) 사절이 가는 중요한 길목으로 고급 관료들의 수레가 폭주(輻輳)하며, 지경이 요동(遼東)의 넓은 땅과 접경하여 호구(戶口)가 많아 세금과 양곡과 건의안과 송사가 다른 곳에 비교하여 아주 많은 지방이라고 하여 마침내 왕의 윤허(允許)를 받지 못하였다.

공이 부임하여 수레에서 내리자 관청일의 무너지고 폐지된 것을 원리·원칙대로 생각하여 처리하고, 장부와 문서가 책상에 쌓여 있는 것을 원리·원칙에 따라 판결하니 얼마 되지 아니하여 정책

사업이 성공하므로 서리(胥吏)들과 인민들이 귀신처럼 밝다고 칭찬하였다.

당시에 관찰사(觀察使) 박엽(朴燁)은 혼조(昏朝: 光海朝)의 적신(賊臣)이었는데 관권(官權)을 쥐고, 인민을 학대하여 살을 벗기고, 뼈를 때리며, 목을 베어 죽이거늘 사람의 목숨을 마치 지푸라기같이 보았다.

하루는 아무런 잘못도 없는 일로 7세의 어린이를 죄를 주고, 장차 사형(死刑)의 법률로 처리하려 하였다. 공이 그것을 듣고 차마 볼 수 없어서 그 아이의 생명을 구해 주었으며, 그 다른 죄수들도 너그럽게 용서할 만한 사람은 곧 혹시 무고(誣告)에 깊이 얽힐지라도 공이 반드시 변론한 바 있어 석방하였다.

이래서 형벌에 해당한 사람도 공이 힘써 말하여 신원(伸冤)함에 힘입어 그릇되게 죄망(罪網)에서 벗어나는 것이 있었으며, 저들이 두려워서 피할 일을 저지름에 이르러서는 곧 생각할 틈도 없이 그 원망하고 혐오하는 바를 그치지 않으므로 같은 건물의 동료들이 공을 위하여 위태롭다고 하였는데 과연 오래지 않아 마침내 얽히는 바 되어 이에 임술(壬戌)년 8월에 파직되어 돌아왔다.

계해(癸亥)년 봄에 인조반정(仁祖反正)으로 개옥개정(改玉改正)하여 나라의 일이 유신(維新)하니 조정(朝廷)에서 바야흐로 재정(財政)을 넉넉하게 비축하는 대책을 강구하여 특별히 호조(戶曹)에 나누어 설치하려고 하였으나 그 랑(郎)과 좌(佐)에 적임자를 찾기가 어려웠다.

영상(領相) 이원익(李元翼)이 임금에게 아뢰어 말하기를 "전 서윤(前庶尹) 아무개가 모든 사항을 기억하고 숙련 통달하므로 재능이 두루 막히지 않으니 이르는 곳마다 명성과 업적이 있었음에도 직책이 낮은 반열에 있으므로 이름을 왕께서 듣지 못하셨사오니 오직 이 사람만이 능히 담당할 것입니다" 하였다. 낭묘(廊廟)의 여러 논의가 화합하여 하나의 이야기로 귀결하니 곧 호조정랑(戶曹正郎)을 배수(拜受)하였다.

공은 스스로 전에 평양소윤(平壤少尹)의 자리에서 해임된 사유가 아직 석연하게 밝혀지지 못한 것으로 법에 따라 사양하였는데도 8월에 다시 기용하였으니 공이 본조(本曹)의 정랑(正郎)이 된 것은 또한 판상(判相) 김신국(金藎國)의 천거에 의한 것이다.

공이 이 호조(戶曹)에 출입한 것이 무릇 세 번이었다. 겨울 10월에 질병으로 교체를 요청하였지만 당상관(堂上官)이 아쉬워하며 1개월이 지난 뒤에도 오히려 허락하지 않고, 잘 조리하라고 권하여 타이르며 혹 산원(算員)을 파견하여 공적인 사무를 가지고 공의 집에 가서 묻게 하였으니 그 중요하게 여기는 것이 또한 다른 사람보다 뛰어났다. 질병으로 인하여 직무를 보지 못한 날이 오래되므로 부득이 이에 면직하였다.

갑자(甲子)년 봄에 조섭(調攝)하여 안정하려고 여주(驪州) 모래실의 별장으로 물러와서 쉬었는데 불행하게도 이에 질병이 점점 심해서 의원이 치료하여도 효험이 없었다.

장차 임종(臨終)할새 정신은 보통 때와 같아서 환자복을 관복으로 갈아입히고, 자리를 새로 펴라고 명령한 다음 바른 자리에 단정하게 누워서 서거하시니 이해 8월 초 4일로 향년 57이었다.

그해 11월 28일 무신(戊申)에 지평현(砥平縣) 서쪽 10리에 있는 용문산(龍門山) 아래 참찬공묘(叅贊公墓)의 곁에 좌계향정(坐癸向丁)의 언덕에 길이 장사 지냈다.

오호통재(嗚呼痛哉)라, 공은 자성(姿性)이 명달(明達)하고, 의용

(儀容)이 단아(端雅)하여 재주가 민첩하고, 도량이 너그러워서 망령되게 말하거나 웃지 않았으니 위급한 일에 임하여도 당황하지 아니하며, 일을 처리함에 밝고, 과감하여 시비에 흔들리지 않고, 조그만 혐의를 피하지 아니하였다.

참찬공(叅贊公)이 일찍이 여러 아들에게 이야기하며 말하기를 "나는 모든 일을 반드시 너희 형에게 물었나니 너희들도 벼슬자리를 맡아 임무를 처리함에 너희 형이 아니면 누구와 더불어 의논하리오?" 하였다.

어버이를 섬김에는 정성과 효도를 다하며 오로지 위로하여 기쁘게 함에 힘쓰고, 만약 어버이의 얼굴빛에 근심이 있거든 옷에 허리띠를 풀지 않고, 의원을 맞이하며 약을 맛보아 올렸는데 아무리 오래되어도 게을리하지 않았다.

을미(乙未)년에 참찬공(叅贊公)이 관서(關西)를 안찰(按察)할 때에 피로해서 질병이 되어 하루아침에 기절을 하였는데 공이 손가락을 깨물어 피를 올렸더니 소생하므로 들은 사람이 모두 그 효성을 칭찬하였다.

공이 일찍이 말하기를 사람의 아들은 어버이가 돌아가심에 송종(送終)의 예절에 마음을 마땅히 다하되 수기(壽器: 棺)가 더욱 중대하다고 하였다.

그 어버이의 나이에 한편으로 기뻐하고, 한편으로 두려워함에 미치자 재산을 기울여 경영하고 찾아서 미리 아름다운 관목(棺木)을 얻었으니 참찬공(叅贊公)의 초상에 무릇 1백 가지 상구(喪具)를 정밀하게 다스리지 않음이 없었다. 선부인(先夫人)이 곡(哭)하며 좌우에 일러 말하기를 "우리 두 사람의 복록(福祿)은 이미 지극하거늘 죽은 다음에도 아들이 장례를 이와 같이 아름답게 거행하니 죽어도 여한이 없다"고 하였다.

내간상(內艱喪)을 당함에 미쳐 초상 치고, 제사 지내는 여러 가지 물건을 한결같이 전상(前喪)과 똑같이 하였으니 모두 공이 평소에 마련하여 둔 것이었다.

선산(先山)의 묘지가 이미 다했기에 공이 새로 산소의 자리를 점쳐서 고르려고 산과 언덕을 오르내리며 이슬을 맞으면서 밤을 보내는 것이 3일이었다.

때가 바야흐로 겨울철이라 양쪽 발이 터지고 갈라졌음에도 오히려 스스로 고생으로 여기지 아니하였다.

재실(齋室)에서 제사 지냄에는 더욱 삼갔으니 매양 먼 조상의 제삿날에도 7일 전에 소사(疏食)로 목욕재계하고, 정성과 공경을 극진히 하여 정의(情誼)와 예절을 갖추었는데 곡(哭)하고 흐느끼면서 슬픔을 다함에 이르렀으니 늙을수록 더욱 돈독하였다.

비록 삭망(朔望)에 참알(叅謁)하는 의례(儀禮)라도 힘써 빨리빨리 몸소 거행하였으며, 또한 묘소의 아래에 창고와 집을 얽어 지어서 모든 그릇과 쓸 것을 구비하고, 제물(祭物)을 공급해서 갖추도록 조처하지 않음이 없었다.

4시(四時)에 철따라 필요한 것을 모두 일정한 제도가 있게 하였고, 집에 거처함에는 반드시 1년의 제수비용(祭需費用)을 미리 준비하여 보배롭게 저장하여 하여금 군색하거나 모자람이 없게 하였다.

매양 말하기를 "선조를 받드는 도리는 공경을 주장할 뿐이거늘 만약 여러 가지 필요한 것을 미리 비축하지 않으면 어떻게 그 정성을 다하며 마음에 유쾌하겠는가?"라고 하였다.

그 기성부(箕城府)에 있을 때에 사람이 감탄하여 말하기를 이러한 벼슬자리에 있으면서 누군들 선조의 제사에 정성을 드리지 않으리오만 몸소 직접 제물을 반드시 풍성하고, 정결하게 바치는 것은 공에게서 처음 보았다고 하였다.

공의 장인 김(金) 부군(府君)이 일찍 세상을 떠나고, 장모 연안이씨(延安李氏)가 홀로 되어 다른 자녀가 없으므로 공에게 의탁하니 공이 늙은이를 늙은이로 대접하는 의리로 극진히 받들어 공양(供養)하여 받드는 방법을 잃지 아니하였다. 그리하여 이씨(李氏)가 항상 감격해서 매양 친척을 만나면 칭찬하고, 편안하게 지낸다고 말하였다.

집에 거처함에는 규율이 있으니 그 화락(和樂)함을 지극히 하였고, 여러 자녀를 가르침에는 엄격하여 두려움이 있게 하였으며, 형제간에는 우애(友愛)하였다.

남보다 특히 뛰어난 점은 사람을 신의(信義)로 대접하여 차별을 두지 아니하며, 가난한 사람을 어루만지고, 고아(孤兒)를 불쌍히 여겨서 각각 그 사랑을 다한 것이다.

벼슬자리를 감당함에는 자상하게 업무를 파악해서 일에 임하여 게을리하지 않았는데 3조(三曹)를 차례로 돌며 반드시 뚜렷한 업적을 남겼고, 다섯 지방에 벼슬하여 부임해서도 또한 뒤에 사모함이 있게 하였다.

참찬공(叅贊公)의 상여(喪輿)가 양근(楊根)을 지나갈 때에는 고을사람들이 합심하여 부의(賻儀)를 넉넉히 하고, 또한 장정(壯丁)이 많이 나와서 상여를 호송(護送)하였는데 공의 상(喪)에 미쳐서도 역시 그와 같이 하였으니 대개 공이 일찍이 이 읍에 벼슬하면서 은혜와 신의를 사람들에게 흡족하게 베풀었기에 하여금 민속(民俗)이 이루어져서 죽어도 잊지 못하여 이와 같은 것이 있는 것이었다.

장남(長男)이 소무원종(昭武原從)의 공신록(功臣錄)에 올랐기에

승정원좌승지(承政院左承旨)를 추증(追贈)하였다.

　배위(配位)는 숙부인(淑夫人) 경주김씨(慶州金氏)로 충의위(忠義衛) 각(慤)의 따님이요, 이조참의(吏曹參議) 이언경(李彦憬)의 외손(外孫)이다. 성품과 도량이 정숙하고, 신중하여 규문(閨門)의 법도가 부드럽고 아리따웠다.

　나이 19세에 공에게 시집가서 그 가정을 의좋게 하고, 시부모를 섬김에 효도와 봉양의 도리를 다하였으며, 자제를 가르침에 인도하여 말미암는 절도가 있게 하였다.

　선조를 받듦에는 정성과 공경으로 집안사람이 감화해서 따라 행하도록 했고, 일을 처리함에는 정밀하고, 자상하여 부도(婦道)가 지극히 반듯하였다.

　공의 벼슬로 증직(贈職)하였으니 옛날의 관례에 따라 숙부인(淑夫人)을 봉(封)하였으며, 공보다 14년 뒤에 졸(卒)하여 공의 묘소 왼쪽에 부장(祔葬)하였다.

　1녀 3남을 두었으니 딸은 호조좌랑(戶曹佐郎) 권심중(權審中)에게 시집갔는데 뒤가 없다. 아들은 장남이 창원(昌遠)이니 의금부도사(義禁府都事)로 경주부윤(慶州府尹) 민기(閔機)의 딸에게 장가들어 뒤가 없는데 공의 유명(遺命)으로 창운(昌運)의 아들 상민(尚閔)을 양자로 삼으니 전 용인현령(前龍仁縣令)이다.

　가운데는 창립(昌立)이니 성균관전적(成均館典籍)으로 홍문관교리(弘文館校理) 박증현(朴曾賢)의 딸에게 장가들어 뒤가 없으며, 막내는 창운(昌運)이니 초취(初娶)는 진주목사(晋州牧使) 이영식(李永式)의 딸로 1남을 낳았으니 상민(尚閔)이요, 재취(再娶)는 사인(士人) 조경(趙曔)의 딸로 2녀를 낳으니 장녀는 무신(武臣) 겸선전관(兼宣傳官) 이상헌(李相軒)에게 시집갔고, 다음은 전라병사(全羅

兵使) 권도경(權道經)에게 시집갔다. 서남(庶男)은 창시(昌時)이다.

상민(尙閔)의 초취(初娶)는 사인(士人) 한인협(韓仁浹)의 딸인데 1남을 낳으니 세주(世周)요, 재취(再娶)는 사인(士人) 이동진(李東鎭)의 딸인데 1녀를 낳으니 허조(許鋽)에게 시집갔다. 서남(庶男)은 한주(翰周)니 만호(萬戶)요, 다음은 학주(學周)이며, 딸은 김지원(金志遠)에게 시집갔고, 다음은 이렴(李簾)에게 시집갔으니 만호(萬戶)이며, 다음은 성희하(成熙夏)에게 시집갔다.

선전관(宣傳官) 이상헌(李相軒)은 1남 1녀를 낳으니 아들은 서주(叙疇)요, 딸은 윤영훈(尹永勳)에게 시집갔다.

병사(兵使) 권도경(權道經)은 2녀를 낳으니 장녀는 이의장(李宜璋)에게 시집갔는데 진사(進士)요, 다음은 이만령(李萬齡)에게 시집갔는데 승문원정자(承文院正字)이다.

세주(世周)가 부사(府使) 이덕하(李德夏)의 딸을 아내로 맞이하여 2남 1녀를 낳으니 아들 장남은 함(鋿)이고 나머지는 어리다.

十四世傍祖昌遠

도사공묘갈음기(都事公墓碣陰記)
수촌(睡村) 이여(李畲) 엮음

공의 휘(諱)는 창원(昌遠)이요, 자(字)는 덕보(德甫)이니 세계(世系)는 선산부(善山府) 해평현(海平縣)에서 나왔다.

고려조(高麗朝)에 휘(諱) 군정(君正)이 있어 고종(高宗)과 원종(元宗)을 섬겨 벼슬이 높아 광록대부(光祿大夫) 수사공상서(守司空尚書) 좌복야(左僕射) 판공부사(判工部事)요, 휘(諱) 만비(萬庇)는 기사1등공신(己巳一等功臣) 봉익대부(奉翊大夫) 부밀직사사(副密直司事) 상호군(上護軍)이다.

휘(諱) 석(碩)은 충근절의동덕찬화보정공신(忠勤節義同德贊化保定功臣) 벽상3한3중대광(壁上三韓三重大匡) 도첨의(都僉議) 우정승(右政丞) 판전리사사(判典理司事) 해평부원군(海平府院君) 시(諡) 영의공(英毅公)으로 원(元)나라로부터 상국상장군(上國上將軍) 고려도원수(高麗都元帥)를 받았다.

휘(諱) 지현(之賢)은 정당문학(政堂文學)이요, 휘(諱) 방안(邦晏)은 역시 정당문학(政堂文學)이며, 휘(諱) 사수(思修)가 비로소 조선왕조(朝鮮王朝)에 벼슬하여 관작이 가선대부(嘉善大夫) 참지의정부사(僉知議政府事) 보문각제학(寶文閣提學)에 이르렀다.

휘(諱) 처성(處誠)은 통정대부(通政大夫) 수원부사(水原府使)로 증병조판서(贈兵曹判事)요, 휘(諱) 면(沔)은 통훈대부(通訓大夫) 사헌부장령(司憲府掌令)으로 증의정부좌찬성(贈議府左贊成)이며, 휘(諱) 훤(萱)은 조봉대부(朝奉大夫) 군기시첨정(軍器寺僉正)으로 증의정부영의정(贈議政府領議政)이다.

휘(諱) 은필(殷弼)은 가선대부(嘉善大夫) 이조참판(吏曹叅判)으로 증의정부좌찬성(贈議政府左贊成)이니 바로 공의 고왕고(高王考)이다. 증왕고(曾王考)는 휘(諱)가 홍언(弘彦)이니 통훈대부(通訓大夫) 사헌부감찰(司憲府監察)로 증의정부영의정(贈議政府領議政)이요, 왕고(王考)는 휘(諱)가 승길(承吉)이니 자헌대부(資憲大夫) 의정부좌참찬(議政府左叅贊)으로 증의정부영의정(贈議政府領議政)이며 호(號)가 남악(南岳)이다.

고(考)는 휘(諱)가 신(瑃)이니 통훈대부(通訓大夫) 평양부서윤(平壤府庶尹)으로 증승정원좌승지(贈承政院左承旨)이고, 비(妣)는 숙부인(淑夫人) 경주김씨(慶州金氏)로 충의위(忠義衛) 각(慤)의 따님이니 이조참의(吏曹叅議) 이언경(李彦憬)의 외손(外孫)이다.

공은 만력(萬曆) 신묘(辛卯: 서기 1591)년 11월 15일에 태어났으니 자품(資禀)이 순수하고, 기량(器量)이 크며, 일찍 깨달아 학문에 뜻을 둔 행실이 이미 깨닫지도 못하는 사이에 그 행실이 이루어지고, 그 학업이 닦였다.

정미(丁未)년에 혼인하였고, 을묘(乙卯)년의 사마시(司馬試)에 성균관전적(成均館典籍)으로 증승지(贈承旨) 휘(諱) 창립(昌立)과 더불어 연달아 합격하니 아름다운 명성이 더욱 드날렸다.

천계(天啓) 임술(壬戌: 서기 1622)년에 의금부도사(義禁府都事)를 제수(除授)받았고, 계해(癸亥)년에 승진하여 한성부참군(漢城府叅軍)을 배수(拜受)하였다.

갑자(甲子)년 이괄(李适)의 난(亂)에 왕의 수레를 호종(扈從)하여 공주(公州)에 갔다가 돌아와서 오래지 아니하여 내우(內憂: 母喪)를 당했다.

병인(丙寅)년에 상복(喪服)을 마치고, 정묘(丁卯)년 노토(老土)의 변(變)에 이전의 직함으로 왕의 수레를 호종(扈從)하여 강도(江都: 江華島)로 갔다가 돌아와서 또 의금부도사(義禁府都事)를 배수(拜受)하였는데 아무런 상관도 없는 일로 체직(遞職)되었다.

숭정(崇禎) 무진(戊辰: 서기 1628)년에 이인거(李仁居)의 역옥(逆獄)을 국문(鞫問)하는 데 참여한 공로로 소무원종공신록(昭武原從功臣錄)에 들어갔고, 기사(己巳)년 이후에는 자당(慈堂)을 따라 여호(驪湖)의 모래실에 머물면서 색동옷을 입고, 양지(養志)의 효도를 하였다.

경오(庚午)년 겨울에 어머니의 병환이 거의 숨을 거두려고 함에 손가락의 피를 내어 먹여서 이에 소생하였는데 들은 사람이 기이하게 여겼다.

계유(癸酉)년에 다시 복직(復職)하여 내자시봉사(內資寺奉事)가 되었고, 갑술(甲戌)년에 사건으로 인하여 체직(遞職)하였다.

정축(丁丑)년에 외우(外憂: 父喪)를 당하여 기묘(己卯)년에 상복(喪服)을 벗었다. 이로부터는 벼슬살이에 뜻이 없어 오직 시냇물과 산을 함께하며 스스로 즐겁게 살았다.

경인(庚寅)년 2월에 질병을 앓다가 여름 4월 21일에 황려(黃驪) 사천(沙川)의 별장에서 고종(考終)하니 향년(享年)이 60이었다. 같은 해 12월 일에 지평(砥平) 선산 곁에 신좌을향(辛坐乙向)의 언덕에 장사 지냈다.

공은 온유(溫柔)한 성품으로 아결(雅潔)의 지조를 가졌으며, 기품과 성냄에 일찍이 급박하지 아니하였고, 언어(言語)에 일찍이 거칠거나 속이지 아니하였다.

어버이가 계심에는 반드시 정성과 효도의 도리를 다했으며, 형제간에 우애하여 항상 화순(和順)한 뜻이 있었고, 관직을 담당함에는 또한 그 직무를 완수하였으며, 사람을 대접함에는 모두 그 공손함을 칭찬하였다.

그 어버이가 모두 돌아가시고, 홀로 남음에 미쳐서는 궁벽한 향촌에 살면서 부귀(富貴)에 급급(汲汲)하지 아니하고, 빈천(貧賤)에 척척(戚戚)하지 아니하며, 분수에 편안하고 고요하게 머물러 이렇게 세월을 보내니 사람들이 비로소 공이 평소에 닦은 인품이 범상하지 않음을 알았다.

일찍이 원종공신(原從功臣)의 훈록(勳錄)에 참여하였기에 증승문원승지(贈承文院承旨)가 되었는데 추후에 품계를 올려 증가선대부(贈嘉善大夫)가 되었으니 윤자(胤子)가 보사원종공신(保社原從功臣)이 되어 은전(恩典)을 입은 것이다.

배위(配位)는 여흥민씨(驪興閔氏)로 경주부윤(慶州府尹) 증영의정(贈領議政) 휘(諱) 기(機)의 따님이다. 타고난 자질이 숙신(淑愼)하고, 성품과 도량이 부드럽고 아리따워서 나이 16세에 공에게 시집갔다.

가정을 의좋게 하면서 시부모를 섬김에 효도하고, 동서 간에 예절로 대우하면서 살림살이를 정밀하고, 자상하게 경영하여, 가난해도 부족하여 모자라는 물건이 없었다.

선조(先祖)를 정성과 공경으로 받들고, 제사에는 반드시 미리미리 준비하는 물건이 있었으며, 모든 경영하는 바가 알맞지 아니함이 없게 하였다. 한 번 병화(兵火)를 겪은 뒤에는 항아리에 모아둔 것까지 모두 기울였지만 공은 알지 못하였다.

공의 증직(贈職)으로 관례에 따라서 숙부인(淑夫人)을 봉(封)하였으며, 공보다 21년 뒤에 서거하시니 곧 경술(庚戌)년 7월 23일로 향년 79이었다.

윤자(胤子)의 원종공신(原從功臣)으로 은전(恩典)을 입어 증정부인(贈貞夫人)이 되었다.

오호(嗚呼)라, 공의 묘소가 수환(水患)이 있을까를 걱정하여 다시 점을 쳐서 양주(楊州)의 옛 고을 구랑동(九郎洞) 건좌손향(乾坐巽向)의 언덕을 선택하여 경술(庚戌)년 11월 초 6일에 먼저 가벼운 상(喪)을 장사 지내고, 뒤에 무거운 상(喪)을 장사 지내는 예절에 따라 같은 곽(槨)에 합폄(合窆)하였으니 곧 공의 6대조 장령공(掌令公)의 부인(夫人) 인천이씨(仁川李氏)의 묘소 곁인데 동남쪽으로 몇 리(里)쯤 떨어진 곳에는 또한 증조고 전중(殿中)의 묘소가 있다.

1남을 두었으니 상민(尙閔)으로 전 용인현령(前龍仁縣令)인데 본래는 공의 조카였으나 선공(先公)의 유명(遺命)으로 양자(養子)로 삼았다. 서출(庶出)에는 재민(再閔)이 있다.

용인현령(龍仁縣令)의 초취(初娶)는 사인(士人) 한인협(韓仁浹)의 딸인데 1남을 낳았으니 세주(世周)요, 재취(再娶)는 사인(士人) 이동진(李東鎭)의 딸인데 1녀를 낳았으니 허조(許鋼)에게 시집갔다. 서출(庶出)은 2남 3녀이니 아들로는 한주(翰周)가 만호(萬戶)이고, 다음은 학주(學周)이며, 딸로는 김지원(金知遠)에게 시집갔고, 다음은 이렴(李簾)에게 시집갔으니 만호(萬戶)이며, 다음은 성희하(成熙夏)에게 시집갔다.

세주(世周)가 부사(府使) 이덕하(李德夏)의 딸에게 장가들어 2남 1녀를 낳았으니 아들은 함(錻)과 현(鉉)이며 딸은 어리다.

한주(翰周)가 동지(同知) 권순창(權順昌)의 서녀(庶女)에게 장가들어 4남을 낳았으니 연(鋌)과 개(鐥)이고, 나머지는 어리다.

학주(學周)가 참봉(叅奉) 정육(鄭綪)의 딸에게 장가들어 1녀를
낳으니 어리다.

재민(再閔)이 부사(府使) 박서(朴遾)의 딸에게 장가들어 3남 1녀
를 낳으니 아들은 문주(文周)이고 나머지는 어리다.

통덕랑공묘갈음기(通德郎公墓碣陰記)

수촌(睡村) 이여(李畬) 엮음

공의 휘(諱)는 창운(昌運)이요, 자(字)는 숙형(叔亨)이니 선산부(善山府)에 속한 해평현(海平縣)의 사람이다.

고려조(高麗朝)에 있어서 휘(諱) 군정(君正)이 있으니 수사공상서(守司空尙書) 복야(僕射)로 윤(尹)씨의 명망 높은 겨레의 선조가 되었다.

여러 공(公)과 여러 경(卿)을 거쳐서 5세(世)에 휘(諱) 사수(思修)가 비로소 조선왕조(朝鮮王朝)에 벼슬하여 참지의정부사(叅知議政府事)요, 휘(諱) 처성(處誠)은 수원부사(水原府使)이며, 휘(諱) 면(沔)은 사헌부장령(司憲府掌令)이고, 휘(諱) 훤(萱)은 군기시첨정(軍器寺僉正)이며, 휘(諱) 은필(殷弼)은 이조참판(吏曹叅判) 증좌찬성(贈左贊成)이니 곧 공의 고왕고(高王考)이다.

증왕고(曾王考)는 휘(諱) 홍언(弘彦)이니 사헌부감찰(司憲府監察)로 증영의정(贈領議政)이요, 왕고(王考)는 휘(諱) 승길(承吉)이니 의정부좌참찬(議政府左叅贊)으로 증영의정(贈領議政)인데 호(號)가 남악(南岳)이다.

고(考)는 휘(諱)가 신(璑)이니 평양부서윤(平壤府庶尹)으로 증좌승지(贈左承旨)이고, 비(妣)는 숙부인(淑夫人) 경주김씨(慶州金氏)로 충의위(忠義衛) 각(慤)의 따님이다.

공은 만력(萬曆) 신축(辛丑: 서기 1601)년 4월 초 3일에 태어났으니 어려서부터 기량(器量)이 조숙하였고, 자람에 미쳐 문예(文藝)

가 아름다웠는데 점점 성취함에 사람마다 미칠 바가 아니므로 무
릇 공에게 기대하는 바가 어찌 그 적었겠는가? 선군자(先君子)가
매양 크게 진보하리라고 칭찬하였다.

갑자(甲子)년에 내간(內艱)을 당하니 공이 약관(弱冠)으로 상사
(喪事)를 감당하고, 백형(伯兄)과 중형(仲兄)에게 우애하는 도리를
다했으며, 편모(偏母)를 봉양함에 정성과 효도의 절도를 다했다.

상복(喪服)을 마치고는 더욱 학업에 힘써 천리마(千里馬)와 같이
빠르게 발전하고, 붕정만리(鵬程萬里)를 통달하여 앞날을 기약함이
있을 줄 알았더니 불행하게도 중간에 질병에 걸려서 여러 해 동안
의원의 치료를 받았다.

정축(丁丑)년에 외간(外艱)을 당하니 질병이 쾌차하지 않은 가운
데 지나치게 슬퍼하여 증상이 더하여 침술과 약도 효험이 없어 이
해의 겨울 11월 26일에 여호(驪湖)별장의 여차(廬次)에서 임종(臨
終)하게 되니 향년(享年)이 37이었다.

오호(嗚呼)라, 공은 순수한 자질로 단정하고, 깨끗한 지조를 간
직하였으니 선조를 받듦에는 효도를 생각하고, 몸을 움직임에는 공
경심을 간직하여 말을 하고, 일을 함에 반드시 그 도(道)를 말미암
았으며, 사람을 대접하고, 사물을 접함에 그 방법을 어그러뜨리지
아니하였다.

이리하여 사람들이 공의 평소에 기르는 것을 알아서 크게 되리
라고 하였는데 어찌하여 하루아침에 갑자기 여기에서 그치게 해서
재주는 크지만 이룸이 없고, 수명이 인색하여 겨를을 주지 아니했
는가? 오호통재(嗚呼痛哉)라 하였다.

초배(初配)는 전주이씨(全州李氏)로 진주목사(晋州牧使) 휘(諱)
영식(永式)의 따님인데 공보다 9년 먼저 죽었으니 곧 무진(戊辰)년

3월 25일이다. 이해 5월에 여주(驪州)의 남쪽 30리 점량면(占梁面) 사곡(沙谷) 간좌곤향(艮坐坤向)의 언덕에 장사 지냈는데 곧 공의 외가(外家)인 김씨(金氏) 선산의 지맥(支脈)인바 공의 죽음에 미쳐 같은 광(壙)에 합폄(合窆)하였다가 임자(壬子)년 봄에 본산(本山)의 도국(都局) 내에 남쪽으로 1리쯤 떨어진 중록(中麓) 술좌진향(戌坐辰向)의 언덕에다가 이씨(李氏)와 더불어 같은 곽(槨)에 합폄(合窆)하였으니 먼저 산소에는 물기가 습한 근심을 피하기 위함이었다.

1남을 낳았으니 상민(尙閔)으로 전 용인현령(前龍仁縣令)인데 선군자(先君子)가 백부(伯父)의 뒤를 이으라고 명령함으로써 종사(宗嗣)가 되었다.

재배(再配)는 배천조씨(白川趙氏)로 사인(士人) 휘(諱) 경(璟)의 따님인데 2녀를 낳았으니 장녀는 무신(武臣) 겸선전관(兼宣傳官) 이상헌(李相軒)에게 시집갔고, 다음은 전라병사(全羅兵使) 권도경(權道經)에게 시집갔다.

선전관(宣傳官)이 1남 1녀를 낳으니 아들은 서주(叙疇)요, 딸은 윤영훈(尹永勳)에게 시집갔다.

병사(兵使)가 2녀를 낳으니 장녀는 이의장(李宜璋)에게 시집갔으니 진사(進士)요, 다음은 이만령(李萬齡)에게 시집갔으니 사록(司錄)이다.

十五世尙閔

현령공행장(縣令公行狀)

경암(敬庵) 이행태(李行泰) 엮음

공의 성(姓)은 윤(尹)씨요, 휘(諱)는 상민(尙閔)이며, 자(字)는 효원(孝源)이니 세계(世系)는 선산부(善山府)의 해평현(海平縣)에서 나왔다.

고려조(高麗朝)에 있어서 휘(諱) 군정(君正)이 있으니 원종(元宗)을 보좌하여 벼슬이 사공상서(司空尙書) 좌복야(左僕射)이었다. 이로부터 큰 벼슬이 줄을 이어 빛났는데 휘(諱) 사수(思修)에 이르러 비로소 우리 조선왕조(朝鮮王朝)에 벼슬하여 참지의정부사(叅知議政府事)가 되었다.

4세(世) 뒤에 휘(諱) 은필(殷弼)이 있으니 이조참판(吏曹叅判)으로 중종(中宗) 때 북문지화(北門之禍: 己卯士禍)에 임금에게 차자(箚子)를 올려 부당함을 힘써 간쟁(諫諍)하였으니 사실이 당적(黨籍)에 있는바 이분이 공의 5대조이다.

고조(高祖)는 휘(諱)가 홍언(弘彦)이니 사헌부감찰(司憲府監察)로 증영의정(贈領議政)이며, 증조(曾祖)는 휘(諱) 승길(承吉)이니 좌참찬(左叅贊)으로 증영의정(贈領議政)이요, 시(諡)가 숙간(肅簡)이고, 호(號)는 남악(南岳)이다.

할아버님의 휘(諱)는 신(璶)이니 평양부서윤(平壤府庶尹)으로 증승정원좌승지(贈承政院左承旨)요, 아버님의 휘(諱)는 창원(昌遠)이니 의금부도사(義禁府都事)로 증호조참판(贈戶曹叅判)이다.

어머님은 증정부인(贈貞夫人) 여흥민씨(驪興閔氏)로 경주부윤(慶

州府尹) 증영의정(贈領議政) 휘(諱) 기(機)의 따님이다.

본생고(本生考)의 휘(諱)는 창운(昌運)이니 통덕랑(通德郎)이요, 본생비(本生妣)는 전주이씨(全州李氏)로 진주목사(晉州牧使) 휘(諱) 영식(永式)의 따님이며, 계비(繼妣)는 배천조씨(白川趙氏)니 학생(學生) 휘(諱) 경(璟)의 따님이다.

서윤공(庶尹公)이 종사(宗祀)가 의탁할 곳이 없으므로 공에게 백부(伯父)의 뒤를 이으라고 명령하였다.

공은 천계(天啓) 임술(壬戌: 서기 1622)년 12월 3일에 태어났다. 무진(戊辰)년에 본생내간(本生內艱)을 당했고, 병자(丙子)년 겨울에 호란(胡亂)으로 남한산성(南漢山城)에서 내려와 항복하는 때를 당하니 청(淸)나라에 종속하는 것을 부끄럽게 생각하여 탁이산(卓異山)으로 피지(避地)하였는데 그곳에서 천연두를 앓아 여러 번 위험한 고비를 겪었지만 또한 약을 먹지 않고도 다행히 회생하니 사람들이 모두 하늘이 살렸다고 말하였다.

정축(丁丑)년에 본생외간(本生外艱)을 당하니 어린데도 양쪽 집안의 일을 뛰어나게 잘했으며, 자라면서 더욱 숙성하여 나이 겨우 약관(弱冠)에 아버지의 사업을 이어받아 가정을 잘 다스린다는 칭찬이 있었다.

경인(庚寅)년에 외간(外艱)을 당하니 두 분 자당(慈堂)을 받듦에 효도를 다하였으며, 여러 10년을 하루처럼 하였다.

경술(庚戌)년 내간(內艱)을 당하니 전후(前後)의 상제(喪制)가 한결같이 정성에서 나왔기 때문에 외숙(外叔) 민광훈(閔光勳) 공 및 외종제(外從弟) 민정중(閔鼎重) 공과 민유중(閔維重) 공이 그 행실과 의리에 감격하여 평생 동안 공경하며 탄복하였다.

갑인(甲寅)년 가을에 점을 쳐서 벼슬하여 4산감역(四山監役)의 직책을 관장하였는데 남도(忠淸, 全羅, 慶尙) 안에는 인척의 밭이 많은 이외에 모두 이름난 정자(亭子)였기 때문에 분할을 금지하는 법령이 폐지되어 시행하지 못하므로 이에 분연히 법규를 바로잡아 시행해서 혹시라도 임대하지 못하게 하니 마침내 공이 재임 중에는 사람이 감히 법을 어기지 못했다.

정사(丁巳)년에 임기가 만료하니 마땅히 옮겨야 됨에도 예로부터 경조윤(京兆尹)이 소속 관리들의 치적을 평가하는 자리에서 감역(監役)이 낭관(郎官)에게 나아가 읍(揖)만 하였을 뿐이거늘 뒤에 절하고, 무릎을 꿇은 예절이 있으니 오래도록 그릇된 관례가 되었던 것이다.

공이 주창하여 먼저 읍(揖)만 하고, 절[拜]을 하지 않았더니 동료들이 따랐는데 판윤(判尹) 이정영(李正英)이 공을 최하급으로 평가하였다. 공이 사직하려고 했지만 공적으로 논의하여 말린 바 되었기에 힘써 함께 벼슬하였다.

처음으로 무오(戊午)년 정월에 사축별제(司畜別提)로 옮겼는데 민희(閔熙) 상국(相國)이 정부의 인사목록을 보고, 그 대가(大家)의 주손(胄孫)으로 고과표가 합당성을 잃은 것을 아쉬워하였다. 6월에 상관의 집무에 거슬리어 파직을 당했다.

경신(庚申)년 봄에 남부주부(南部主簿)로 복직하였으며, 8월에는 비안현감(比安縣監)을 배수(拜受)하였는데 남중(南中: 忠淸, 全羅, 慶尙)에서는 평소부터 공의 기풍(氣風)을 많이 들었기에 모두 비안(比安)의 인민들은 복(福)이 있다고 말하였다.

공이 관직에 임함에 두 아버님의 행적을 살펴, 서리(胥吏)를 모으고, 인민을 편안케 하니 칭송하는 소리가 경계 밖에까지 넘쳤으니 방백(方伯)이 성 내(省內)의 의송(疑訟)을 모두 공에게 회부하는

데 이르렀는데 공이 분별하면 문득 합당성을 얻어서 그 공평하고 아름다움을 탄복하지 않음이 없었다.

뒤에 온 방백(方伯) 이수언(李秀彦)은 주색(酒色)에 빠져서 아무런 까닭도 없이 최하급으로 평가하여 파직시켰는데 나중에 들은 남민(南民)들이 떠나간 공을 사모하니 감사(監司)가 사람을 통하여 굴복하여 사죄하였다는 것이다.

임술(壬戌)년 가을에 군자주부(軍資主簿)로 복직되었는데 월급을 받지 못한 지가 8개월이 지났다. 본 감영(監營)에 들어온 당직관(當直官)은 관례에 따라서 남은 쌀을 이용하여 자기의 식사를 해결하였거늘 공은 홀로 하여금 개인의 사비(私費)로 먹으면서 말하기를 "이미 집에서 봉급을 받았으므로 의리에 다시 관청의 부엌에서 지급하는 것은 옳지 못하다"고 하니 정지화(鄭知和) 재상(宰相)이 듣고 칭찬하여 감탄하고, 각 관청에서 섣달그믐께 사무를 그치고 창고를 봉해 두기 위하여 사헌부(司憲府) 감찰(監察)을 청하던 청대(請臺)의 날에 대궐 안에서 또한 공의 법 집행에 흔들리지 아니함을 칭찬하였다.

계해(癸亥) 4월에 외직(外職)으로 용인현령(龍仁縣令)을 제수(除授)받았는데 조지겸(趙持謙) 대사성(大司成)이 공과 더불어 평소에 알지를 못함에도 기뻐하여 말하기를 "오늘 이후로 용인(龍仁)은 그 읍장(邑長)을 얻었도다"라고 하더니, 과연 인민의 고통을 모두 제거하고, 서리(胥吏)의 교활함을 자못 단속하며, 큰길을 정비하면서 계속하기 어려운 경비를 줄이며, 군대의 허다한 부족을 채워서 점검하여 저 남한산성(南漢山城)의 조직적 훈련에까지 미치니 수어사(守禦使) 려성제(呂盛齊) 공이 병기(兵器)가 정밀하게 수선된 것을 칭찬하였다.

이에 방백(方伯)이 큰 송사(訟事)를 위임하여 판결하게 하였으니 또한 비안(比安)에 견줄 만하였다.

갑자(甲子)년 봄에 공의 나이가 이순(耳順)이 넘은지라, 심각한 업무를 처리함이 마땅치 않으므로 굳은 결의로 다섯 번이나 상소(上疏)를 올려 사직하니 이에 교체하여 두 번이나 현읍(縣邑)을 관장하라고 하였지만 해직하고 돌아오는 날 쓸쓸히 주머니에 돈이 없었기 때문에 공을 아는 사람이 모두 어렵게 여겼다.

병인(丙寅)년 6월에 이판(吏判) 이민서(李敏叙) 공이 평소에 그릇임을 깊이 알고, 공에게 일러 말하기를 늙었다고 버리는 것은 옳지 못하다고 하여 사헌부감찰(司憲府監察)을 제수(除授)받게 만드니 부득이 나아가서 벼슬하였는데 법을 지킴이 엄정하므로 늙은 아전이 모두 말하기를 "옛날 윤 상서(尹尙書)의 유풍(遺風)이 떨어지지 않았다"라고 하였다.

12월에 려성제(呂盛齊) 공이 천관(天官: 議政府)에 재상(宰相)이 되자 공이 나이가 늙었는데 품계가 낮다고 하여 종친부전부(宗親府典簿)로 승진시키니 정5품이었다. 무릇 문서를 발행함에 공이 모두 주관하면서 일에 임하여 공경하고 신중하게 하고, 한결같이 격식을 갖추어 전례를 따르니 여러 종실(宗室)이 모두 치하하고 기뻐하였다.

정묘(丁卯)년 겨울에 조 부인(趙夫人)을 뵙기 위하여 휴가를 얻어 황리(黃驪)의 별장으로 돌아오니 조 부인(趙夫人)의 나이가 이미 한편으로 기쁘고, 한편으로 두려운 상황이라, 차마 건강한 몸으로 곁을 떠날 수 없어서 체직(遞職)을 요청하고, 집에 머무르며 오직 좌우에서 부지런히 공양(供養)하는 것을 일로 삼았다.

기사(己巳)년 봄에 조 부인(趙夫人)이 하세(下世)하니 공은 당시에 68이었음에도 오히려 능히 근력(筋力)으로 예절을 하므로 조문(弔問)하는 사람이 감탄하였다.

3년의 상기(喪期)를 마치자 노쇠한 질병이 고질병으로 돌아서 병자(丙子)년에 정침(正寢)에서 역책(易簀)하니 9월 23일로 향년(享年) 75이었다.

오호(嗚呼)라, 공은 천자(天資)가 순후하고 삼가며, 일을 함에 주밀(周密)하였다. 망령되게 말하거나 웃지 아니하고, 화려하고 사치함을 기뻐하지 아니하였으며, 비록 급박하더라도 동작을 반드시 안정하고 무겁게 하였으니 길흉(吉凶)과 영욕(榮辱)에도 또한 변화에 대처하는 도리를 다하였다.

선조를 받듦에 그 정성과 공경을 극진히 하였으니 제향의 갖춤에는 그 풍성하고 정결함을 다하였다. 집에 거처함에는 엄격하고 가지런하면서도 조용하고 화목하게 다스렸으며, 처세(處世)는 둥글면서도 곡진(曲盡)하게 하되 준절하고, 바름을 잃지 아니하였다.

처음에는 일찍이 과거(科擧)공부에 뜻을 오로지 하지 않았건만 관직을 맡아 일을 처리함에는 대체로 학문에 근거하였으니 십수년간 벼슬길에 있으면서도 무리 지어 나아감에 발이 권세와 부귀한 집의 대문에 이르지 아니하였다.

성품이 산수(山水)를 사랑하였으며, 또한 술잔을 들고, 시 읊기를 즐겼는데 집 앞의 연못과 시냇가에 움막을 짓고 다녔으니 흡사 염락(濂洛)의 취향을 가지고 사는 것 같았으므로 당시의 재상(宰相)과 집사(執事)와 문인(文人)들이 대부분 시로써 공의 뜻을 칭송하였다.

이해의 11월 7일에 여주(驪州)의 남쪽 심통산(深通山) 동쪽 기슭 향오(向午)의 언덕에 장사 지냈다.

초배(初配)는 청주한씨(淸州韓氏)로 처사(處士) 휘(諱) 인협(仁浹)의 따님인데 천계(天啓) 신유(辛酉: 서기 1621)년 7월 1일에 나서 공보다 49년 먼저 정해(丁亥)년 정월 18일 죽었으니 처음에는 원주(原州) 현계산(賢溪山) 좌묘(坐卯)의 언덕에 장사 지냈는데 병인(丙寅)년에 다시 본생고묘(本生考墓)의 곁으로 옮겼다가 공의 상(喪)에 미쳐 또 옮겨서 같은 광(壙)에 부좌(祔左)하였으며, 1남을 두었으니 세주(世周)이다.

후배(後配)는 여흥이씨(驪興李氏)로 학생(學生) 휘(諱) 동진(東鎭)의 따님인데 숭정(崇禎) 무진(戊辰: 서기 1628)년 10월 23일에 태어났다. 1녀를 두었으니 허조(許鋽)에게 시집갔는데 진사(進士)이다.

세주(世周)가 부사(府使) 이덕하(李德夏)의 딸에게 장가들어 2남 1녀를 낳았으니 장남은 함(錏)이니 진사(進士)요, 다음은 현(鉉)이니 일찍 죽고, 딸은 홍경원(洪景源)에게 시집갔다.

허조(許鋽)가 1남 3녀를 낳았으니 모두 어리다.

측실(側室)에서 2남 3녀를 낳았으니 아들은 한주(翰周)로 첨지(僉知)요, 다음은 학주(學周)이며, 딸은 김지원(金志遠), 이렴(李簾), 만호(萬戶) 성희하(成熙夏)에게 각각 시집갔다.

한주(翰周)가 동지(同知) 권순창(權順昌)의 딸에게 장가들어 4남을 낳으니 경(鏡), 개(鍇), 용(鏞), 호(鎬)이다.

학주(學周)가 참봉(參奉) 정육(鄭綃)의 딸에게 장가들어 1녀를 낳으니 이홍구(李弘逑)에게 시집갔다.

김지원(金志遠)이 2남 2녀를 낳으니 아들은 몽천(夢天)이요, 딸은 허순(許錞)에게 시집갔고 나머지는 어리다.

이렴(李簾)이 3남 1녀를 낳으니 아들은 세망(世望), 세강(世綱), 세장(世章)이고, 딸은 어리다.

성희하(成熙夏)가 2남 2녀를 낳았다.

영민(英敏)하지 못한 나는 늦게야 공의 윤자(胤子)를 종유(從遊)하였나니 일찍이 지나다가 용문(龍門)에 머무는 곳으로 찾아갔더니 소매에서 공의 사실행적 1책을 보이며, 이어 차례를 편찬해 주기를 요청하였다.

힘써 사양하였지만 허락을 얻지 못하여 삼가 여기에 이상과 같이 서술해서 논리를 세우는 군자를 기다리노라.

〈이 행장(行狀)을 엮은 이(李) 공은 전의인(全義人)인데 경행(經行)으로 추천되어 벼슬이 주부(主簿)이다.〉

만취당공유사(晩趣堂公遺事)
후손(後孫) 필구(必求) 삼가 씀

공의 휘(諱)는 세주(世周)요, 자(字)는 문구(文逑)이다. 타고난 성품이 효성스럽고 자애(慈愛)로우며, 선조를 받듦에 돈독하고, 후손에게 남긴 일에 부지런하였다.

동강공(東岡公)으로부터 이하로 여러 대에 걸쳐 선산에 봉분을 다듬을 겨를이 없었으므로 묘소를 보호하는 곳마다 정성을 다하여 재물을 모아서 희생(犧牲)과 석물(石物)을 갖추고, 위토답(位土畓)과 관리인을 두었다.

증외왕고비(曾外王考妣) 충의위(忠義衛) 김 부군(金府君)이 후사(後嗣)가 없으므로 대신 묘소를 받들면서 또한 비갈(碑碣)을 세웠는데 모두 장윤(張胤) 진사(進士) 함(錘)에게 쓰도록 명령하였다.

시골의 집은 본래 여주(驪州) 관할 남쪽 점량면(占梁面) 내사곡(內沙谷)에 있는 김 부군(金府君)의 옛 별장이었는데 할아버님과 증조할아버님 두 세대가 고종(考終)하신 곳이었다. 땅이 산골짜기에 끼어 있어서 매우 좁았기에 이에 점을 쳐서 하나의 산등성이를 넘어 수 리가 되는 대사곡(大沙谷)으로 옮겼으니 땅이 본래 농가(農家)의 마을로 열 집도 넘지 않는 곳이었다.

아직 개간하지 못한 황무지를 매입하여 터를 닦아 농막을 지었으니 먼저 가묘(家廟)를 세워 단청(丹靑)을 지극히 사치스럽게 하였고, 또 거실(居室)을 건축함에는 매우 견고하고, 치밀하도록 힘써서 화려함을 추구하지 아니하였다.

당호(堂號)를 만취(晚趣)라고 하였으니 그 제작의 절도는 후손 제규(濟奎)가 지은 기당(記堂)의 글에 갖추어 기재되어 있다.

마을의 동, 서, 남쪽으로는 이문(里門)을 설치하였고, 또 서쪽 기슭의 강물에 임하여 언덕이 높은 곳에는 하나의 작은 모정(茅亭)을 지었으니 때로 올라가서 먼 곳을 바라보았으며, 하나의 북을 매달아 놓고, 매양 농사철을 당하면 북을 쳐서 일찍 나아가 밭 갈고 김매는 명령으로 삼았는바 세 번을 쳐도 나아가지 않는 사람은 쫓아서 처벌할 것을 논하였다. 이로 말미암아 마을의 장정이 모두 농사에 부지런하였다.

시냇물이 흐르는 곳을 따라 연안에 나무를 심었으니 봄과 여름에 녹음이 짙어지면 사랑스러웠으며, 당(堂)에서 사방이 모두 보였다.

산림(山林)과 늪지대를 주인이 있으면 매입하게 하고, 주인이 없으면 관청에 점용허가를 얻게 하여 한 마을을 고기 잡고, 나무하는 땅으로 삼으니 이리하여 취락이 문득 100호(戶)가 되는 큰 마을이 되었으므로 세상에서 황려(黃驪)의 3대지(三大地)라고 일컬었다.

후손이 10대를 전하면서 지켰으니 범문정공(范文正公: 希文)의 의장(義庄)과 장태산(張泰山: 公藝)의 9세동거(九世同居)와 다름이 없었다.

공은 청렴하고 검소하게 스스로를 지키고, 명성과 영달을 추구하지 아니하여 경신(庚申)년 이후로는 과거(科擧)를 포기하였으며, 만년(晚年)에 추천으로 감역(監役)을 제수(除授)받았지만 이어 나아가지 아니하였다.

유언으로 경계하여 말하기를 "나에게는 랑(郎)의 품계가 있으니 이것으로 명함(名銜)을 쓰면 족하다"라고 하였으므로 관함(官銜)은 이로 인하여 기록하여 전하지 않노라.

만취당(晚趣堂)의 위토(位土)에 대한 훈계

이 위토답(位土畓)은 곧 묘소의 아래에 엎드려 있는 것으로 혹 매입하거나 혹 상속받은 것인즉 오로지 하나의 문서로 등기한 논밭인데 비록 골짜기를 온통 점유한 것은 아닐지라도 멀지 않은 곳에 위치하므로 돌에 새겨서 공의 묘소에 세우노니 곧 그 언덕에서 참으로 날마다 지키리로다.

모름지기 대를 이은 종손(宗孫)은 주자(朱子)의 가례(家禮)에 의거하여, 대대로 지키면서 전당잡히거나 팔지 말고, 세밀하게 살피지 아니함이 없게 하여 100세(世)에 고치지 말고, 향화(香火)를 그치지 않도록 하라고 알리노라.

경진(庚辰: 서기 1701)년 2월 일 손남(孫男) 세주(世周)가 선군자(先君子)의 유의(遺意)를 받드는 자리에서 기록하노라.

6대조고(六代祖考) 학생공유사(學生公遺事)
6대손(六代孫) 제규(濟奎) 삼가 씀

공은 휘(諱)가 현(鉉)이요, 자(字)가 공거(公擧)니 현종(顯宗) 경술(庚戌: 서기 1670)년 5월 19일에 태어났으며, 갑자(甲子)년에 연안이씨(延安李氏)를 배필(配匹)로 맞이하였으니 정랑(正郎) 휘(諱) 하(河)의 따님이다.

삼가 살피건대 숙종(肅宗) 기사(己巳)년 4월에 공이 유생(儒生) 허확(許曤) 등을 좇아 250인이 진정소(陳情疏)를 올려 곤성(坤聖: 閔中殿)의 위호(位號)를 회복하도록 요청하였으나 마침내 어람(御覽)에 올림을 얻지 못하였다.

당시에 공의 나이는 겨우 약관(弱冠)이었다. 그러므로 지론(持論)을 뚜렷이 나타내려고 하지 않았지만 그 실지에 있어서는 공과 봉계(鳳溪) 이진원(李震瑗) 공이 힘써 주장했고, 허(許) 공은 호(號)가 정곡(靜谷)으로 관설(觀雪) 선생의 손자였던 것이다.

그 뒤로 마귀 같은 무리들이 올빼미처럼 위세를 부림이 날로 심하여 사기(士氣)가 이로 말미암아 들끓고, 응어리가 지거늘 예악(禮樂)을 갖추는 현송(絃誦)의 소리가 없는 것이 4년이었다.

저 임신(壬申)년 12월에 미쳐 공이 홀로 분연히 대궐에 엎드린 지 며칠이 안 되어 장의(掌議) 민언량(閔彦良)이 관(館)의 복예(僕隷)로 하여금 핍박하여 축출함에 피가 낭자하였다.

공이 마침내 근심하고 분개하여 질병을 앓다가 해를 넘겨 계유(癸酉)년 정월 9일에 졸(卒)하였다.

상소문(上疏文)의 원본은 집의 화재를 겪어 지금은 전하지 않으니 아까운저! 이와 같이 고심한 혈성(血誠)으로 갑술(甲戌)년에 민중전(閔中殿)이 복위하여 천일(天日)이 다시 밝은 세상을 보는 데 미치지 못하고, 수명이 짧아 24세에 그쳤으니 이치에 진실로 이해하기 어렵도다.

공은 자질과 성품이 빛나고 컸으며, 학업이 일찍 숙성하였고, 또한 문장으로 이름이 났는데 그 베풂을 다하지 못하였으니 더욱 오래될수록 더욱 없어졌나니 오호통재(嗚呼痛哉)로다.

다행히 두 고아가 있으니 대를 잘 이어서 자손이 이에 번성하고, 문예(文藝)와 명검(名檢)이 대대로 그 아름다움을 드날리는 것은 돌아보건대 자신이 먹지 않고, 후손에게 갚게 하는 공덕이 아니리오?

공은 본생(本生)의 증조(曾祖) 제사를 받들었으니 전부공(典簿公)의 유명(遺命)에 따른 것이다.

부인(夫人)은 무신(戊申)년 정월 7일에 나서 정미(丁未)년 6월 8일에 죽었으니 공과 더불어 광(壙)을 함께하였는바 곧 양주(楊州) 고주내(古州內) 구랑동(九郎洞)의 선영(先塋) 왼쪽 기슭에 자좌(子坐)의 언덕이다.

첨추부군연보(僉樞府君年譜)

5대손(五代孫) 제규(濟奎) 삼가 씀

공은 휘(諱)가 택휴(澤休)요, 자(字)는 미중(美仲)이니 숙종(肅宗) 13년 정묘(丁卯: 서기 1687)년 7월 18일에 태어났다.

계유(癸酉)년 공의 나이 7세에 부군(府君)의 상(喪)을 당했고, 신사(辛巳)년 공의 나이 15세에 부인(夫人) 순흥안씨(順興安氏)를 맞이하였으며, 정미(丁未)년 공의 나이 41세에 대부인(大夫人)의 상(喪)을 당했다.

을묘(乙卯)년 공의 나이 49세 8월에 식년시(式年試)의 문과(文科)에 급제하였고, 전시(殿試)에서는 갑과(甲科)의 제1인으로 뽑혀 곧 선무랑(宣務郎)으로 성균관전적(成均館典籍)을 배수(拜受)하고, 9월에 이름을 불러서 예조좌랑(禮曹佐郎)을 배수(拜受)하였다.

12월에는 선교랑(宣敎郎)에 올라 본직(本職)으로 춘추관기사관(春秋館記事官)을 겸하였다.

병진(丙辰)년 6월에는 봉훈랑(奉訓郎)에 올라 성균관직강(成均館直講)이 되었다(王世子冊禮時에 執事로 賞을 받은 것이다). 9월에 봉직랑(奉直郎)에 올라 예조정랑(禮曹正郎)이 되었고, 같은 달에 춘추관기주관(春秋館記注官)을 겸하였다.

10월에는 병조정랑(兵曹正郎)을 배수(拜受)하고, 12월에는 강춘도도사(江春道都事)를 배수(拜受)하여 춘추관기주관(春秋館記注官)을 겸하였다.

정사(丁巳)년 2월에는 강춘도(江春道)의 식년향시(式年鄕試)에

초시(初試)를 관장하였고, 6월에 통선랑(通善郎)에 올랐다(外臺로 특별히 더한 것이다).

임술(壬戌)년 12월에 통덕랑(通德郎)에 올라 병조좌랑(兵曹佐郎)을 배수(拜受)하였는데 같은 날에 정부에서 정랑(正郎)으로 옮겨 배수(拜受)하였다.

계해(癸亥)년 정월에 조봉대부(朝奉大夫)에 오르고, 8월에 조산대부(朝散大夫)에 올라 통례원상례(通禮院相禮)를 배수(拜受)하였으며, 12월에 보령현감(保寧縣監)을 제수(除授)받았다.

갑자(甲子)년 5월에 봉정대부(奉正大夫)에 올랐다(外任으로 특별히 더한 것이다).

정묘(丁卯)년에 통훈대부(通訓大夫)에 올라 통례원좌통례(通禮院左通禮)를 배수(拜受)하였다(官廳의 敎旨를 遺失하여 月日이 자상치 못하다).

9월에 유곡도겸찰방(幽谷道兼察訪)을 배수(拜受)하였고, 병자(丙子)년 정월에 통정대부(通政大夫)에 올랐다(나이가 70이라, 임금이 恩典을 베풀어 품계를 올린 것이다). 2월에 절충장군(折衝將軍) 첨지중추부사(僉知中樞府事)를 배수(拜受)하였고 4월 28일에 졸(卒)하였다[夫人은 먼저 己未년 10월 3일에 죽어서 고비묘(考妣墓)의 왼쪽 기슭 임좌원(壬坐原)에 장사 지냈다가 이때에 이르러 공과 더불어 광(壙)을 같이하였다].

十九世傍祖命相

정자공행장(正字公行狀)
해좌(海左) 정범조(丁範祖) 엮음

공은 성(姓)이 윤(尹)씨요, 휘(諱)는 명상(命相)이며, 자(字)가 신수(莘叟)이고, 호(號)는 일재(一齋)이며, 본(本)은 선산부(善山府) 해평현(海平縣) 사람이다.

고려조(高麗朝)에 있어서 휘(諱) 군정(君正)이 있어 원종(元宗)을 섬겨 도적(盜賊)을 평정한 공(功)으로 벼슬이 금자광록대부(金紫光祿大夫) 사공상서(司空尙書) 좌복야(左僕射)에 이르렀다.

4대를 전하여 휘(諱) 사수(思修)에 이르러 우리 조선왕조(朝鮮王朝)에 벼슬하여 가선대부(嘉善大夫) 참지의정부사(僉知議政府事) 보문각제학(寶文閣提學)이요, 또 4대를 전하여 휘(諱) 은필(殷弼)에 이르니 호(號)가 동강(東岡)으로 가선대부(嘉善大夫) 이조참판(吏曹僉判)인데 중종(中宗) 때의 북문화(北門禍: 己卯士禍)에 부당성을 항의하며 간쟁(諫諍)한 사실이 기묘록(己卯錄)에 있으며, 영종(英宗)이 특별히 의정부영의정(議政府領議政)을 증직(贈職)하셨다.

의정(議政)의 손자로 휘(諱) 승길(承吉)은 호(號)가 남악(南岳)이니 자헌대부(資憲大夫) 의정부좌참찬(議政府左僉贊)으로 증의정부영의정(贈議政府領議政)이요, 시(諡)가 숙간(肅簡)이다.

숙간(肅簡)이 휘(諱) 신(瑠)을 낳으니 통훈대부(通訓大夫) 평양부서윤(平壤府庶尹)으로 증승정원좌승지(贈承政院左承旨)이며, 승지(承旨) 휘(諱) 창원(昌遠)을 낳으니 통훈대부(通訓大夫) 의금부도사(義禁府都事)로 증호조참판(贈戶曹僉判)인데 이분이 공의 5대조이다.

고조(高祖)는 휘(諱)가 상민(尙閔)이니 통훈대부(通訓大夫) 용인현령(龍仁縣令)이요, 증조(曾祖)는 휘(諱)가 세주(世周)니 통덕랑(通德郎)이며, 할아버님은 휘(諱)가 함(鍼)으로 진사(進士)이고, 아버님은 휘(諱)가 택보(澤普)이다.

어머님은 사천목씨(泗川睦氏)니 참판(叅判) 서흠(叙欽)의 증손(曾孫)이요, 좌랑(佐郎) 임최(林最)의 따님이다.

숙종(肅宗) 42년 병신(丙申: 서기 1716) 11월 21일에 공을 낳으니 공은 어릴 때부터 중후(重厚)하고, 너그러워서 희롱하지 않음이 어른과 같았다. 겨우 자람에 힘써 과거문장(科擧文章)을 배우고, 연구하여 29세에 사마시(司馬試)에 급제하였으며, 9년 뒤 임신(壬申)년에는 정시(庭試) 병과(丙科)에 합격해 뽑혀서 승문원정자(承文院正字)에 보임(補任)하였다.

무인(戊寅: 서기 1758)년 8월 21일에 졸(卒)하니 수(壽)가 43이었다.

공은 성품이 지극히 효성스러웠으니 10세에 목 부인(睦夫人)이 돌아가심에 곡(哭)하고, 흐느끼는 형상을 조문(吊問)하는 사람이 차마 보지 못하였다. 을묘(乙卯)년에 외간(外艱)을 당하니 상례(喪禮)를 지킴을 매우 고통스럽게 하여 슬픔으로 몸을 상해서 거의 정신을 잃을 지경이었다.

계모(繼母) 홍 부인(洪夫人)이 이미 일찍 과부(寡婦)가 되므로 애통하다가 병을 앓으며, 살려고 하지 않거늘 항상 공의 조제하는 바의 약을 조금이라도 생각하여 먹으라고 하면서 만방(萬方)으로 위안(慰安)하였다.

일이 지극히 어려운 것과 힘이 감당하지 못하는 바를 논함이 없이 오직 모부인(母夫人)의 뜻을 이에 순종하고, 이에 받들었는데 자손의 혼인할 집이 합당함과 합당치 못함을 선택함에 이르기까지 진실로 친히 지적한 바가 있으면 감히 다르게 함이 없었다.

아우와 누이동생을 똑같이 붙들어 사랑하되 부인(夫人)이 낳은 자식은 더욱 돈독히 하여 일용품의 1백 가지 물건에 이르기까지 주지 않는 것이 없었다.

다 함께 재산을 분배함에도 그 아름답고 기름진 것은 양보하고, 괴롭고 고약한 것은 스스로 취하였다.

아우가 이상한 질병에 걸려서 해가 지나도록 낫지 않으니 그 약을 구하고, 그 병을 간호함에 성의를 다하였으며, 죽은 뒤에는 염(斂)하여 빈소(殯所)를 설치하며, 초상 치고, 제사 지냄에 유감이 없도록 함과 동시에 저 청상과부(靑孀寡婦)가 된 제수(弟嫂)에게 비유(比喩)의 말을 해서 슬픔을 덜어 주어 하여금 능히 생명을 보전하게 하였으니 모두 보통 사람이 잘하기 어려운 바로써 비록 타고난 성품이 지극할지라도 힘써 노력하지 않고, 그렇게 하겠는가?

또한 모부인(母夫人)의 마음을 즐겁게 하는 데 힘썼나니 이에 친척과 향리의 사람들이 한 가지 말로 효자라고 칭찬하였으며, 윗대부터 친하게 지낸 집의 아들 정재원(丁載遠) 목사(牧使)가 말하기를 "우리 어른의 평생을 아는 이로는 나와 같은 사람이 없는데 그 효도와 우애의 돈독함과 실천함의 바름에 있어서 참으로 근세에 없는 바라"고 말하였다.

공은 날마다 관대(冠帶)를 하고, 가묘(家廟)를 배알(拜謁)하였으며, 계부(季父)를 섬김에 아버지같이 하였으니 일이 있으면 반드시 품의(稟議)하였다.

큰 누이동생을 받듦에 같은 부엌에서 밥해 먹고, 산 지가 20년이었는데 누이동생이 질병을 앓거늘 몸소 간호하였으며, 그 초상

치고, 장사 지낸 일을 도맡아서 거행하였고, 자녀를 양육함에 미쳐서도 사람이 이간질하는 말이 없게 하였으니 이것은 효도의 연장이었다.

공은 일찍이 스스로 학문하는 사람으로 자임하지 않았지만 몸을 단속하고, 행실을 닦음에 법도와 규칙이 있었으니 소학(小學) 책을 즐겁게 읽었고, 송유(宋儒)의 성리학(性理學)에 대한 여러 가지 학설을 실지로 체험함이 있어서 의관(衣冠)을 여미고, 무릎 꿇어 단정히 앉아 하루 종일 있었으니 자제와 곁에서 모시는 사람도 감히 게으른 태도가 있지 아니하였다.

물질을 봄에는 모서리가 없었는데 그러나 시비(是非)를 가리고, 착함과 악함을 판단함에 이르러서는 엄격하여 둘러서 보호하지 아니하였다. 종족(宗族)을 함께함에는 돈독하고 두텁게 하되 과실이 있으면 반드시 지적하였으며, 하여금 고쳐서 착함을 보이면 매우 기뻐하였다.

한 집안에는 정(情)이 반드시 두루 통하게 하였으며, 비록 복예(僕隷)나 하천한 사람에게도 위엄과 은혜를 아울러 베풀어서 그 환심을 얻었다.

때로 어려움을 돌아보고, 처음으로 벼슬하여 7년 동안 고르지 않았지만 항상 편안한 듯이 하였다.

마음에 맞는 벗을 만나면 서로 더불어 춤을 추면서 고금의 풍악(風樂)과 곡조(曲調)를 노래하여 깨끗하고, 시원하게 나부끼니 티끌 세상을 벗어나는 생각이 있었다.

베풀어 주기를 기뻐하고, 가난한 벗을 더불어 사귀며, 겨레에는 있고 없는 것을 나누어 썼는데 만년에는 집이 더욱 쇠락(衰落)하여 지방정부의 대여양곡을 빌려다가 먹고 살면서도 오히려 족인(族人)

이 굶주리며 먹지 못한 사람에게 은혜를 베풀었으니 이것이 공의 성질과 지행(志行)에 대한 대강을 밝힌 것이다.

배위(配位)는 한산이씨(韓山李氏)로 참판(叅判) 연년(延年)의 증손이요, 학생(學生) 찬화(贊和)의 따님이다. 제사를 받듦에는 정성으로 하고, 시부모를 섬김에는 순종으로 하였으며, 부도(婦道)를 순수하게 갖추었는데 바야흐로 공의 질병이 위독하자, 날마다 하늘 땅의 신명(神明)에게 기도하였고, 공이 졸(卒)하자, 식음(食飮)을 끊고, 한 달 남짓하여 죽었다.

이보다 먼저 장남 호겸(好謙)이 요서(夭逝)하여 뒤를 이을 사람이 없거늘 부인(夫人)이 임종(臨終)에 어린 아들이 옆에 있는 것을 돌아보며 매우 가련하게 여기지는 않고, 오직 종사(宗嗣)를 세울 것만을 부탁할 뿐이었다.

공보다 3년을 먼저 태어나서 공보다 37일 뒤에 죽었으니 공과 더불어 여주(驪州) 사곡(沙谷) 선영(先塋) 옆에 좌간(坐艮)의 언덕에 합장(合葬)하였다.

2남을 낳았으니 장남은 호겸(好謙)으로 어버이를 사랑하여 지극한 성품이 있었다. 다음은 용겸(用謙)이니 공의 유명(遺命)으로 계씨(季氏)의 뒤를 이었다.

호겸(好謙)이 신호(申皓)의 딸에게 장가들었는데 요절(夭折)하여 뒤가 없으므로 족형(族兄) 정겸(正謙)의 아들 철문(喆文)으로 후계자를 삼았다.

용겸(用謙)은 정량흠(鄭亮欽)의 딸에게 장가들었다.

용겸(用謙)은 문장(文章)과 행실(行實)이 있어 항상 영민하지 못한 나와 더불어 즐겁게 놀았거늘 하루는 그 선대인(先大人)의 기록을 가지고 나에게 말하기를 "우리 선인(先人)의 유체(遺體)는 홀로 용겸(用謙)이 남았으니 용겸(用謙)이 하고자 하는 바는 이것을 바탕으로 선인(先人)의 사업과 행실을 표창(表彰)하는 것인즉 오직 집사(執事)가 있을 따름이로다. 오늘을 잃어버리고 도모하지 않는다면 아마도 무궁한 한탄이 되겠기에 감히 청한다”라고 하였다.

나는 공부를 하면서 사우(士友)들을 통하여 사이에 대략 공에 대하여 한두 가지를 들어서 알고 있으며, 이에 기록을 살피니 더욱 그 알지 못했던 바를 알았다.

그러므로 삼가 그 대략을 이상과 같은 차례로 엮어서 사필(史筆)을 잡은 군자(君子)가 채택(採擇)하는 데 대비하는 바이다.

十九世龜相

전적공행장(典籍公行狀)

해좌(海左) 정범조(丁範祖) 엮음

불녕(不佞)이 일찍이 지나다가 사동서재(沙洞書齋)에 설주공(雪洲公)을 찾아뵈니 공이 옷을 여미고, 단정히 앉아 성리학(性理學)을 근거로 의논하거늘 자못 저술(著述)을 섬기지 않느냐고 물은대 말하기를 6경(六經)과 제자(諸子)가 있으니 저술에는 섬기는 바가 없고, 그윽이 이퇴옹(李退翁)의 도산잡영(陶山雜詠)을 모방하여 수석(水石)을 주제로 품평하는 시가 약간 편이 있을 따름이라고 하였다.

불녕(不佞)은 삼가 몸을 조아리고 특이하게 그 도(道)가 있는 군자(君子)임을 깨달았다.

공이 돌아가신 지 이제 10년인데 그 윤자(胤子) 정겸(正謙) 보(甫)가 공의 사적과 행실을 가지고 와서 행장(行狀)을 엮어 달라고 부탁하여 삼가 모두 읽고 나니 그 군자(君子) 됨을 더욱 믿게 되었다.

공의 휘(諱)는 구상(龜相)이요, 자(字)는 시경(蓍卿)이며, 설주(雪洲)는 그 호(號)이다. 윤(尹)씨의 선조는 선산부(善山府)의 해평(海平)에서 나왔다.

고려조(高麗朝)에 있어서 휘(諱) 군정(君正)은 도적(盜賊)을 평정(平定)한 공(功)이 있어 벼슬이 금자광록대부(金紫光祿大夫) 수사공상서(守司空尙書) 좌복야(左僕射) 판공부사(判工部事)에 이르렀으니 시조(始祖)가 되었고, 휘(諱) 만비(萬庇)는 첨의정승(僉議政丞)

이며, 휘(諱) 석(碩)은 벽상3한3중대광(壁上三韓三重大匡) 도첨의(都僉議) 우정승(右政丞)이요, 휘(諱) 지현(之賢)은 정당문학(政堂文學)이며, 휘(諱) 방안(邦晏)은 진현관제학(進賢館提學)이다.

조선왕조(朝鮮王朝)에 이르러 휘(諱) 사수(思修)는 지정부사(知政府事) 보문각제학(寶文閣提學)이니 4대를 전하여 휘(諱) 은필(殷弼)은 이조참판(吏曹叅判) 증좌찬성(贈左贊成)으로 중종조(中宗朝) 기묘사화(己卯士禍)에 상소(上疏)하여 정암(靜菴) 조광조(趙光祖)를 구원코자 하였다.

차례로 전하여 휘(諱) 홍언(弘彦)은 사헌부감찰(司憲府監察)로 증영의정(贈領議政)이요, 휘(諱) 승길(承吉)은 좌참찬(左叅贊)으로 증영의정(贈領議政)이며, 시(諡)가 숙간공(肅簡公)이다. 휘(諱) 신(瑨)은 평양서윤(平壤庶尹)으로 증좌승지(贈左承旨)이고, 휘(諱) 창원(昌遠)은 의금부도사(義禁府都事)로 증좌승지(贈左承旨)이며, 휘(諱) 상민(尙閔)은 통훈대부(通訓大夫) 용인현령(龍仁縣令)이니 이분이 공의 고조(高祖)이다.

증조(曾祖)는 휘(諱)가 세주(世周)요, 할아버님은 휘(諱)가 현(鉉)이며, 아버님은 휘(諱)가 택휴(澤休)로 문과(文科)에 장원(壯元)하여 통정대부(通政大夫) 첨지중추부사(僉知中樞府事)이다.

어머님은 숙부인(淑夫人) 순흥안씨(順興安氏)로 진사(進士) 헌국(憲國)의 따님이다. 숙종(肅宗) 기축(己丑: 서기 1709)년 3월 16일에 공을 낳으니 어버이를 섬김에 효성을 지극히 하였다.

모부인(母夫人)의 질병이 위독하니 손가락에 피를 내서 올렸고, 돌아가시자 상례(喪禮)를 지킴에 거의 감당하지 못할 듯이 하였다.

선조를 받듦에는 정성과 공경을 다하여 제사에는 반드시 몸소 잡고 올렸으니 늙음에 이르러서도 폐지하지 아니하였다. 제수(祭

需)를 장만함에는 정결하고, 풍성하게 하였다.

남동생이 둘이고, 여동생이 둘이 있었는데 누이동생 하나가 일찍 죽으니 고아(孤兒)와 과부가 낳은 자식을 지극한 정성으로 어루만져 살폈으며, 집에서 기르던 생질녀(甥姪女)가 시집갈 때에는 혼수와 살림도구를 자기의 딸보다도 더욱 후하게 하였다.

집은 시골에 있었지만 항상 호적(戶籍)은 한성부(漢城府)에 두었는데 집안사람이 식량을 사고파는 데 방해가 되므로 호적을 옮기자고 하였지만 허락하지 아니하더니 영조(英祖)가 승하함에 미치자 사람을 사서 인산(因山)의 역사(役事)에 보내고는 흐느끼면서 자제에게 말하기를 "내가 국가에 대하여 티끌만큼도 기여한 것이 없거늘 도성의 백성을 따라 흙이라도 짊어지는 역사(役事)를 통하여 갚고자 하노라. 지난번에 호적을 옮기지 않은 것은 대개 이러한 일을 하기 위함이었노라" 하였다.

대상(大喪: 國喪)을 당하면 처음 3일간은 물에 만 수반(水飯)이요, 5일간은 반찬이 없는 소찬(素饌)이며, 그 뒤에는 밥상에 고기를 놓으면 하여금 가져가게 하지는 않았으나 또한 먹지 아니하였으며, 5개월이 되어야 이에 마쳤으니 이것은 윤리(倫理)사상이 돈독하고 두터워서 떳떳한 본성(本性)에 근본을 두었기 때문이었다.

공은 나이 31이었던 기미(己未)년 알성과(謁聖科)에 뽑혔는데 고시관(考試官) 서명균(徐命均) 재상(宰相)이 공의 문장(文章)을 보고 크게 격찬하며 장원(壯元)으로 뽑으려고 하였으나 그 사사로움이 있을까를 의심하는 데 부응하여 억누르고 제2등에 놓았다.

운관(芸館)에 뽑혔지만 외당(外黨)에 얽힘이 있다고 하여 입당(入堂)한 뒤에 곧 체직(遞職)되었다. 그 뒤로 10년 동안 관례에 따라 6품직에 올라 부사과(副司果)가 되었다.

갑오(甲午)년에 성균관전적(成均館典籍)을 배수(拜受)하였지만 아무런 사유도 말하지 않고, 고향으로 돌아와서 다시는 벼슬에 나아가지 아니하였다.

친척이 혹 권하며 하여금 벼슬을 하라고 하면 말하기를 "내가 벼슬을 원하지 않은 것이 아니라, 돌아보건대 세속과 더불어 오르고 내릴 수 없을 뿐이다"라고 하였다. 자제가 당시의 재상(宰相)에게 돌려서 부탁하여 낭서(郎署) 자리를 구하여 옮기려고 하면 분개하여 말하기를 "내가 어찌 너희들을 놓아 벼슬을 구할 것이냐?" 하면서 40여 년이 되도록 일찍이 도성(都城) 아래에 들어가지 않았다.

가정형편이 곤궁해서 만년에는 의식(衣食)이 비박(菲薄)하여 견딜 수가 없었는데도 조금도 내색함이 없었다.

집 옆에 큰 바위와 연못이 아름다워 날로 그 가운데서 시가(詩歌)를 읊으며 초연히 티끌세상을 떠날 생각이 있었으니 이러한 지조와 절개는 평소에 기른 인격에서 나온 것이다.

비록 일찍이 과거(科擧) 공부를 하여 과거를 보아 향상 발전하려는 뜻이 있었기에 젊어서 외암(畏庵) 이식(李拭) 공과 성호(星湖) 이익(李翼) 공을 좇아 학문을 하는 큰 방법을 들었다.

자제를 효제(孝悌)로서 가르치되 돈독하게 화목하는 것을 먼저 하도록 하였으니 항상 말하기를 "마음을 다스림에 경(敬)을 주체하지 않으면 지식을 이룸이 뚜렷이 나타나지 않는다"라고 하였다.

그 암실(暗室)이나 깊은 밤에도 의관(衣冠)을 가지런히 하며, 무릎 꿇고 앉아 있었으니 석고상과 같았다.

항상 주역(周易)의 건곤괘(乾坤卦)와 논어(論語)의 향당편(鄕黨篇) 및 송유(宋儒)의 잠명(箴銘)을 읽었는데 여러 수십 번을 암송하였다.

사물을 만남에는 화합하고 편이하게 하였으며, 사람에게 착함이 있으면 반드시 칭찬하여 기리고, 착하지 못하면 기뻐하지 않은 얼굴빛이 있었지만 일찍이 사람을 향하여 말하지는 아니하였다.

당파(黨派)를 만들어 가까이 노는 것을 매우 싫어하였고, 갑론을 박(甲論乙駁)하며, 시비(是非)하는 이야기를 일찍이 입에 담지 아니하였다.

평생에 즐기고 좋아하는 것이 없었으며, 일찍이 그림과 글씨를 모으지 않았고, 꽃나무와 풀을 심지 않았으니 사물로 인하여 마음 공부에 해가 되기 때문이었다.

방문을 닫고 종일토록 대발과 책상이 쓸쓸하고, 춥거든 때로 가볍게 고문(古文)과 시율(詩律)을 지었는데 고상하고 우아하여 법도가 있었으나 또한 원고(原稿)를 모아 두려고 하지 않았으니 이것은 말과 행실이 순수함과 아름다움이 학문에 바탕했기 때문이었다.

세상에 교화(敎化)가 쇠퇴하여 착한 사람이 거의 없어졌는데도 공이 힘써 행하고, 마음으로 깨달아 이렇게 여러 가지 착함을 갖추었으니 일컬어 군자(君子)라고 할 것인즉 홀로 나 한 사람의 말이 아니라, 실지로 고을과 마을이 다 함께 칭송하는 바이다.

비록 그렇지만 몸에 닦는 것은 장차 사업으로 나타나기 위함이니 현실에 베풀어 쓰려고 하여도 막힘이 있어서 하여금 이루지 못하게 된 것은 그 시대와 형세에 있으니 어찌하리오?

후세에 세태를 고찰하여 공을 논하는 사람은 반드시 분개하여 크게 탄식함이 있을진저!

공은 계묘(癸卯)년 9월 7일에 졸(卒)하였으니 수(壽)가 75이다. 졸(卒)하기 하루 전에 선조의 사당에 절하고, 옛날에 놀던 숲과 계곡에 올라 바라보았으며, 저녁에 취침할 때에도 경전(經典)의 뜻을 암송하였는데 조용히 서거하므로 사동(沙洞) 좌유(坐酉)의 언덕에 장사 지냈다.

배위(配位)는 숙인(淑人) 완산최씨(完山崔氏)로 서운(瑞雲)의 따님인데 공보다 13년 먼저 졸(卒)하였다.

2남 1녀를 두었으니 정겸(正謙)은 정유(鄭瑈)의 딸에게 장가들었고, 재취(再娶)는 김세륜(金世綸)의 딸이다.

의겸(儀謙)은 이현(李炫)의 딸에게 장가들었는데 공의 제3 아우 정자공(正字公)의 후계자가 되었다.

딸은 홍락정(洪樂定)에게 시집갔다.

정겸(正謙)의 아들은 철건(喆建), 철순(喆順), 철문(喆文)이고, 사위는 조석조(趙錫祚), 이치강(李治綱)이며, 나머지 딸은 어리다.

의겸(儀謙)은 아들이 없어 철순(喆順)을 양자(養子)로 세웠으며 사위는 임선원(任善元)이며, 나머지는 기록하지 않노라.

불녕(不佞)은 이미 공을 높이 사모하였는데 이제 정겸(正謙) 보(甫)가 청하므로 감히 사양하지 못함이 있어서 삼가 그 사업과 행실을 차례로 서술하여 대략 갖추었으니 사필(史筆)을 잡은 사람이 채택할진저!

<역자가 여기에 설주공(雪洲公)의 명시(名詩)를 번역하여 첨부함>

익왕부연석(益王府宴席)에서 가산(假山)을 보고 진간(進諫)함

검소하면 다스려지고, 사치하면 망하니

지난 자취 뚜렷하게 경전(經傳)에 실려 있도다.

양황(楊皇)의 비단조각에는 꽃과 풀을 수놓았고,

진제(晉帝)의 진기한 가죽옷은 옥으로 꾸민 궁전을 불태웠네
시경(詩經)의 빈풍(豳風) 벌가(伐柯) 편은 여러 왕을 경계함이요,
큰 거울 은감(殷鑑)은 멀지 않다고 하는 것은 천추에 한 조각을
밝혔도다.
풍류 제자(帝子)들이 또한 아름다움을 즐기거늘
술이 압도하는 화려한 누대에 잔치도 좋아라.
푸른 구름처럼 여러 나그네들 가지런히 모여서
밝은 햇빛은 번화하게 곳곳마다 두루 비추누나.
우뚝하게 100척을 솟았으니 별세계의 물건이요,
괴이하게 푸르고, 푸름은 가산(假山)의 한쪽 면일세.
금오(金鰲)의 머리에는 늙지 않은 빛인데
기린(麒麟)이 뛰노는 공자원(公子院)이로다.
교묘한 재간을 다투어 칭찬하며, 여우처럼 아양을 떨면서
마침내 신기함을 칭찬하며, 자라목을 빼고 기뻐하누나.
평생에 강직한 기운이 한층 격렬하거니
홀로 충성심이 있어 스스로 버리지 못해라.
둘러보니 옥 같은 산봉우리가 우뚝 서서 높거늘
인간세상에 민중의 고달픔을 생각하겠네.
(한 줄은 잃었음)
오늘 아침에 말을 한 번 돌리는 것도 해롭지 않으리로다.
화려한 잔치자리가 비록 즐겁고 기묘할지나
오막살이집에서는 이제 비참하게 굶주리는 사람이 많다네.
층층진 산봉우리는 반쯤 구름 속에 들어가니
깎여 나온 생령(生靈)은 세금 거두기 편하구나.
봉우리의 구름은 반쯤 원통한 눈물에 젖었고,

골짜기의 안개는 인민의 피로 인하여 붉어라.

이제 보니 기름진 은택이 모두 다한 뒤에

덧없는 화려함을 여기에서 독점했다고 말하지 마소.

안타까워라, 초가집에 원망과 근심 넘치거니

머리를 돌려 진주로 장식한 잔치자리를 응당 구경하고, 부러워

하리오?

수레의 방울소리가 위엄을 떨치며, 불같이 명령하지만

논밭에 세금이 어떻게 지방정부로 들어가리오?

괴로운 민중은 모두 옛날의 경계한 바를 알리고자 하는데도

어찌하여 우리 왕은 이 말씀을 돌아보지 않는고?

이제 신하의 직책은 임금의 부족함을 보충하는 것인즉

이날에 어찌 수수방관(袖手傍觀)하여야 마땅하리까?

백이(伯夷)와 숙제(叔齊)의 묘석(墓石)에 새겨 세운 글을 본받아 야은(冶隱)의 묘소 아래에서

송도(松都: 開城)에서 나라가 망한 것을 탄식하는 맥수가(麥秀歌)를 한 번 부르노니.

인간세상에 그 누가 정의를 붙들어 세우는 사람일까?

청성(淸聖: 伯夷)은 분명 1만 산에 들어 고사리를 캤거늘

다시 선생(先生: 吉再)이 이어 대나무를 들판에 심었도다.

비석에 옮겨 쓴 몇 줄의 글자여!

비석머리를 향하여 교묘하게 모사하였네.

고려조(高麗朝)의 옛 땅이 아직 어디에 있는가?

낙동강(洛東江) 머리의 길(吉) 노인의 집이로세.

소나무 끝에 태양은 구레나룻 가에 실려 있고
율리(栗里)의 국화는 손에 움켜쥐었네.
마음은 송백(松栢)같이 굳어 임금이 불러도 사양했고
의리(義理)는 곰발바닥과 물고기를 분별하여 취하고, 버림을 결단했도다.
높은 기풍을 우뚝 세웠으니 다시 누가 비슷하리오?
손가락을 꼽아도 1,000년에 이러한 짝은 드물도다.
서산(西山: 伯夷가 죽은 곳)의 산빛이 금오산(金烏山: 吉再가 살던 곳)에 비추니
만고에 푸르고 푸른 하나의 절개로다.
추상렬기(秋霜烈氣)의 네 글자를 안다면
고죽청풍(孤竹淸風)이 구미(龜尾)를 바람 쐬였네
청풍(淸風)을 표시한 비석을 푸른 산머리에 세웠거니
괴로운 절개가 수양산(首陽山) 아래를 그리워했도다.
외로운 충성심은 앞과 뒤가 한가지로 똑같아서
높고 높은 정조(貞操)의 바람을 사람으로 하여금 일으키게 하누나
타산(他山)의 조각돌을 다시 본떠 오니
우뚝 솟은 거친 언덕에 또한 술을 올려 제사를 지내노라.
슬프게 와서 두 어진 이를 다시 추억하건대
지난날에 나라의 형세가 기와장이 깨지듯 할 때
강상(綱常)을 부식(扶植)한 큰 절의(節義)가 해동(海東)을 진동했고,
은(殷)나라를 받드는 굳은 마음은 화하(華夏: 禮節文明國)에 떨쳤도다.

오히려 장차 고려(高麗)시대에 홀로 깨끗한 몸이요,

주(紂)를 치려는 은(殷)나라 교외에서 무왕(武王)의 말고삐를 잡고 간했다네.

거북머리의 한 조각 글자가 또한 서로 비슷하여

빛나는 태양은 밝고, 밝게 산에 가(檟)나무를 비추도다.

산은 100대(代)에 푸르고, 돌은 늙지 않건만

쓸쓸하게 무너져 거친 사당엔 비바람이 몰아치누나.

푸른 이끼의 자취는 글자마다 충(忠) 자니

길이 사나이로 하여금 눈물이 쏟아지게 하누나.

그대는 해동(海東)에 3은(三隱: 牧隱, 圃隱, 治隱)이 있는 것을 보소.

절벽처럼 충성의 절개를 세웠던 야은(治隱) 길재(吉再)를 추모하노라.

진성(秦城: 萬里長城)은 오히려 까치집일세

조룡(祖龍: 秦始王)이 처음 천하(天下)의 왕실을 이룸에

함곡관(函谷關)의 동쪽 문을 열어 6국(六國)을 병탄했도다.

선옹(仙翁)은 무릉도원(武陵桃源)의 그림책을 한 손에 들고 즐기는데

미치광이 진시왕을 두려워했다고 어찌 이름하리오?

국가의 재난을 방지함에는 대책을 두 가지로 하지 않거늘

도리어 장차 성곽 위에 담만 높이려고 경영하누나.

바위에 흐르는 피는 쇠 채찍으로 머리를 침이라.

만리장성(萬里長城)이 한갓 높아도 절구질하는 소리 걱정일세.

푸른 하늘에 높이 꽂은 옥의 허리엔 무지개 아롱지고,

푸른 바다에 아득히 과시하는 황금의 등은 고래같이 크도다.

장차 성첩(城堞)을 다듬어 영원한 안전을 기약했건만

누가 울타리 내부에서 기막힌 재앙이 싹트는 것을 알았으랴!

장원(莊園) 속에 들사슴은 새벽에 뛰놀다가 그물에 잡혔고,

해내(海內)의 뭇 영웅은 다투어 군사훈련을 벌였다네

8,000척의 철벽(鐵壁)도 이미 쓸데없고

통제할 수 없는 우거진 산악엔 구름 기운도 맑아라,

둘러보건대 하늘과 땅은 마침내 누구의 집인가?

옛날에는 진(秦)나라의 성곽이었지만 지금은 한(漢)나라의 성곽
이로세

어찌 서쪽 하느님이 위험한 물건을 설치하신 줄을 알았으리오?

마침내 쇠칼에 부탁하여 3복염천(三伏炎天)을 옮겨 시원한 바람
이 일게 하였네

금성탕지(金城湯池)의 얻고, 잃음을 물어서 무엇 하나?

비유컨대 저 아름다운 동산에 오직 까치들이 지저귀는 소리와
같은 것을

봄바람에 숲속의 나무는 새집 문이 점령하여

스스로 새로운 새집의 둥지가 완성되었다고 자랑하도다.

가지 끝에서 홀연히 날아가며 몇 마디 소리가 슬프거늘

둥지 속을 뒤집어 보니 얼룩깃털만 가득하구나

바람 숲에 소리가 끊어지니 기쁜 소식을 점치고

옛 보금자리가 도리어 남아 있으니 봄 농사를 재촉하네

원래 미물(微物)도 빼앗고, 잃으면서 살기에

한가지로 당시에 진(秦)나라와 한(漢)나라가 다투었지

무늬 옷은 문득 패룡(沛龍: 劉邦)과 비슷하고

검은 날개는 도리어 금호(金虎)의 정기(精氣)와 같은 것을

숲 속의 둥지에는 뒤바뀌어 갈색 새의 집이 되었고

철옹성(鐵甕城)은 도리어 한(漢)나라 도읍을 뜨겁게 하누나

저것과 이것이 모두 땅에 속한 것임을 확실히 안다면

두 가지가 서로 비슷함이 어찌 그리도 분명한지

구름 위에 솟은 만리장성(萬里長城)인들 진(秦)나라를 어떻게 보호하리오?

1,000층(層)을 바라보는 속에 말없이 누워만 있다오.

그대여!

만리장성도 진(秦)나라가 멸망하는 것을 구하지 못했나니

다만 까마귀와 까치가 있어 꺄꺄까꺄 하고 울 따름이라네

주(周)나라 태수(太守)를 대신하여 개자추(介子推)의 사당에 한식(寒食)날로 바꾸었음을 고유(告由)함

쓸쓸한 이 사당에 혼을 부르니 혼령이여! 돌아오소서,

슬픈 마음은 만고에 산봉우리에 이었으리

기러기깃털처럼 가볍게 무서운 불길 속으로 들어간 것이 어느 해였나?

임금의 은혜가 너그럽지 못한 것 안타까워라.

푸른 산은 옛날에 불태운 곳으로 들어간 자취를 한탄하고,

옛 무덤은 꽃과 풀이 더하여 시든 것을 슬퍼하누나.

인간에게 불을 때서 밥하는 것을 이날에 금할새

해마다 노을과 꽃이 봄빛을 한가롭게 하였네.

일제히 고을에는 한 점의 연기를 일으킴도 보이지 않으므로

은행 죽만 부질없이 옥쟁반에 가득한 것을 보도다.
집집마다 찬밥으로 한 달을 보내니
슬퍼라, 우리 인민들에겐 고생도 많다네
가련하게도 1만 부엌에 따뜻한 기운이 사라졌는데
하물며 또한 봄 날씨는 비바람도 차가워라.
사람의 정분으로 옛날을 생각함이야 비록 한이 없지만
추운 계절에 불을 때지 못하니 어찌 어렵지 않으리오?
이제는 내가 낡은 폐단을 고치려고 하노니
한 장의 편지를 써서 신명(神明)에게 아뢰나이다.
원래 노약자는 배부르고, 따뜻한 것이 중요하므로
먹음직하게 찐 떡을 대바구니로 전하지요
모름지기 인민의 생명이 너무 쇠약한 것을 볼진댄
응당 영령(英靈)께서도 오히려 감탄하리다
봄바람에 곤궁했던 것은 비록 가련하여도
찬밥만 한 달을 먹는 것은 스스로 해 먹기 어렵다오,
청정미(靑精米)의 찬밥도 3일이거늘
다시 봄날의 격식을 갖추어 새로운 불을 피웠음이리오?
배꽃 아래 따뜻한 술이 황금 술잔에 가득하고,
넓은 산에 향불은 향기로운 난초를 태우도다.
아름다운 봄날에 이제부터 낡은 관습을 제거한다면
들에 노인과 마을에 어린이가 서로 기뻐하리로다.
정령(精靈)은 또한 속으로 비방함이 있지 마소서
나는 이제 이 일을 위하여 장관(長官) 자리에 있소이다.
봄빛은 곳곳마다 아름다운데도 한을 다하지 못하면
옛 조국에 사람은 없이 밝은 달만 둥글게 뜨리라,

간소한 제물을 옛 사당 안에서 올리고 나니

저녁 구름은 말이 없고 산만 우뚝 솟았도다.

그대여!

한(漢)나라의 아름다운 공로를 표창하는 정문(旌門)이 기 장군(紀
將軍)에겐 이르지 않았나니

똑같이 슬퍼하고 원망함에 어찌 느긋하리까?

해안(海岸)에서 일출(日出)을 보고 육수부(陸秀夫)의 정충(精忠)을 탄식함

상수(湘水)는 흘러도 충의(忠義)의 기상은 가라앉지 않으니

만고에 이소경(離騷經)은 해와 달처럼 빛나도다.

해안을 둘러보니 떳떳한 혼백이 있거늘

늠연하게 높은 절의(節義)가 푸른 공중에 솟았구나,

정신(精神)은 죽음과 더불어 모두 없어지지 않으므로

시험 삼아 동해(東海)에 떠오르는 아침 햇빛의 찬란한 광채를
보소,

열사(烈士)는 한평생에 태양 같은 마음을 간직하니

남송(南宋)의 조정에 우뚝 서서 몸이 있는 것도 잊었다네

원생(袁生)은 몇 번이나 한(漢)나라의 조정(朝廷)에 눈물을 뿌렸
는가?

오랑캐의 말채찍에 강동(江東)의 오(吳)나라를 막기 어려웠네.

아득한 하늘땅에 임금을 배반하면 위태로운 것

100년의 왕기(王氣)가 봄노을에 허무하구나

어린 왕자(王子)를 살리려고, 가슴에 품은 것은 조(趙)나라 신하

의 계책이요,

　바다에 빠져 죽은 임금을 능히 따라가는 것은 제(齊)나라 선비의 기풍이로세

　뚜렷하고 밝은 큰 절개는 성대한 땅을 회상하노니

　문득 푸른 파도에 아침 해가 붉게 보이누나

　황금 수레바퀴가 바다와 구름 사이에 솟아오름에

　상서로운 광채가 아득히 하늘의 은하수 가운데로 이었도다.

　신령한 광경은 분명하게 사람의 눈에 빛나니

　뚜렷이 육수부(陸秀夫) 공의 붉은 충성심을 매달았구나.

　밝게 광채는 한 치의 그늘진 것을 받아들이지 않고

　웅장한 기상은 길이 1,000길의 무지개를 업신여긴다네

　역사책에는 다만 의열(義烈)이란 이름으로 표현했으나

　그림의 바탕에는 가슴속의 진실을 전하기 어려워라,

　군신(君臣)의 대의(大義)가 이로 말미암아 떨어지지 아니하여

　우주의 빛나는 영광이 다하지 않음을 알겠도다.

　충신의 절개는 태양의 정기(精氣)러니

　만세(萬世)토록 인간이 창문으로 길이길이 빛을 받는다오

　관청의 대문에서 홀(笏)을 바로잡는 것은 옛사람의 풍의(風儀)일새

　해변의 창곡(暘谷)에서 떠오르는 햇빛과 서로 꿰뚫어 통하도다.

　뚜렷하게 대명(大明)이 바닷물에 솟으면

　황홀하게 이 영혼(靈魂)은 자미궁(紫微宮: 대궐)에 조회하노라.

　은(殷)나라 신하의 고통스러운 절개는 수양산(首陽山)에 푸른데

　곽자의(郭子儀)의 남은 한이 긴 황하(黃河)처럼 넘치누나

　정령(精靈)이시여! 어느 곳인들 눈물을 감추리까?

두견새가 슬피 울 적엔 겨울에도 푸른 기운이 모인다네

남송(南宋)의 의관(衣冠)으로 누가 정기가(正氣歌)를 부르는가?

곧은 절개는 다시 문산 옹(文山翁: 文天祥)이 있노라

학가산(鶴駕山)의 제1동(第一洞)에서 하여금 절중과 산을 이야기함

명망이 높은 용당(龍堂)에서 웃으며 노인을 부르니

흰 구름이 아득히 가리키는 곳에 푸른 산이 첩첩 솟았도다.

인간의 명성과 이익의 자취란 처음부터 사절했고,

사물의 밖에서 한가롭게 놀며, 근심도 할 것이 없다오.

명승지를 감상함에 물어서 무엇 하리

그대와 나에게는 깨끗한 청담(淸談)만 주고받는 것을

연꽃이 피어나는 옥으로 된 작은 병 같은 하늘에서

몇 번이나 신선이 사는 요대(瑤臺)를 한 번 오르려고 생각했나

고관(高冠)의 비녀와 갓끈을 풀어 놓은 사람이

신선 되는 약 금단(金丹)을 얻지 못함을 탄식하리

여러 세상을 보는 눈이 문득 이날에 열리니

홀(笏) 밖으로 푸른 산이 천층만층 솟았도다.

려산(廬山)을 바로 이끌어 왔으니 적선(謫仙: 李太白)이 신나는 듯

석문(石門)을 감탄하니 사령운(謝靈運)이 오르는 듯

부질없이 한 가지 질병이 이 몸을 속박하니

쓸쓸한 절간에 어찌 안석에만 기댈까?

여러 세상에 얽힌 인연 아직도 끊어 버리지 못하거늘

일어나서 신선이 노는 산봉우리를 향함에 근심만 더하누나

구름 속에 숨은 비록 즐기는 감흥을 저버렸지만

사물의 경치는 마땅히 언어(言語)의 증거가 따르는 법

부들자리에 앉아 푸른 눈으로 하염없이 바라보노니

하얀 눈이 펄펄 휘날리는데 떠도는 스님이구려!

나는 묵은 질병의 고통을 벗어나지 못함을 탄식하거니와

그대의 높은 이야기를 들으니 기쁜 감정을 이길 수 없다오

몸이야 낙사(洛社: 서울의 詩社)에서 놓던 세월이 얼마였던가?

꿈속에 요대(瑤臺)에 들어가려고 반쯤 구름의 꼭대기로 올랐다네

천 년의 푸른 숲의 1만 골짜기의 샘물이여!

오사모(烏紗帽)와 금대(金帶)는 옛날에 놀던 자취일세

몇 년이나 문을 잠그고, 푸른 비단을 쫓았던가?

신선 땅의 사물의 빛깔을 시험 삼아 가르쳐 준다면

이 몸이 길이 하늘의 바람을 타리로다.

푸른 산봉우리, 파란 절벽이 뺨 밖에 솟았고

옥 같은 샘물, 은빛 폭포는 이야기 주변에 맑도다.

누가 법계(法界)에서 이부자리에 엎드려 있는 줄을 알리오?

구름산이 병든 무릎을 부축하지 못함이로세

금은대(金銀臺) 위에 해와 달이 빛나거늘

하물며 선궁(禪宮)을 비추려고, 불등(佛燈)을 매달았나니

우리 스님이 능히 이러한 모임을 생각하지 않으려는가?

이별한 뒤에는 영혼도 꿈속에서 절 언덕을 헤매리로다.

二十世正謙

증조고육송재부군(曾祖考六松齋府君)의 유사(遺事)

증손(曾孫) 제규(濟奎) 삼가 씀

공의 휘(諱)는 정겸(正謙)이요, 자(字)는 대지(大之)니 육송재(六松齋)는 그 호(號)이다.

영조(英祖) 신해(辛亥: 서기 1731)년 10월 11일 경성(京城) 명철방(明哲坊) 남소동(南小洞) 집에서 태어났다.

어린 소년시절부터 단정하고, 엄숙하여 과묵(寡默)하였으며, 비록 늙은 여선생이나 부인네들이 감히 희롱하여 시험하지 못하였다.

조금 학문을 알게 되자 이미 궁리(窮理)로 주장을 삼아서 경전(經傳)이 아니면 연구하지 아니하였고, 나이가 겨우 미성년이 춤추는 무작(舞勺)을 배울 때에 성인(成人)의 거동이 있었다.

장헌세자(莊獻世子)가 태학(太學)에 처음 들어갈 때를 당하여 여러 번 임금의 부름을 입어 돌아보심이 날로 융숭하였다.

영고(英考)가 일찍이 세자(世子)에게 글동무를 데리고 입시(入侍)하라고 명령하시어 하교(下敎)하셨는데 말씀하시기를 "이 아이들은 모두 너의 후일에 동량(棟樑)이 될 것인즉 어찌 상(賞)을 주어서 뜻을 표하지 않으리오?" 하셨다.

세자(世子)가 곧 명을 받들어 많은 종이와 붓과 먹을 앞에 가져다 놓고, 특별히 공에게 지시하여 말하기를 그대는 나이가 조금 많으니 균등하게 나누어 주라고 하였다.

공이 드디어 매우 공평하게 거행하니 세자(世子)가 기뻐하면서 은밀하게 공에게 말하기를 "전날에 과거(科擧) 문장은 오로지 병려

문(騈儷文: 四六文)을 숭상했나니 그대도 그 문장에 힘쓰라"라고 하였다.

이로부터 날마다의 학과(學課)로 달을 보내고, 달마다의 학과로 해를 보내서 해가 쌓여 24년이 될 때까지 함께 배웠는데도 아무도 알지 못했다.

갑자기 상황이 바뀐 뒤에는 매양 춘계방(春桂坊)의 관료들에게 공의 안부를 물었다고 하므로 공이 더욱 감격하여 은혜를 갚으려고 했지만 시대적 운명이 미치지 못함을 어찌 하리오?

사도세자(思悼世子)가 저 상여를 타고 하늘나라로 갈 때에 곧 빈궁(殯宮)의 대열에 이르려고 했으나 호위하는 병사들이 막아서 저지하므로 문득 하루에 두 번씩 집에 거처하는 움막에서 통곡하였다.

이어 장사 지낸 뒤에는 곧 움막을 철거하고, 여주(驪州)의 관할 남쪽 30리에 있는 사곡(沙谷)의 고향집에 살면서 다시는 도성에 들어가지 아니하였으며, 기신(忌辰)을 만나면 반드시 소식(素食)을 3일간 먹었다.

사우(士友)와 더불어 대화를 함에 있어서 말이 아무 해에 이르러 전례(典禮)에 관한 일에 미치면 문득 눈물과 콧물을 흘렸기에 말하는 사람이 매양 뉘우치면서 그 붙잡아 말렸다.

정조(正祖) 무신(戊申: 서기 1788)년에 현융원(顯隆園)으로 옮겨 모실 때에 산을 넘고 물을 건너 사근평(肆覲坪)에서 맞이하여 뵈고, 상여가 지나가는 길옆에서 엎드려 통곡하며 피눈물이 땅을 적시니 상두꾼이 흐느끼게 되었다.

순조(純祖) 정축(丁丑)년 자궁(慈宮)을 부좌(祔左)에 받들 때에는 나이가 이미 80에 미쳐서 근력(筋力)으로 예절을 할 수 없으므로 마침내 돈을 많이 주고, 건강한 종을 사서 하여금 원소(園所)에 가서 일을 돕게 하니 도감당랑(都監堂郞)이 매번 점검하여 인부 삯을 지불함에 문득 한 사람의 노임이 남았기 때문에 물은즉 아무개 집의 일꾼이라고 하니 혹 칭찬을 하고, 술을 사 준 사람이 있었다.

대개 32세 이후로는 길이 과거(科擧)를 사절하고, 오직 양친 부모를 기쁘게 하며, 아우와 누이동생을 어루만져 가르치는 것을 분수(分數) 내의 일로 삼았다.

이보다 먼저 무진(戊辰)년에 첨추부군(僉樞府君)이 교남(嶠南: 嶺南)의 임소(任所)에 있을 때에 공이 항상 곁에서 모시고, 떠나지 아니하였는데 마침 일이 생겨서 잠시 집으로 돌아왔다가 겨우 하룻밤을 자고 갑자기 마음이 움직여서 되돌아 출발하여 길을 반도 못 갔거늘 관청의 하인이 병환이 났다는 편지를 가지고 오는 것이었다.

즉시 밤길을 달려가서 뵈니 환절기에 감기로 5일 동안 위독한 상태였기에 약을 구하여 간호하면서 100가지 방법으로 정성을 다 했지만 괴로워하시며 효험이 없었다. 마침내 신옹(神翁)이 있어 꿈속에서 한 가지 약방문(藥方文)을 주기에 그 약에 힘입어 병환이 완전히 쾌차하여 편안하였다.

온 고을에 마을 사람들이 그 약방문으로 약을 지어 먹고, 병을 치료하여 온전히 나은 사람이 수천백 명이었으니 지금도 사람의 입으로 전파되고 있으며, 또한 남쪽 선비의 기록에도 있는 것이다.

신묘(辛卯)년에 외간(外艱)을 당하고, 계묘(癸卯)년에 선공이 세상을 떠나시니 살아서는 봉양하고, 죽어서는 장사 지냄에 유감이 없도록 해야 된다는 양생상사무감(養生喪死無憾) 여섯 글자의 성인(聖人)의 교훈을 족히 저버림이 없었으니 그 피눈물을 흘리며, 3

년의 거상(居喪)에 거적자리와 흙토막에 눈물이 마르지 않은 것과 같은 것은 우리 조고(祖考)가 일찍이 진술한 바이며, 늙은 비복(婢僕)이 또한 역력하게 기억하고 있는 것이다.

계부(季父) 정자공(正字公)이 일찍 세상을 떠나고, 아들이 없으므로 공이 스스로 대상(大祥)을 마칠 때까지 묘소 곁에서 모시고, 전(奠)을 올리며 첨추부군(僉樞府君)의 가족의 죽음에 슬퍼함을 생각하였다.

그 뒤에도 끝까지 계모(季母)를 봉양함에 어버이를 섬기는 것과 견주어 차이가 없었는데도 계모(季母)의 성품과 도량이 매우 각박하여 집안사람들이 스스로 편안할 수 없거늘 공이 항상 비유를 하면서 위로하면 문득 기뻐하였다.

계씨공(季氏公)이 또 일찍 죽고, 청상과부(靑孀寡婦)가 된 제수(弟嫂)가 한집에서 동거하였는데 늙도록 이간하는 말이 없었다.

누이동생 하나가 매우 곤궁하여 평생 동안 옷과 식량을 더불어 하였으며, 그 두 딸이 혼인하여 시집감에 공이 모두 주관하여 혼수를 자기가 낳은 딸과 다름이 없게 하였다.

늘그막에 가정의 형편이 기울어 대부분 범인(凡人)이 견디기 어려운 처지가 되었다. 그러나 종일 책을 읽으면서 슬퍼하지 아니하였으며, 선조(先祖)를 받드는 예절에 이르러서는 힘써 풍성하고, 정결함을 좇았는데 또한 일정한 법도가 있었다.

거처함에는 항상 단정히 앉아서 엄연함이 마치 석고상과 같았으며, 만약 도리(道理)와 정의(正義)를 분해하는 곳을 만나면 단칼에 대를 쪼개듯이 명확하였다.

더욱이 4례(四禮: 冠昏喪祭)에 밝아서 문의하려고 사람들이 대문에 계속 찾아왔기 때문에 거의 비는 날이 없었다.

증조(曾祖)의 묘소가 양주(楊州)에 있어 가는 길이 200리가 됨에
도 해마다 문득 두 번씩 성묘(省墓)를 갔는데 공이 만년에 둘째 딸
을 시집보냄에 미쳐 미음(渼陰)의 몽오정(夢烏亭)에 가니 나루의
뱃사공이 곧 그 집의 종이었다. 공을 뱃머리에서 맞이하여 절하고
집에 돌아와서 그 아내에게 말하기를 "이분이 옛날에 일찍이 해마
다 두 번씩 강을 건넜으니 이로부터 작은 아씨는 매년 봄과 가을
로 애쓰지 않고도 아버지를 뵈리로다" 하였는바 공의 의표(儀表)와
태도가 빼어나게 엄숙하여 사람에게 특이하게 보이므로 하인들도
그윽이 인식할 수 있게 되었던 것이다.

소자(小子)는 다행히 공이 90~100세가 될 때까지 모실 수 있었
는데 정신과 식견이 초인적이어서 조금도 쇠약하며 사절하는 뜻이
없었으며, 매일 새벽이면 문득 의관(衣冠)을 바로 하여 앉아서 같
은 집안의 아우와 조카 및 여러분이 차례로 앞에 나아가 어제 일
했던 바를 모두 진술하였다.

풍남공(楓南公) 같은 분은 공보다 9년이 젊은데 날마다 문득 안
부를 물었으니 큰 병을 앓지 않으면 폐지하지 아니하였다.

자손과 며느리가 아침저녁으로 문안을 드리고, 반찬을 살필 때
이외로는 무릎을 둘러싸고 진실로 사랑함이 노래자(老萊子)가 병
아리를 가지고 재롱을 부리는 것보다 못하지 아니하였으며, 그 엄
격하고 두렵게 하는 곳에서는 옛날의 작은 조정(朝廷)에서 처음으
로 가까이 거두어 모으듯이 여유가 있었다.

항상 대학(大學) 책을 깊이 탐구하여 싫증내지 않았으며, 때로
소리 내어 암송하면 한 번 지나다가 곁에서 들어도 족히 신명이
일어났다.

일찍이 소자(小子)를 불러 말하기를 "망령되게 대학연의(大學衍

義)의 문자를 풀어서 저술하여 수제질서(修齊疾書)와 치평요의(治平要義)의 약간 편이 있었는데 겨우 완성하여 끝내자 을묘(乙卯)년에 집에 불이 나서 타 버렸으니 저술하는 작업은 우리들의 일이 아님을 비로소 알게 되었으며, 옛날 젊은 날에 읊어서 대략 편집했던 시집(詩集)도 또한 이미 사라져 버렸을 따름이다" 하셨다.

또 말하기를 "우리 집의 가법(家法)은 대부분 성호(星湖) 노사(老師)를 본받은 것으로 가산(可山)은 나의 두려워하는 벗이요, 쌍석(雙石), 삼려(三藜)는 또 그 가까운 사이였다"라고 하셨으니 성호(星湖)는 곧 이익(李瀷) 공으로서 선공(先公)의 스승인 바이고, 가산(可山)은 곧 성호(星湖)의 손자인 진사(進士) 구환(九煥)이며, 쌍석(雙石)은 곧 정량흠(鄭亮欽) 공으로 공의 전 부인(前夫人)의 종형(從兄)이요, 삼려(三藜)는 곧 공의 외종제(外從弟)로 최홍진(崔鴻晉) 도사(都事)인데 몇몇 분은 모두 학문과 행실로 세상에 이름난 사람들이었다.

일찍이 듣건대 해좌(海左) 정범조(丁範祖) 공과 오사(五沙) 이정운(李鼎運) 공이 모두 한 나라의 좋은 선비임을 인정하여 문장과 말의 남은 경사가 장차 그 가문에 나타날 것이라고 말하는 데 이르렀는데 과연 큰 수명을 잘 누리셨다.

우리 할아버님의 형제분은 양친부모(兩親父母)가 살아 계실 때에 경사스러운 수연(壽筵)을 베풀었는데 소자(小子)와 같은 어린이도 놀랄 정도였으며, 또한 곁에서 술잔을 대열에서 받들어 올렸으니 아~, 성대하였도다.

또 일찍이 듣건대 5세 때에 어린 여자종과 더불어 놀러 나아갔다가 돌아오는 길을 잃어 어린 여자종이 길에서 울부짖거늘 공이 말리면서 말하기를 "네거리에서 조금 서 있으면 스스로 방법이 있을 것이다"라고 하였는데 조금 있으니 집에 종이 지나다가 보고는 더불어 손을 잡고 돌아왔다는 것이다.

약관(弱冠) 이후로는 장의문(壯義門) 밖에 소림사(少林寺)에서 글을 읽었는데 한 사람이 깊은 밤에 들어와서 자고 있었거늘 아침에 보니 황금 한 조각이 곁에 떨어져 있으므로 공이 스스로 종이에 싸서 묶어 놓고, 시험 삼아 잃은 바의 물건이 무엇이냐고 물은즉 그 사람이 대답함에 단청(丹靑)하는 것이라고 하면서 그 행낭을 풀어 보이며 증명하는 가운데 또 옻칠한 종이가 몇 장이 있었다.

공이 절의 중에게 일러 말하기를 이웃의 절에 법당(法堂)을 수선하고, 불상(佛像)에 도금(鍍金)한 곳이 있지 않으냐고 물었다. 대개 공은 옻칠을 한 종이는 금박(金箔)을 입힘에 두드리는 도구임을 알았던 것이다.

그 사람이 비로소 자복(自服)하여 말하기를 밤에 과연 미타암(彌陀庵)에 가서 상자를 열고, 물건을 훔쳤으나 도성문(都城門)이 닫혀서 도망가지 못했다고 하며, 이제 만약 본 주인에게 잡히면 나는 죽는 목숨이라고 애걸하며 목숨만 살려 달라고 빌었다. 공이 곧 확인하여 훔친 물건은 되돌려 주고, 죄를 용서하여 그 사람은 보내 주며, 법령을 깨우쳐 허물을 고치게 하였다.

노년에 일찍이 집 뒤의 산골짜기 사이로 가을걷이를 살피러 갔는데 갑자기 젖먹이 호랑이가 밭으로 뛰어 들어오니 모든 사람이 나무에 올라가서 피하거늘 공이 홀로 무릎 꿇고 앉아 부채를 천천히 거둠에 조금도 두려운 빛이 없었으며, 조금 있다가 과연 꼬리를 내리고 돌아갔다.

무인(戊寅)년은 이에 공의 춘추(春秋)가 88로 설날 아침에 한 가문이 모두 모여 있으니 공이 말하기를 "너희들이 내가 6송(六松)

으로 자호(自號)한 뜻을 아느냐? 지난 기미(己未)년에 돌림병이 서쪽으로부터 와서 걸리는 사람은 거의 살아남지 못했거늘 내가 그때에 전염병에 걸려서 스스로 분별해도 일어나지 못할 것만 같았는데 홀연히 꿈에 여섯 소나무가 마당에 자라는 것을 보고는 질병이 점점 나아서 소생하였다. 소나무 송(松) 자를 파자(破字)하면 금년이 바로 부적과 합하는 것이다. 늙은 부모가 있으면 해로 달로 준비해야 되는 것을 일찍이 마땅히 정비해서 갖추어야 하리라” 하셨다.

이해의 가을 9월에 이르러서도 몸이 오히려 건강했는데 이달의 7일에 곧 공이 돌아가실 것을 생각한 나머지 몸소 친히 일을 거행하면서 더욱 정성스럽고 부지런함을 다하였다.

날이 늦었는데 소자(小子)를 데리고 묘소의 입구에 절하며 아뢰어 말하기를 삼가 증손(曾孫) 아무개와 더불어 성묘(省墓)하나이다고 하였다. 돌아올 때에 못 위를 지나다가 잠간 쉬면서 말하기를 여기는 내가 낚시하며 놀던 곳이다 하였다. 돌아오다가 또 귀에 대고 말하기를 “걸음걸이를 편안하고 자상하게 걷는 것은 내가 무너져 떨어지기 때문이 아닌 것이다”라고 하였다.

그날 저녁 무렵부터 은미하게 병을 앓으며, 문득 20여 일을 보냈으나 매우 위독하지는 않았기에 내외 친척이 밤낮으로 살피면서 뫼시었는데 하루 저녁은 스스로 수저를 잡으면서 모두 자리에 앉아 밥을 먹으라고 명령하며 말하기를 “이제 나의 병이 조금 나으니 각자 장차 쉬다가 새벽닭이 우는 소리를 들으면 다시 모여야 되리로다” 하시더니 과연 이날 밤의 축시(丑時)에 정침(正寢)에서 역책(易簀)하시니 이에 같은 달 30일로 을축(乙丑)일이었다.

이해 11월 15일에 집 근방 몇 리에 있는 내사곡(內沙谷)의 경좌

(庚坐)에 장사 지내니 전 부인(前夫人)의 묘소를 따른 것이다. 7년 뒤 갑신(甲申)년 가을에 서쪽으로 두 산기슭을 넘어 선고비(先考妣)의 묘소 옆에 좌건(坐乾)의 언덕으로 이장(移葬)하고, 전후배위(前後配位)는 좌우(左右)에 부폄(祔窆)하였다.

오호통재(嗚呼痛哉)라, 공의 타고난 자질은 문학이니 울연(蔚然)히 종당(宗黨)이 우러러보는 바가 되었고, 벗들이 기대하였는데도 경륜(經綸)은 암혈(巖穴)의 사이에서 헛되이 늙었기에 범형(範型)이 문지방의 밖으로 나아가지 아니하였다. 그리하여 명성과 벼슬과 봉록과 수명 가운데 오직 그 하나만을 얻었나니 마땅히 아는 사람은 공에게 느낌이 있을 것인즉 소자(小子)가 시대를 기술하였는바 또한 대개를 말할 뿐이노라.

二十世傍祖妣

학생공호겸배유인평산신씨(學生公好謙配孺人平山申氏) 유사(遺事)

종증손(從曾孫) 제규(濟奎) 삼가 씀

유인(孺人) 분애(汾涯)는 판서(判書) 정(敐)의 증손(曾孫)으로 증지평(贈持平) 호(皓)의 따님이다.

시집온 지 얼마 되지 아니하여 여름철을 당하여 사랑채의 장정들이 안마당에 들어와서 보리타작을 하는데 아직 여름옷을 받지 못하고, 그 안채에 가까운 까닭에 감히 웃옷을 벗지 못하거늘 그 흐르는 땀에 흠뻑 젖는 것을 민망하게 여기에 홑이불을 재단해서 적삼과 잠뱅이를 몇 벌 만들어 문틈으로 던져 주니 비복(婢僕)들이 황공하고 감사하며, 공경하고 어려워하였다.

나이 겨우 20여 세에 애통하게도 남편의 죽음을 당했고, 그 다음 해 가을에는 두 달 사이에 모시던 시부모가 서로 이어 돌아가시니 영위에 궤연(几筵)을 설치하였다.

매일 아침이면 시할머니의 침실을 살펴 절하고는 여차(廬次)에 들어가 차례로 아침 곡(哭)을 하고, 이어 상식(上食)을 올렸으니 거의 정오(正午)에 이르렀는데 저녁에도 또한 그렇게 하였다.

그 곡읍(哭泣)과 궤전(饋奠)의 절도가 건강한 남자 또한 어려운 일이거늘 전혀 어렵게 여기지 않고, 실행하였던 것이다.

그 노쇠함에 미쳐 눈동자는 평상시와 같았지만 사물을 볼 수 없게 되었으니 대개 젊었을 때에 통곡하면서 흘린 눈물로 인하여 시력을 상하게 되었던 것이다.

시동생이 태어나서 겨우 5세에 양친부모(兩親父母)를 잃으니 민고, 어루만져 기르기를 자애로운 어머니처럼 하였고, 그 장성하여 입신(立身)함에 미쳐서는 문장과 행실이 세상에 이름이 났으며, 그 시집의 3종질(三從侄) 철문(喆文: 文寬으로 개명함)을 데려다가 양자(養子)를 삼았는데 장년(壯年)에 태학(太學)에 진학하였으니 특별히 안살림만 알맞게 잘한 것이 아니라 아들을 가르침에도 법도가 있었음을 알 수 있는 것이다.

가업이 중간에 바뀌니 안팎을 아울러 다스려서 다시 일으켰으며 그 제사음식을 정결하게 조리하고, 제기(祭器)를 고요하고 아름답게 차리는 것은 말하지 않아도 알 수 있는 것이라, 종당(宗黨)이 공경하고 흠모하였으며, 비복(婢僕)이 엄숙하고 두려워하였으니 비록 대인(大人)과 군자(君子)가 집안을 가지런히 함에도 어찌 이보다 뛰어날 것인가?

그 환갑날에 정범조(丁範祖) 판서(判書)와 정원선(鄭元善) 사간(司諫)과 이중련(李重蓮) 교리(校理) 등 여러분이 모두 시와 글로써 표창하여 기리고 축수하였노라.

중록공(中麓公) 유사(遺事)

7세손(七世孫) 덕진(德鎭) 삼가 씀

공은 휘(諱)가 철건(喆健)이요, 자(字)가 자순(子順)이며, 호(號)가 중록(中麓)이니 육송재(六松齋) 휘(諱) 정겸(正謙)의 장자(長子)이다.

공은 영조(英祖) 계유(癸酉: 서기 1753)년 10월 20일에 태어나서 순조(純祖) 갑오(甲午: 서기 1834)년 4월 20일에 졸(卒)하시니 수(壽)가 82였다.

묘소는 여주(驪州) 내사곡(內沙谷) 선영(先塋)에서 오른쪽으로 두 개의 산을 넘어 유좌(酉坐)의 언덕에 썼으며, 저서로 시집(詩集)이 집에 전한다.

배위(配位)는 전주이씨(全州李氏)로 갑술(甲戌)년 4월 7일에 탄생하였으며, 경오(庚午)년 6월 4일에 졸(卒)하였는데 공의 묘소에 부우(祔右)하였다.

1남 1녀를 두었으니 아들은 기선(箕善)이고, 딸은 청주인(淸州人) 한진후(韓鎭厚)에게 시집갔다.

공은 비록 학생(學生)이었으나 가까이 선공(先公)의 높은 풍도(風度)와 학덕을 본받았음에 선대(先代)의 유지(遺志)를 받들어 지킴에 조금도 어긋남이 없었다.

효성이 지극하였을 뿐만 아니라 또한 빙호추월(氷壺秋月)과 같은 산림처사(山林處士)로 호해(湖海)의 기상을 갖추었으니 공이 남긴 시문(詩文)을 읽으면 그 깊은 경지를 헤아릴 수 있으리로다.

<역자가 이에 중록공(中麓公)의 명시(名詩)를 번역하여 첨부함>

검은 휘장을 자손에게 보임

검은 휘장은 검은 물을 들였으니 공부방의 휘장이요,

붉은 장막은 붉은 물을 들였으니 강의실의 휘장이로다.

검은 휘장이 저절로 검어졌는지를 알 수 없으나

우리 집의 푸른 담요 가에 더불어 머물거니

책상 앞에는 아들과 손자가 나타나지만

그 아버지는 부지런히 배움을 내가 아노라.

내가 처음에 와서 비단으로 휘장을 만들었더니

선고(先考)가 검소함을 숭상하여 엄중히 사양하시도다.

삼베휘장으로 바꾸어 겨우 모기만 막기 위하여

부자(夫子)가 서당(書堂) 위에다가 걸었나니

종일토록 글을 읽어도 날이 부족하여

길고 긴 밤에도 등불을 향하여 계속했다네.

몇 년이나 물러와서 기름등불을 피우고

해가 쌓여 술을 마시며, 청려장(靑藜杖)을 태웠나

짧은 등잔과 성긴 모기장을 함께 가까이하면서

연기가 점점 물을 들여 까마귀색깔이 되었구나.

성문(城門)에 수레바퀴의 자취가 어찌 두 마리 말의 힘이며

먹이 실을 본다면 응당 쓸쓸해하리라.

한 번 글방의 휘장을 사퇴하고, 옥당(玉堂)에 오른다면

내가 그것을 거두어 보배롭게 소장하리라.

슬하에 아들과 손자가 책을 풀어 읽을 때엔

대부분 어린이의 마음으로 기쁘게 여기저기 떠돌았나니

맹자의 어머니가 베틀에 베를 자른 경계를 어찌 알며
차윤(車胤)이 반딧불을 모아 글을 읽은 사실도 모두 잊었다오.
사랑하고, 사랑하며 가르쳤는데 가르침은 방법이 많아도
마땅히 가학(家學)으로 기대하고 소망하였네.
책상자 속과 휘장의 꼭대기를 시험 삼아 먼지 털었더니
검은 매연이 옻칠같이 빛을 내도다.
이것이 너의 집어른의 서실(書室)에 기구인즉
등불연기의 옛 자취가 지금도 탈이 없구나.
소동파(蘇東坡)의 지팡이는 5경(五更)이 밝은 것을 알 수 있었나니
동중서(董仲舒)의 장막이 어찌 하룻밤인들 그냥 새웠으리오
너희들은 가문(家門)에 불을 전하는 땔나무인즉
경전(經傳)의 뜻을 개발함에 마땅히 힘을 써서 노력해야지
깊고 깊은 상자 속에 몇 폭의 휘장이여!
어찌 대바구니에 가득한 황금만 못하랴.
마땅히 한가지로 뗏목임을 깨달아 이 도(道)를 밝히되
모름지기 앞에 도끼자루가 되는 그 뜻을 숭상할지라.
천추에 나는 범문정공(范文正公) 집안의 보배로운 의장(義莊: 義
田宅)을 사랑하노니
문득 저 사람들의 넓은 비단휘장을 비웃노라.

세 그루의 회화나무를 손수 심고, 나의 자손에 반드시 3공(三公)이 된 사람이 있도록 말함

늙은 선녀가 나에게 석류의 열매를 주었나니
은은하게 붉은빛을 드러내며, 3대성(三大星)을 비추도다.

마당에서 기르면 사랑스러워 사(謝)씨 집의 난초요

국을 끓이면 응당 모름지기 은(殷)나라 왕실의 매실이로세.

아들과 손자가 부귀하려면 글자를 익혀야 되거늘

어찌 한가롭게 뜰 앞에 아름다운 나무를 가꾸리오?

조정(朝廷)의 의식(儀式)은 주례(周禮)를 살펴야 되나니

벼슬이 높은 3공(三公)은 3면(三面)이 회화나무로세.

구름이 푸른 가지에 머물며, 비와 이슬을 두루 내리고

세발솥 정(鼎)은 꽃 벽돌에 줄지어 높은 자리로다.

그 사람이 이 자리에 앉는 것이 가장 어렵나니

나무는 오히려 사람이 가꾸는 것이라오.

우리 집안에 남은 경사(慶事)는 봉추(鳳雛) 같은 인물이 많은 것
인즉

분명히 큰 건물에 동량재(棟梁材)가 되리로다.

하늘이 하여금 기린을 풀어 놓았으니 길몽(吉夢)을 꾸었고

세상의 운세가 규성(奎星: 文運星)이 빛나니 아름다운 운수가
돌아왔구나.

대궐의 문을 높고, 크게 할지니

네 마리 말이 끄는 수레가 그 스스로 오리라.

노쇠한 늙은이는 먼저 보고, 뜻을 기뻐하며

아홉 가시나무인 구극(九棘: 九卿을 상징함)과 푸른 회화나무 몇
그루를 옮겨 심었다네.

세 그루를 나란히 심은 것은 노닐려고 심은 듯하고

몇 척(尺)이 바야흐로 자라는 건 뽑히는 것을 보호하려는 듯해라.

시원한 그늘이 마당 가에 생기는 것은 10년의 계획이요

머물러 붉은 대문을 기다리는 것은 복숭아꽃과 오얏꽃이 필 때

라네.

참으로 높은 나무와 똑같으면 일찍 추천에 응할 것이며

거의 황금으로 만든 병을 본다면 새로 높은 산을 점쳐야지

나의 몸은 비록 큰 벼슬을 하지 못했지만

반드시 아이들이 있으니 응당 보필하여 함께하겠지.

손수 심은 팥배나무 감당(甘棠)이 번쩍번쩍하여

뜰 앞에 우거졌으니 응당 꺾지 않으리라.

긴 가지가 울창하여 넓은 하늘을 덮거늘

빽빽한 잎이 푸르고, 푸르게 봉황이 깃들게 한다네.

원래 형체와 기상은 뿌리에서 나오나니

어찌 하물며 나의 자손이야 충효할진저!

장차 하여금 나무 아래에서 시경(詩經)과 예기(禮記)를 강론하여

여러 아이들을 조정(朝廷)의 인재로 배양하도록

금어대(金魚袋)를 옥대(玉帶)에 매달고 퇴근하니 얼씨구 좋구나!

사랑스러운 잎이 무성한 가지에 매달렸으니 그늘에 산책하기 좋을씨구,

3괴(三槐)의 왕씨5후(王氏五侯)는 세상이 모두 우러러보나니

소식(蘇軾)이 명문(銘文)으로 아름다운 시를 지었다네.

통천어대(通天御帶)를 하사하여 배도(裴度)를 환송하며 군사를 시찰함

한(漢)나라 고조(高祖)는 옷을 벗어 주었고, 한신(韓信)은 바지를 하사했나니

모두 이것은 은혜로운 영광으로 파격적인 것이로다.

임금과 신하가 한몸인즉 짐이 뜻을 기울이노라.

사졸(士卒)이 서로 돕는 것은 군무(軍務)의 중대함일세.

통천보대(通天寶帶)를 너 배도(裴度)에게 하사하노니

힘쓸지어다. 이제 가서 채(蔡)나라 인민을 살리도록 정벌을 완수하라.

서쪽 변방에 억센 무리가 정직하게 받아들이지 아니함은

양자강(揚子江)과 회수(淮水)가 하나의 띠를 두른 듯한 형세를

의지하여 믿음이로다.

새로 계승한 우리의 정책은 우공(禹貢)을 계산함이요

함께 의논한 천토(天討)는 주(周)나라의 제후(諸侯)가 회맹(會盟)

함일세.

뭇 신하들은 모두 화친하자는 구차한 계획이었으나

재상(宰相) 배도(裴度)는 일치단결하여 정벌하자고 하니 내가 참

으로 의지하도다.

세 방면에서 조달하고, 징발하니 백만의 군사인즉

어진 인재를 뽑아서 위로하니 그대가 최고로다.

상벌(賞罰)을 밝게 거행하면 감히 어김이 있으리오?

기한(飢寒)을 세밀하게 살피면 거의 덮어 둠이 없으렷다.

남쪽으로 정벌할 길일(吉日)을 점치니 경신(庚申)일이라.

이미 공격할 병기와 수레를 비단그림처럼 베풀었노니

이제 떠남에 무엇으로 빛나게 표창할까?

나의 허리띠에 아름다운 문채와 상서로운 기운이 아롱지노라.

신령이 통한 붉은 궁궐은 9만 층이요

색깔도 고운 노랑 곤룡포는 12가지 수를 놓았네.

황제(皇帝)의 집에서는 오래도록 나라를 진압(鎭壓)하는 보배를

만들었나니

남쪽에서 생산하는 황금과 큰 조개뿐만이 아니로다.

그대가 이번에 떠남은 짐의 뜻을 체득하였음을 알기에
허리띠를 하사하는 특별한 은전(恩典)도 너무 크다고 여기지 않
노라.
빛이 양자강과 한수(漢水)에서 생기면 민중이 모두 쳐다볼 것이고,
위엄이 변방의 언덕에서 진동하면 오랑캐가 멀리 도망하리라.
번쩍번쩍 빛나는 부절(符節)과 도끼는 무술에 익숙한 병졸이니
은총을 문득 변방에 베풀어 은혜가 비처럼 질펀하도록
포위하여 연합작전으로 채(蔡)나라에 들어가는 날
맹세코, 요망한 기운으로 하여금 스스로 자멸토록 해야지
여러 백성을 품어 주면 어찌 원망하고 탄식하며
여러 장군은 위엄을 알거니 탐욕이 없으리라.
잔인하고 포악한 무리를 처단하고, 인민을 구원하는 것이 그대
의 중대한 책무일새
도적의 머리를 어느 때에 하얀 깃발에 매달까?
3일간의 조정(朝廷)회의에서 희망사항이 이미 나타났으니
한 조각의 신령한 누대에 그대의 초상화가 어찌 없으리오?
평회비(平淮碑) 위에 공의 공덕을 기록하여
황하(黃河)를 띠로 두른 듯, 태산(泰山)을 갈듯이 영원하리로다.

신인(神人)이 있어 태백산(太白山)의 단목(檀木) 아래로 내려
오니 나라사람이 세워서 임금으로 삼음

하늘은 아버지라고 부르고, 땅은 어머니라고 일컬으니
일백 신령이 수레를 호위하며 어지럽게 오도다
붉은 명협(蓂莢)풀이 날과 달을 알리어 태평한 시대를 열었거늘
보라무궁화가 피는 산천에 연방국가가 모였다가 나누어지므로

바다의 동쪽에서 우러러 받들어 인민의 주체정부를 세우고

단(檀)을 임금으로 삼으니 열 성씨가 기뻐했다네.

동쪽 바다 부상(扶桑)의 동쪽은 추(鄒)나라의 오랑캐 습속으로

다만 이 백성만 있었고, 이 임금이 없었기에

산천이 뚫리지 아니하여, 구멍에서 섞여 살며

인물이 부질없이 사슴과 떼 지어 놀았다네.

하늘과 땅이 개벽하는 데 몇만 년이 흘렀나?

귀하고 천한 아름다운 문채야 처음엔 듣지 못했지

푸르고, 푸른 태백산 꼭대기의 박달나무여!

홀연히 신인(神人)이 있어 5색 구름을 타고 왔다네.

기성(箕星)의 별자리에 처음으로 음양5행(陰陽五行)의 정기를 내리어

대동강(大同江)이 새로 맑아 천 년에 한 번 분출했도다.

하늘이 대인(大人)을 내서 뭇 사물의 으뜸으로 삼나니

그 재질은 총명하고, 그 덕성은 문채 난다네.

인민은 멀고, 가까운 것이 없이 태양처럼 받들어 나아가며

1만 입이 똑같은 말로 서로 알리며 말을 하였지,

제후(諸侯)를 태읍(邰邑)에 봉(封)하니 호(號)가 후직(后稷)이요,

제(帝)를 평양(平陽)에 임하게 하니 이름이 방훈(放勳: 堯)일새.

우리 동방에만 어찌 홀로 임금이 없으랴.

이 사람을 추대하여 마땅히 부지런히 복무해야지

때는 바야흐로 무진(戊辰)년으로 원년(元年)을 정하였고,

땅은 바로 평양(平壤)이니 8방의 끝까지 통하였네.

곤룡포는 아름다운 우리나라의 명주로 만들어

5색의 문양을 수놓으니 난초와 사향노루의 향기로세.

임금은 오직 명령을 내서 교화(敎化)를 베풀며

인민은 스스로 다스리고, 생산하여 부지런히 농사를 지었지.

대궐의 문을 세워 문지기들에게 지키라고 명령하니

엄숙하고 가지런한 조정(朝廷)의 의식(儀式)은 관청에 직원을 두
었구나.

조선(朝鮮)의 두 글자는 나라를 세우는 국호(國號)인데

대개 동쪽 바다모퉁이에서 햇빛이 솟는 것을 상징하도다.

전해 듣건대 하(夏)나라 우(禹)임금은 도산(塗山)에 모여서

아들 부루(扶婁)를 파견함에 광주리에 그 붉은 비단을 바쳤다네.

임금이랄까? 목백(牧伯)이랄까? 등급과 권위는 다를지나

덕화(德化)야 혼연하게 순수한 술처럼 향기로워라.

아득히 옛날에 개국(開國)하여 인류의 문명을 개척했나니

동국(東國)의 역사가 만고에 맑은 향기를 드리우리로다.

착한 인연으로 만남만 같지 못하네

장군(將軍)의 학문이 있으면 1만 사람을 대적하나니

패공(沛公: 劉邦)의 잔명(殘命)이 깃털보다 가벼울 것을

장군이 꾸짖어 호령하여 1천 군사가 나아가면

패공(沛公)의 패잔병은 썩은 나무가 뽑히듯이 했으리.

장군은 이렇게 좋은 기상이 있을지라도

신성한 무예는 사람을 죽이지 않음에 마땅히 먼저 힘써야 했네

오늘 밤에 장량(張良)이 도망가는 것을 보게 되더니

고통스럽게 유방(劉邦)이 예절로 장량을 대우하였지.

은근히 술잔을 받들며, 혼인을 약속하거늘

분명히 등불의 심지를 돋우며, 지난 일을 이야기했으리.

진(秦)나라 도성에 들어간 뒤에 털끝만큼도 물건을 취하지 않고,

날마다 오추마(烏騅馬: 項羽의 말)가 맑은 위수(渭水)를 건너오
기만 기다렸네.

관문을 봉쇄함은 본래 다른 도둑을 대비함인데

뜻밖에 간사한 사람이 이것을 거짓말로 속여서 알렸네.

말이 있고, 이치가 있으므로 나도 그렇다고 허락을 하니

돌아와서 중동(重瞳: 項羽)에게 대답하여 말을 모두 전했지.

중동(重瞳)의 생각 아래 물어 무엇 하나?

또한 목동과 나무꾼도 말 한마디 뱉은 것을

한 사람이라도 죄 없이 죽이면 오히려 상서롭지 못하거늘

공로가 있는 사람을 치려고 하니 어찌 그릇되지 않으리오?

지나친 생각은 몸으로 들음에 늙을수록 더하고,

객기(客氣)는 감당하기 어려우니 사납고, 용맹한 영웅이 베풀도다.

저들이 반드시 내일 아침에 일찍 와서 사례(謝禮)할지니.

다만 마땅히 기뻐하고, 성냄은 당치 않으리라.

봄술을 즐겁게 마시듯이 주인과 손님의 자리를 베풀고

질펀히 쓰러질 때까지 흠뻑 예절을 갖추어 술잔을 주고받을지라

지난날의 혐의는 물과 구름처럼 흘려버리면서

전에 맹세했던 형제는 쇠와 돌같이 공고하게 다져야지.

유방(劉邦)이 함곡관(函谷關)을 먼저 돌파한 것은 위대한 훈로
(勳勞)라고

말을 잘하여 감탄하면서 독보적임을 인정했어야만

엄혹한 된서리도 만약 변하면 봄바람이 되듯이

황공한 은혜를 입으면 스스로 돌아가 붙는다네.

친근함은 여러 아버지 같고, 의리로는 곧 신하일새.

확실히 해치려는 것이 아니고, 속으로 보호하고자 한다면

어찌 의협심과 정열이 있는 성질로 칼과 창을 찾으리오?

마땅히 기쁜 감정을 다하여 산과 나무를 노래하였으니

원래 왕도(王道)는 죽이기를 즐기지 않는바

사나이는 모름지기 넓혀야 할지나 몇 사람만 헤아린다네.

씩씩하다고 칼춤만 춘다면 으뜸가는 사람도 가려 버리나니

또한 용안(龍顔)에 나타난다면 살아서 떠나는 길이로세.

왼쪽 다리에 72개의 검은 점

제왕(帝王)의 형상은 보통 사람과 다르거니

천문(天文)이나 혹은 지수(地數)를 감응하도다.

해와 달과 별처럼 순(舜)임금은 눈동자가 두 겹이요,

황하, 한수(漢水), 양자강, 회수(淮水)같이 문왕(文王)은 젖꼭지가
4개라네.

요(堯)임금은 눈썹이 8색이니 후손에게도 있고,

패수(沛水) 위에 마을 집에서 참임금 유방(劉邦)이 태어났네.

인간 유태공(劉太公)의 태(胎)를 빌렸으나

하늘 위의 적제(赤帝: 炎帝)는 그 아버지가 된다오.

적제(赤帝)는 철로 보면 오직 여름철에 속하니

화덕(火德)이 일을 하는 붉은 명부(明府)일새.

시험 삼아 묻건대 그 날이 모두 며칠인가?

3개월 90일의 길고 긴 날이로세.

그 가운데 일하는 날은 72일이므로

끝내고 시작하는 두 번의 9는 18일로 토덕(土德)인 황제(黃帝)가
관장한다네.

하느님이 유방(劉邦)을 살피고, 신령한 부적(符籍)을 내려서

검은 점을 펼쳐 심으니 왼쪽 다리에 붙었다네.
왼쪽은 바로 양(陽)의 밝은 곳인즉 응당 높고, 뚜렷할지며
다리는 마땅히 걸어가는 것인즉 법도에 적중할지라.
1백 육체 가운데 여기에다 기필한 것은
그 수리(數理)가 얼마인가를 확실히 보임이로다.
18일 배로 더하면 복희(伏犧) 8괘(八卦)의 36궁(宮)이고,
춤추는 줄을 보태면 명당(明堂)에서 춤추는 64명의 춤일네.
끝을 완성하고, 시작을 완성함은 여름날이며
검은 점으로 문채를 냄은 다리 위에 모였구나.
영롱한 검은 점이 광채를 발휘하여
넓은 산에 흩어져서 구름에 채색을 한 것이 다섯 번이로다
청의(靑衣)를 입은 어린이가 매우 당돌하거늘
지난번에 하늘에서 붉은 해를 걸고, 내기를 했다네.
황폐한 마을에 귀신같은 어미는 응당 예언(豫言)을 알렸고,
홀아비 신선 같은 늙은이는 서로 계보를 증명했구려
함양(咸陽)의 도사(道士)가 두 다리를 세우고선
진시황(秦始皇)을 손으로 어루만지며 희롱한다네
그 얼굴이 용상(龍相)인데 코가 또한 우뚝하고,
골상(骨相)은 원래 신무(神武)를 타고났도다.
가로세로 크고 작은 72개의 검은 점이여!
서쪽 진(秦)나라의 산하를 불 속에 삼켰다네.
같은 시대에 3걸(三傑: 張良, 韓信, 蕭何)을 팔다리로 삼았나니
8년 동안 대적할 이 없이 천하를 다녔지.
진(秦)나라 언덕에 노닐던 사슴을 몇 사람이 다투었는가?
빠른 발로 끝까지 보면서 말 타고 잡았도다.

二十二世箕善

자헌공(柘軒公) 유사(遺事)

6세손(六世孫) 덕진(德鎭) 삼가 씀

공은 휘(諱)가 기선(箕善)이요, 자(字)가 치범(稚範)이며, 호(號)가 자헌(柘軒)이다.

정조(正祖) 경자(庚子: 서기 1780)년 11월 6일에 태어나서 순조(純祖) 계사(癸巳: 서기 1833)년 6월 21일에 졸(卒)하니 춘추(春秋)가 54세였다.

묘소는 여주(驪州) 내사곡(內沙谷) 선영(先塋)의 왼쪽으로 하나의 산기슭을 넘어 인좌(寅坐)의 언덕에 있다. 저서로는 시집이 집에 전한다.

배위(配位)는 청주한씨(淸州韓氏)로 갑오(甲午)년 10월 11일에 태어나서 을유(乙酉)년 4월 23일에 졸(卒)하니 공의 묘에 부폄(祔窆)했는데 갑신(甲申)년에 고비(考妣)의 묘소 아래로 이장(移葬)하였다.

1남 1녀를 두었으니 아들은 제규(濟奎)요, 딸은 청주인(淸州人) 한학원(韓學源)에게 시집갔다.

<역자가 여기에 자헌공(柘軒公)의 명시(名詩)를 번역하여 첨부함>

곤궁하면 마땅히 더욱 굳세고, 늙으면 마땅히 더욱 씩씩하라

그대여!

위수(渭水)의 물가에서 낚시하던 강태공(姜太公)은 곤궁해도 영

달했나니

80이 되어서야 독수리처럼 하늘을 나는 장수(將帥)가 되었노라.

또한 우(虞)나라의 백리해(百里奚)는 소를 몰던 출신이었지만

진(秦)나라에서 오히려 5고대부(五羖大夫)로 전하도다.

예로부터 어질고 통달한 사람을 손꼽으니

발자취가 대부분 곤궁하고, 파리한 상태에서 나왔다네.

때로는 공사장(工事場)과 물고기와 소금을 파는 장사꾼 속에서

뽑아다가

정석(鼎席: 三公位)과 암랑(巖廊: 대궐)의 높은 자리에 두었도다.

인생의 사업은 끝나는 해가 없으므로

관 뚜껑을 덮기 전까지는 모름지기 스스로 힘쓸지라.

문연(文淵)은 스스로 뜻이 있는 사람이라고 하였나니

노쇠하여 아무것도 못 하게 되니 웅대했던 뜻도 형편이 어려웠네.

살기가 어렵다고, 그 누가 농사를 짓고 소를 먹이나

변방으로 떠돌면서 애오라지 친구들과 서로 의지한다네.

집에 형들도 또한 대기만성(大器晚成)의 재목임을 인정하여

그 옥 덩어리를 진실로 어진 장인(匠人)에게 보이지 않았다오.

이로 말미암아 장사(壯士)에게는 분개하여 탄식함도 많거니와

스스로 공명(功名)을 세우면 하늘이 반드시 먹이리로다.

영웅(英雄)은 늙음이 장차 이름을 알지 못하거늘

가난한 귀신이 어찌 반드시 괴로움을 서로 비방하리오?

아무렴 그렇기에 오늘날 가난하고, 또한 늙었지만

뜻과 기상은 본래 그대로 평생에 기르는 것을

가난하고, 천해도 다시 떨치지 않을 줄을 어찌 알리오?

쇠약하고, 늦어서 다시 씩씩하기 어렵다는 말을 하지 마소.

웅장한 마음은 마땅히 소년시절보다 배가 되나니

검소하게 산다면, 어찌 위대한 역량(力量)을 꺾으리오?

사람은 모두 4주8자(四柱八字)라고 신세타령을 하거니와

가난한 오막살이를 슬퍼하고, 탄식해도 또한 편안하다고 말한다네

죽을 때까지 청운(靑雲)의 높은 뜻을 떨어지게 않을진댄

아롱진 무성한 풀 속에서 어찌 쓸쓸하게 슬퍼하며

발을 헛디디어 넘어진들 누구에게 흰머리가 된 나이를 원망하랴!

나의 모양은 비록 노쇠했지만 뜻은 더욱 고상하노라.

원로(元老)로서 씩씩하게 계획했던 방숙(方叔)의 무리여!

주(周)나라 왕실(王室)을 중흥(中興)한 공로로 홀로 지팡이 짚었네

가난하게 살며, 멍석으로 문을 가린 진유자(陳孺子: 陳平)는

기묘한 계책으로 능히 한(漢)나라로 하여금 창업을 하게 했도다.

나도 또한 살아서 진정한 임금의 세상을 만났으니

전배(前輩)들이 세운 공로에 그윽이 스스로 더할새

마침내 그 말과 똑같이 성취하리니

넓은 하늘에 높은 이름이 100대(代)에 우러러보리라.

사수(泗水) 가에서 경쇠돌을 뜨다

위대한 악기(樂器) 돌을 뜸에 산과 물 사이에 있는데

원리를 선천(先天)에서 갖추어 저절로 소리를 내어 듣는도다.

8음(八音)의 악기 가운데 석재(石材)를 구하기 어려운즉

주옥(珠玉)보다 귀하지만 정강이가 없다오.

5색의 문채는 왜황(媧皇: 女媧氏)이 연마했고,

6영(六英)의 정신은 기모(氣母: 元氣)가 잉태했다네

땅에도 항상 있지 않고, 사람도 가끔 보나니

세대를 뛰어넘어 한 번 나오기에 나머지가 없도다.

바위 돌을 한 번 씻으면 모든 골격이 단단하여

물에 있어도 젖지 않으니 이로써 그것을 증명한다네

황제(黃帝)가 얻어서 영륜(伶倫)에게 곡조를 만들게 하였으므로

예로부터 악기로 전하며, 이름을 경(磬)이라고 했도다.

사수(泗水)가 한번 맑아졌으니 신성한 우(禹)의 자취일새

돌이 있어 캐내자 빛이 아롱지누나.

한번 기(夔)가 정신으로 옛 고을에서 뜨거늘

파도의 신하가 나와서 호위하고, 물고기가 따라간다네

기이한 재질이 가볍기는 약수(弱水)의 지푸라기보다 심하지만

지극한 보배도 부끄러워서 저울대의 눈금 속으로 들어간다오

이칙(夷則: 十二律의 하나)의 기운이 주린 배에 가득하여

그 울림이 공중에 퍼지면 귀신과 사람이 감응하누나

음절을 살피면 궁(宮)과 우(羽)의 소리에 침몰하지 아니하며,

소리를 냄에 거문고 소리의 느즈러짐에 비교하리오?

하늘이 낸 제왕(帝王)의 악기임을 이에 알지니

여러 악기 가운데 날줄과 씨줄이 되노라.

미개인(未開人)은 감히 스스로 고찰하여 치지 못하며,

아이들은 신중할지니, 서로 가지거나 주지 말거라.

땅은 바로 서주(徐州)요, 주(州)에는 목백(牧伯)이 있나니

광주리에 담아서 조공물(朝貢物)로 조정(朝廷)에 바친다오.

이 돌을 받아서 순(舜)임금이 악기로 편입할새

길고 짧은 장단을 맞춤에 어찌 척촌(尺寸)의 길이를 논하랴!

검은 섬유에 수놓은 자루로 열 겹을 싸고,

경쇠처럼 허리를 굽혀 절하고, 무릎 꿇으며 정성을 다하라.

큰 경쇠가 우렁차게 두루 노래하는 것이 이에 제1 아름다우니
양주(梁州)의 옥돌이 어찌 모두 훌륭하리오?
한번 두드리면 능히 1백 짐승으로 하여금 춤추게 하노니
봉황(鳳凰)도 또한 와서 절하며, 감흥을 이기지 못하는 것을
또 듣건대 예주(豫州)에서도 경쇠돌을 캐서 나왔다고 하니
성왕(聖王)의 시대에 악기를 제작함은 하늘의 결정에 따르는 것
역산(嶧山)의 남쪽에 외로운 오동나무는 봉황이 깃드는 가지인데
소리를 머금고, 서리를 업신여기면서 돌다리에 섰도다.
회수(淮水)와 사수(泗水)에서 떠서 황하(黃河)에 도달하나니
10,000리에 산을 넘고, 물을 건너 하나의 길이 통하누나
남양(南陽)에서 뜬 돌이 우리 동방에 울려 퍼지니
옛날의 악기와 현대의 악기가 마땅히 한가지로 조화하도다.

패공(沛公 : 劉邦)이 관중(關中)에 머물려는 것을 보고, 부잣집에 늙은이가 되고 싶으냐고 물음

신(臣)은 바로 중양(中陽)에서 비단을 판매하는 무리로되
오히려 능히 공명(功名)을 이루려는 뜻이 있도다.
진(秦)나라의 정부를 천자(天子)의 정부라고 말하지 마소,
팽성(彭城)에서 밤에 수놓은 것을 자랑하는 것과 무엇이 다르랴!
웅대한 계책이란 소봉(素封: 큰 부자)에 그치는 것이 아닌가?
안타까워라, 유방(劉邦)에게 하늘이 천명(天命)을 주었구려
집사람의 산업은 얄팍하여 하지를 않고
아버지는 처음부터 4해(四海)를 부유하도록 마을을 썼다네
풍읍(豊邑)의 서쪽에서 중씨(仲氏)에게 농사를 배우는 것을 부끄

러워하고,

절강(浙江)의 동쪽에서 진시황(秦始皇)이 수렵하는 것을 쫓았다네.

번쾌(樊噲)와 노관(盧綰) 등 여러 사람들이 바람처럼 쫓아와서

각각 공을 따르기를 소원하여 붉은 인수(印綬)를 느꼈나니

당당하게 붉은 깃발이 관중(關中)으로 들어가기 시작할새

어찌나 화려한지 눈이 휘둥그레졌지.

산호(珊瑚)의 상자 속엔 보배와 조개가 이것이요

옥녀(玉女)의 창 앞엔 꽃과 달이 더하도다.

용안(龍顔)이 여기에서 또한 물건을 즐겼나니

돌아가기를 잊은 것처럼 숙원(宿願)을 풀었도다.

함께 왔던 장사(壯士)들만 오직 실망하니

방패를 끌어안은 사나이들이 눈썹을 홀연히 찡그렸지.

평생의 큰 뜻을 돌아보건대 어디에 있는가?

사업은 끝이 없나니 이제 우주를 경영할 차례로세

공이 만약 부유한 즐거움만을 추구하여

여기에 머물러 한갓 편안함만을 탐하는 것은 계획이 어그러진
것이 아니리오?

진(晉)나라와 초(楚)나라 같은 큰 지방국가도 되기 어렵거니

차마 도주공(陶朱公) 같은 부자와 더불어 취미를 같이하리까?

이름을 나란히 한 것이 부잣집의 늙은이에 지나지 않고,

단지 궁벽한 시골에 하나의 가난뱅이를 면했을 뿐일네.

풍요로움은 겨우 옹주(雍州)에서 거둔 세금이요,

말린 고기와 양식은 많지 않아 그 동물원에서 거두누나.

인간에게 좋은 물건이 어찌 여기에 그치리!

시험 삼아 관중(關中)의 밖으로 푸른 하늘을 바라보소,

가지런히 노을 진 아홉 방면에 물건과 재화가 쌓였거니

바다와 육지로 뭇 장사꾼의 배와 수레가 모이도다.

오늘날의 천하를 보건대 오랫동안 주인이 없으므로

진(秦)나라의 언덕을 얻고, 잃음은 한 마리 사슴을 쫓는 것이라네.

우리들은 일찍이 말하기를 진정한 제왕(帝王)을 만나자고 했나니

그래서 쫓아다니기를 비바람처럼 모였지요.

만약 이제 전 국토를 하나로 통일하여 안정시킨다면

부유함을 산과 바다에 두어서 모두 파악하기도 어려우리로다.

송운령(松雲嶺)의 수를 완성하지 못하면 물고기의 꼬리가 길지 않고, 한서(漢書)를 깨우치지 못하면 한이 됨

몸이 소부(巢父), 허유(許由)와 소하(蕭何), 조삼(曺參)의 사이에 처하니

숨지도 않고, 바쁘지도 않게 공명(功名)을 세우도다.

인생은 만족을 기다리지만 어느 때에 만족하리오?

세간에서 바라는 바는 모두 바라는 것 같구나,

못에 물고기와 산마루에 소나무도 글과 더불어 섬세하게 알아서

오히려 스스로 왔다 갔다 함이 마음속에 있다네.

나는 가정과 나라의 일을 이미 완료했으므로

만년에 숲과 샘물을 즐기노니 거의 원한이 없노라.

낚시터에 앉아서 어느 날에 구름과 하늘을 바라보며

소를 타고 한가로울 땐 문헌(文獻)을 읽누나.

소나무 숲에서 책을 폈다간 다시 물고기를 구경할새.

단지 소원은 죽는 해까지 노력하여 밥 먹는 것일세.

연기와 노을을 즐기는 병이 깊은데 나그네의 여관에서

평생의 일을 하나하나 점검하니 뉘우침과 원망이 없다오.

공훈(功勳)과 명성은 이미 지극하여 성신(聖神)이라고 서로 찬양

하고

몸과 세상은 다툼이 낙지론(樂志論)과 같아라.

용종(龍鐘)은 7척도 차지 않는 몸이었건만

능히 전생(前生)의 빚 천만 냥을 갚았고,

문하생(門下生)이 임종하는 날에 손을 열어 보는 곳에

무슨 일로 눈썹 끝에 근심스러운 고민을 하였을까?

노는 물고기는 짧고, 짧은 구멍 속의 꼬리요

늙은 소나무는 듬성듬성 화려한 지붕에 그쳤네.

반고(班固)의 한서(漢書)를 연구하는 사업으로

헛되이 늙은 나이를 저버리고, 사필(史筆)만 씩씩하도다.

평천(平泉)의 꽃과 돌을 오히려 잊기 어렵거니

원개(元凱)의 봄과 가을을 마침내 사양함이 있으리오.

소나무를 심고, 물고기를 기른 지 얼마나 되었나?

쓸쓸한 우리 집은 산을 샀다네.

생황(笙簧)을 연주하지 않아도 물 건너서 소리가 들리고,

아름다운 꼬리가 오히려 느릿느릿 노란빛이 아롱지도다.

구름이 돌아가고, 물이 흐르는 것이 이때의 한탄인즉

어찌 영광의 길에 붉은 무릎가리개가 곤란하리오?

몸이 장군과 수상의 자리에 머문 지 20년에

꽃잎이 날아서 헛되이 우리에 떨어지는 것을 근심하지 않았도다.

만약 장차 늙은 몸이 몇 년을 더 산다면

연약한 물고기를 잡아서 한 번 배부르게 먹으리.

착한 사람은 한서(漢書) 읽기를 풀지 않거늘

누가 다시 소나무그늘에서 큰 술잔을 권하나.

착한 사람은 문득 푸른 초목이 우거진 집을 추억하노니

문(文)과 무(武)를 겸한 배공(裵公)은 만세(萬世)의 모범이로다.

어찌 맨발로 얼음층을 밟으리

아~, 강변에 늙은 노인이 이에 사물을 헤아리지 못하여

파리한 뼈를 매서운 추위에도 가리지 않도다.

여자종이 있으니 맨발로 맑은 샘물을 긷는데

신선이 있으니 맨발로 해를 타고 오르누나.

어떻게 붉게 타오르는 용광로 속에 앉아 있으리오?

4방과 위아래로 도망치려고 해도 할 수 없다네.

가령 얼음누에인 빙잠(冰蚕)이 된다고 하여도 추위를 느끼지 못
하고,

불쥐인 화서(火鼠)가 되어도 뜨거움을 견디기 어려워라.

손에 흰 깃털부채를 들면 도리어 미치도록 불타고

몸이 푸른 매화나무에 의지하면 갈증만 도리어 더하누나.

비록 얼음덩어리를 금으로 장식한 쟁반에 쌓은들

산이 타고 돌이 녹아서 흐르는데 어찌 온전히 엉기리오?

가령 현빙(玄冰)의 원기를 입에 머금을지라도

불이 돌아가는 불꽃바람을 어찌 견디랴!

어리석게도 우화등선(羽化登仙)하여 옥병의 얼음 속에 숨어

1만 골짜기에 바람을 맞이하며, 찬이슬을 받으려고 하지만

생각만 갔다 왔다 하다가 이어 크게 외치며

서늘함을 불러 더위를 피한다고 해도 장차 어디에 의지하리오?

불을 관장하는 축융신(祝融神)이 붉은 옷을 한번 휘두르면

음(陰)의 기틀을 둘러 주간하여 긴 끈으로 묶어 버리는 것을

3복염천(三伏炎天)이 한겨울로 변화한다면

6합(六合: 世界)에 찌는 듯한 더위가 돌아오지 않으리로다.

눈보라가 휘몰아쳐야만 물에서 뼈가 생기나니

차례로 호수와 바다에 단단한 얼음이 어는 것

그런 뒤에도 이 늙은 노인이 두 다리를 드러내며

신을 버리고, 아이와 더불어 맨발로 다닌다네.

흰머리를 돌아보지 않으며, 주변 사람을 놀라게 하는데

참으로 1,000척(尺)의 난간에 서리를 밟으니

차라리 눈 위에 누웠던 요부(堯夫) 소강절(邵康節) 공을 싫어하며,

가을의 찬바람을 두려워 않는 장계(張季)의 매도 부럽지 않다네.

발아래는 강물과 못의 구덩이에 유리(琉璃)가 쌓였는데

더위를 다스리는 벼슬아치의 뜨거운 것들을 층층으로 묻어 버린

다오.

7월 6일이 된 것도 모두 잊으며

다만 흰 비단 같은 하얀 이슬이 흐르는 것만을 이야기하누나

이로부터 족히 나의 몸을 편안히 하노니

밤중엔 전갈이 없고, 밥상엔 파리가 없다네.

스스로 미치광이를 비웃다가 늙어서는 다시 미쳤으나

숲 속의 연못에 추위를 이길 수 없음을 근심하지 않노라.

옥정반(玉井飯)과 금주발은 모두 분수 밖이거니

동쪽 성곽에 신이 떨어진 사람을 더욱 서로 찬양하도다.

더위에 지친 가련한 사람이여! 미련하게 제 분수를 가리지 못한

사람이로세.

다투어 바람 부는 정자로 들어가서 천천히 중과 이야기하소.

홍수를 막는 공이 높은 마암석(馬巖石)

촉강(蜀江)의 석서(石犀: 돌물소)는 마침내 이지러져서 없어졌고,
한지(漢池)의 석경(石鯨: 돌고래)은 부질없이 조각한 것이라네.
기이하여라, 여강(驪江)의 강 이북에는
하늘이 기묘한 바위를 만들었으니 돌의 형세가 깎아질렀도다.
예로부터 전하기를 신령한 말이 그 속에서 나왔는데
꿈틀꿈틀 노는 용 같아 고삐와 재갈을 사절하였네
최초에 펼쳐질 때는 귀신이 있는 듯하여
옥공(玉工)이 쫓다가 그 바위에 이름을 마암(馬巖)이라고 했다오,
바람처럼 달렸던 남은 자취에 바위가 나타나서
물고기와 용이 살던 옛 굴에는 푸른 이끼로 막았구나.
웅장한 고을이 펼쳐 앉음은 이것이 있음에 힘입었으니
옷깃과 띠처럼 산천을 둘러서 천 년 동안 인민을 구제하는 바위
로다.
땅 위에 가득한 마을이 물의 관문에 해당하거늘
반은 이에 긴 강줄기가 휩싸는 바이로구나.
마침내 층층의 바위를 바탕하여 물을 막는 문을 만들었나니
제방은 긴 보습을 가지고, 애쓰지 않고도 쌓았노라.
지주(砥柱)처럼 우뚝하게 힘써 지탱할새
장성(長城)같이 숨었으니 공이 어찌 범상하리오?
조각돌은 스스로 강물의 흐름 속에 숨어 있어도
붙잡아 간직함을 참으로 바탕하니 신명(神明)이 살피는 것을
범람해도 청심루(淸心樓)에는 가까이 가지 않으며

물이 넓을 때에는 긴 바람이 배를 보낸다네.

1천 집의 산과 성곽은 병풍처럼 둘러막았고

2능(二陵: 英陵과 寧陵)은 봄과 가을로 소나무와 삼나무가 보호하도다.

길이 물을 막는 일을 홀로 찾아 맡았으니

이무기가 날뜀과 용이 꿈틀거리는 것을 근심하지 않노라.

한 줄기의 강물에 바람과 달을 구경하는 땅이요,

가득히 물이 돌에 부딪치는 소리에 소(韶: 舜樂), 함지(咸池: 堯樂)를 듣는 곳이라.

뱃사공과 어부가 노래하며 머리를 돌려 보노니

아득히 푸른 곳을 바라볼제 하늘도 푸르구나.

작은 구멍 같은 곳을 보니 못도 깊은 데 있거늘

배가 지나가다가 떨어진 대바구니에 소금과 간장을 구원한다네.

때로는 유람하는 사람이 화려한 배에 올라

노래하는 아이들과 춤추는 여자가 비단옷자락을 휘날리도다.

푸른 바위를 멀리서 보면 드문드문 버드나무가 섰는데

아득한 포구엔 때로 광경이 가랑비에 젖는다네

명승지에 늙은 돌이 변두리를 가리키니.

자연조화의 기묘한 작용에 누군들 화락하지 않으리오?

사람들이 이 강을 건너감에 기이한 소문도 많거니

연자탄(燕子灘)의 머리에서 제비소리를 듣는다네.

二十三世濟奎

늑당공(扐堂公) 유사(遺事)

현손(玄孫) 덕진(德鎭) 삼가 씀

　선생의 휘(諱)는 제규(濟奎)요, 일명 종구(宗求)이며, 자(字)는 성백(星伯)이고, 호(號)가 늑당(扐堂)인데 처음에는 석담(石菖)이라고 자호(自號)하였다.

　고왕부(高王父)는 휘(諱)가 구상(龜相)이요, 호(號)가 설주(雪洲)이며, 증대부(曾大父)는 휘(諱)가 정겸(正謙)이고, 호(號)가 육송재(六松齋)이며, 대부(大父)는 휘(諱)가 철건(喆健)이요, 호(號)가 중록(中麓)이며, 아버님은 휘(諱)가 기선(箕善)이고, 호(號)가 자헌(柘軒)이다.

　어머님은 청주한씨(淸州韓氏)로 순조(純祖) 경오(庚午: 서기 1810)년 11월 27일 여주군(驪州郡) 점동면(占東面) 사곡리(沙谷里)에서 태어나서 고종(高宗) 기묘(己卯: 서기 1879)년 8월 6일에 졸(卒)하니 향년(享年)이 70이었다. 묘소는 수원(水原: 華城) 독성산성(禿城山城) 동쪽 세교리(細橋里) 선영(先塋)의 서쪽 기슭 갑좌(甲坐)의 언덕에 배위(配位)와 함께 모셨는데 지석(誌石)은 흰 돌에 새겼으니 조선늑당선생(朝鮮扐堂先生) 해평윤공제규지묘(海平尹公濟奎之墓) 갑좌(甲坐) 배유인(配孺人) 전주이씨부좌(全州李氏祔左) 25자를 묘의 남쪽에 묻었다. 장차 여주(驪州) 사곡리(沙谷里) 9대조(九代祖) 계하(階下)로 이장할 계획이 서 있다.

　배위(配位)는 전주이씨(全州李氏)로 공보다 38년 먼저 돌아갔으니 공이 32세 때였다. 슬하에 1남 1녀를 두었는데 아들은 헌영(憲榮)이고, 딸은 사천인(泗川人) 목구신(睦屨信)에게 시집갔다.

늑당(扐當) 선생은 조선조(朝鮮朝) 말기의 우리나라 대표적 시인(詩人)으로 주옥(珠玉) 같은 많은 애국시(愛國詩)를 남겼는데 그 손자 괘당공(卦堂公)이 필사본(筆寫本)으로 4권을 편집하여 늑당유고(扐堂遺稿)라고 하였다.

선생은 또 조상을 숭배하고, 그 정신을 계승하기 위하여 시조로부터 역대의 유사(遺事)와 비문(碑文), 행장(行狀) 등을 엮어 해평윤씨가승(海平尹氏家乘) 1권을 완성하였고, 이어 가정의 역사가 곧 나라의 역사임을 발견하고, 해평윤씨세승(海平尹氏世乘)을 편집하여 가계(家系)를 상세히 기술할 뿐만 아니라 4세원류(四世源流)를 도표로 그려 집에 보장(寶藏)토록 하였는데 4세원류(四世源流)야말로 인류학적인 측면에서 귀중한 역사적 연구자료이며, 특히 우리 집안 혈통을 밝히는 데 중요한 문헌임을 밝혀 둔다.

선생은 또한 역대 조상의 명시(名詩)를 뽑아 엮어 가정이 원만하기를 바라면서 단원화수집(團圓花樹集) 1권을 세필(細筆)로 써서 편집하였는데 그 시격이 모두 높고, 아름다워서 나라에 모범이 될 만한 내용이다.

위에 열거한 책은 세상에 오직 한 권밖에 없는 것이므로 집에 보장(寶藏)하여 왔던바 불초(不肖) 현손(玄孫) 덕진(德鎭)이 선대의 사상을 자손과 세상에 알리기 위하여 국역(國譯)하여 출간(出刊)하려고 오랫동안 시도하였지만 식견이 부족하여 선대의 명문(名文)에 누를 끼칠까 두려운 마음에 중지하였다.

대한민국(大韓民國) 경술(庚戌: 서기 2010년 정월)에 유학(儒學)의 대가(大家)인 서정기(徐正淇) 선생과는 성균관유교진흥대책위원장(成均館儒敎振興對策委員長) 시절부터 막역지우(莫逆之友)인지라, 번역을 간곡히 부탁하여 늑당윤제규선생문집(扐當尹濟奎先生

文集)이란 이름으로 이제야 출판하게 되니 감개가 무량하도다.

선생은 평생 긍구긍당(肯構肯堂: 아버지가 이룩한 일을 아들이 잘 이어받음)하시며, 경세제민(經世濟民: 세상을 경영하여 인민을 구제함)의 경륜(經綸)을 갖춤에 모두 주역(周易)의 의리학(義理學)과 춘추(春秋)의 대의(大義)와 서경(書經)의 도덕(道德)정치와 시경(詩經)의 풍아송(風雅頌)과 예기(禮記)의 예악(禮樂)사상에서 발로하였으므로 그 높은 뜻과 유훈(遺訓)을 깊이 연구하면 고세지지(高世之智)가 될 것임을 믿어 의심치 않는 바이다.

그리하여 선생의 학문을 후손이 대대로 받들면 육송재(六松齋) 공이 선생의 탄생에 현호보첩(縣弧寶帖)을 만들어 장경성(長庚星)이 집에 비춘 것을 증험하면서 수(壽)·부(富)·다남(多男) 세 가지 복을 갖추고, 문학·언어·정치·덕성 네 과목을 완성하라는 축복의 말씀을 길이 집안에 이어서 빛낼 것이며, 또한 현호보첩에서 경계했던바 동강(東岡) 할아버님의 충간(忠諫)과 남악(南岳) 할아버지의 청고(淸高)한 명성과 설주(雪洲) 할아버님의 덕행(德行)과 자헌(柘軒) 공의 문장(文章)을 본받아 크게 성공하여 가문을 빛내고, 나라에 이바지하는 인물이 반드시 나올 것인저.

학생공(學生公) 유사(遺事)

증손(曾孫) 덕진(德鎭) 삼가 씀

공의 휘(諱)는 헌영(憲榮)이요, 자(字)는 우길(右吉)이며, 아버님의 휘(諱)는 제규(濟奎)로 호(號)가 능당(扐堂)이니 조선왕조(朝鮮王朝) 말엽에 8도강산(八道江山)의 명승지와 이름난 정자(亭子)와 누각(樓閣)을 모두 답사하면서 명시(名詩)를 지어 이름을 드날렸다.

어머님은 전주이씨(全州李氏)니 부덕(婦德)과 부공(婦功)을 모두 갖춘 여중군자(女中君子)이었다.

공은 순조(純祖) 30년 경인(庚寅: 서기 1830)년 12월 28일에 태어나서 철종(哲宗) 5년 갑인(甲寅: 서기 1854)년 6월 20일에 졸(卒)하니 향년(享年)이 겨우 25이었다.

배위(配位)는 유인(孺人) 원주원씨(原州元氏)이니 순조(純祖) 25년 을유(乙酉: 서기 1825)년 7월 2일에 태어나서 성장하여 공에게 시집왔는데 공이 졸(卒)한 지 51일 만에 굶어서 순절(殉節)하니 바로 갑인(甲寅: 서기 1854)년 7월 12일로 향년이 30이었다.

양위(兩位)의 묘소는 양주(楊州)의 고주내(古州內) 구랑동(九郎洞) 7대조(七代祖) 계하(階下)에 합폄(合窆)하였다.

2남을 두었으니 원섭(元燮)과 ○○이다.

유인(孺人) 원주원씨(原州元氏)의 순절(殉節)을 경향(京鄕) 유림(儒林)들이 성균관(成均館)과 향교(鄕校)에서 발의하여 열녀문(烈女門)을 세우려고 하였으나 그 시아버님 능당(扐堂) 선생이 고사하여 일단 중지하였으니 다시 생각할 문제다.

학생헌영배(學生憲榮配) 유인원주원씨(孺人原州元氏) 유사(遺事)

구(舅) 제규(濟奎) 엮음

유인(孺人)은 운곡(耘谷) 선생의 후예로 첩(穰)의 따님이다. 을유(乙酉)년에 태어나서 20세인 갑진(甲辰)년에 공에게 시집왔는데 그 뒤 기유(己酉)년과 신해(辛亥)년에 연달아 두 아들을 낳아 젖 먹여 길렀다.

그 시아버님을 따라 동대문 밖에 영미(穎眉)의 궁벽하고, 누추한 마을로 옮겨 살다가 4년이 지난 갑인(甲寅)년 6월에 군자(君子)가 졸(卒)하니 위로 홀시아버님을 받들고, 아래로 포대기에 싸인 젖먹이들이 있으니 참담하고, 가련한 정경이 사람으로 하여금 눈물을 흘리게 하였다.

유인(孺人)은 겉으로는 비록 매우 슬퍼하고, 얼굴이 파리하지는 아니했지만 식음(食飮)을 전폐하여 몸이 바짝 마르고, 뼈만 남아서 매우 위태하여 쓰러질 듯하므로 그 시아버님이 알고 부지런히 너그럽게 위로하며, 이어 억지로 먹으라고 권함에 시아버님의 명령을 어기기가 어려워 대강 씹어 먹는 척하다가 슬며시 밖으로 나아가서 토해 버렸기 때문에 곡식의 정기(精氣)로 하여금 뱃 속에 남아 있지 않게 하였으니 그리고도 어찌 몸을 지탱하여 보존하겠는가?

공보다 51일 뒤에 별다른 병도 없이 그렇게 숨이 끊어져 버렸다.

오호(嗚呼)라, 유인(孺人)의 뜻은 늙은 시아버님을 받들고, 젖먹이 고자(孤子)들을 어루만지는 것에 대하여 생각이 미칠 틈도 없이 남편을 따라 죽어서 순절(殉節)한 뒤에 끝내기를 기약하는 것이었다.

혼을 불어 복(復)을 하고, 아직 염습(斂襲)을 하지 않았을 때에
그 시아버님이 홑이불을 열고 보니 눈도 감지 않고, 입도 다물지
않았는데 입에서 피가 흘러 내려 거품이 엉겨서 표주박만큼 큰 덩
어리가 되었기에 솜으로 씻고 어루만지며, 통곡하여 말하기를 "네
가 어찌 이토록 참았느냐? 네가 어찌 이토록 참았느냐? 반드시 늙
은 시애비와 어린아이들이 의뢰할 바가 없으므로 차마 눈을 감지
못했구나. 그러나 내가 완전히 노쇠하지는 않으므로 아직은 두 아
이를 길러서 성장시킬 만한즉 모름지기 이로써 한을 품지는 말아
라" 하니 조금 있다가 그 눈이 감기고, 입을 다물었다.

하루를 지나서 염습(殮襲)을 하니 안색과 피부의 빛이 변하지
않고, 매우 새로워졌다.

이때에 친척과 친구들이 서재(書齋)에 머물렀는데 여러분이 듣고
와서 조위(吊慰)하며, 장차 학재(學齋)에서 발의하여 왕(王)에게 계
주(啓奏)해서 정문(旌門)을 청하려고 하거늘 말리면서 말하기를
"우리 집안은 선세(先世)에 부인(夫人)이 순의(殉義)함이 진실로 많
은데도 일찍이 정표(旌表)할 생각을 하지 않았는데 이제 중론(衆
論)에 힘입어 왕의 은전(恩典)을 입어 작은 집의 허름한 대문에 매
달아 놓으면 내가 엎드려서 그 아래로 출입하겠는가?" 하니 여러
분들이 드디어 그 논의를 중지하였으나 마음으로는 모두 위대한
열녀(烈女)라고 생각하였다.

二十五世元燮

괘당공(卦堂公) 유사(遺事)
손(孫) 덕진(德鎭) 삼가 씀

공의 휘(諱)는 원섭(元燮)이요, 자(字)는 순팔(舜八)이며, 호(號)를 괘당(卦堂) 또는 창환(滄寰)이라고 하였다.

할아버님의 휘(諱)는 제규(濟奎)니 호(號)가 늑당(扐堂)으로 조선조(朝鮮朝) 말엽의 대시인(大詩人)이고, 할머님은 전주이씨(全州李氏)이다.

아버님은 휘(諱)가 헌영(憲榮)이니 학생(學生)으로 조졸(早卒)하였고, 어머님은 원주원씨(原州元氏)인데 종부순절(從夫殉節)한 열녀(烈女)이다.

공은 헌종(憲宗) 15년 기유(己酉: 서기 1849)년 4월 15일에 여주(驪州) 점동면(占東面) 사곡리(沙谷里)에서 태어나서 31세가 될 때까지 조부(祖父) 늑당공(扐堂公)의 가르침을 받으며 4서5경(四書五經)을 비롯하여 제자백가(諸子百家)의 문사철(文史哲)을 독파하였는데 특히 28세 때부터 3년간은 신편고금사문류취(新編古今事文類聚) 총 236권을 세필(細筆)로 베껴서 10권을 완성하여 공부하였으니 그 학문정신은 우러러 탄복할 정도였다. 그리고 늑당유고(扐堂遺稿) 4권과 세승(世乘) 1권을 필사본으로 엮었다.

고종(高宗) 31년 갑오(甲午)에 진사(進士)에 급제하였는데 이름을 정섭(定燮)이라고 하였다.

서기 1889년 8월 29일 동지사감관(冬至使監官)으로 청(淸)나라에 가서 북경(北京)의 도연정(陶然亭)에서 시를 지었으니 다음과 같다.

呂子祠前春可憐

陶然亭裡醉陶然

金粟三千塵外界

玉欄十二鏡中天

郡賢上巳山陰會

耆老同庚洛社筵

今古賞心難再樂

把作丹青永壽傳

여자(呂子)의 사당에 봄빛이 가련하거늘
도연정(陶然亭) 속에서 도도히 취하도다.
계수나무 꽃 3,000송이는 티끌세상 밖이요
옥난간 12척(尺)은 거울 속의 하늘일네
여러 어진 이가 올랐으니 산음(山陰)의 모임 같은데
늙은이가 동갑이니 낙양(洛陽)의 시회(詩會)로세
고금에 감상하는 마음은 다시 즐기기가 어려운즉
술잔을 잡고 아름다운 시를 지어 길이 전하세

광무(光武) 3년에 고종(高宗)이 말 1필(匹)을 하사하였고, 다음 해 경자(庚子) 년에 정3품 통정대부(通政大夫)를 특별히 제수(除授)받았다.

일본이 을사늑약(乙巳勒約)을 강행하므로 비분강개하여 벼슬을 버리고, 초야에 숨어 왜적(倭賊)을 토벌(討伐)할 모책을 강구하다가

정미늑약(丁未勒約)으로 군대를 해산하니 산림학자양반(山林學者
兩班)과 유생(儒生)이 해산군인과 합세하여 전국적으로 항일독립전
쟁을 방방곡곡에 전개할 때에 군자금과 화약 등을 조달하는 일에
앞장섰던 것이다.

그러다가 일본헌병의 통역관에 의한 밀고로 서기 1907년 10월
20일(陰曆 9월 13일) 새벽에 20여 명의 일본헌병이 급습하여 공과
윤성구(尹成求), 박용손(朴容孫) 3인을 체포하였다. 마을 앞 개천가
물오리나무에 묶인 채 무자비하게 총살당하여 내사곡(內沙谷) 고
조고묘(高祖考墓) 아래 무좌(戊坐) 언덕에 장사 지냈다.

공은 도덕불멸(道德不滅)과 정의필승(正義必勝)을 확신하여 민
족이 지극한 정성으로 독립운동을 전개하면 반드시 성공한다고 역
설하였다.

따라서 마음은 긴 강물처럼 깨끗함이 있어야 되고, 몸은 뜬구름
같이 옳고 그름을 따짐이 없어야 된다(心如長江有水淸, 身似浮雲
無是非)고 자손에게 가훈(家訓)으로 가르쳤다.

배위(配位)는 전주이씨(全州李氏)니 무신(戊申)년 9월 22일에 태
어나서 임진(壬辰)년 4월 21일에 졸(卒)하였으니 공의 묘에 합폄
(合窆)하였고, 계배(繼配)는 전주이씨(全州李氏)로 학신(學信)의 따
님인데 을해(乙亥)년 6월 19일에 태어나서 신묘(辛卯)년 3월 26일
에 졸(卒)하니 수(壽) 77이었다. 묘소는 내사곡(內沙谷) 증조고(曾
祖考) 묘소 서쪽 넘어 인좌(寅坐)의 언덕에 있다.

1남을 두었으니 태로(泰老)인데 증참봉(贈叅奉)이다.

우당공(又堂公) 유사(遺事)

아들 덕진(德鎭) 삼가 씀

공은 휘(諱)가 태로(泰老)요, 호(號)는 우당(又堂)이다. 본관(本貫)은 해평(海平)이니 시조(始祖) 군정(君正)으로부터 26세손(世孫)으로 아버님의 휘(諱)는 원섭(元燮)이며, 호(號)가 괘당(卦堂)인데 성균진사(成均進士)요, 어머님은 전주이씨(全州李氏)이다.

고종(高宗) 광무(光武) 7년 계묘(癸卯: 서기 1903)년 4월 12일 여주군(驪州郡) 점동면(占東面) 사곡리(沙谷里)에서 4대독자로 태어났다.

겨우 5세가 되던 서기 1907년 9월 12일 진사공(進士公)이 일본 헌병에게 체포되어 총살당하는 비참한 운명을 맞았고, 이어 경술국치(庚戌國恥)로 나라까지 잃었으니 청소년시대는 일제치하(日帝治下)에서 신음하는 비통한 세월이었다.

을유광복(乙酉光復)으로 서기 1945년 8·15해방을 맞아 민족독립을 환호하였으나 이어 미소가 38선을 그어 국토를 분단하고, 마침내 서기 1950년 6·25동란이 일어나서 3년간 남정북벌(南征北伐)을 거듭하는 민족상잔의 비극은 공이 온몸으로 겪은 인생역정이라고 할 것이다.

대한민국(大韓民國) 경신(庚申: 서기 1980)년 10월 23일 서울 도봉산(道峯山) 아래 번동(樊洞) 정침(正寢)에서 졸(卒)하니 수(壽)가 79요, 의정부(議政府) 신곡동(新谷洞) 효자봉(孝子峯) 아래 선영(先塋)의 좌록(左麓) 묘좌유향(卯坐酉向)의 언덕에 장사 지냈는데 갑신(甲申: 서기 2004)년 3월에 여주(驪州) 사곡(沙谷) 12대조의 계하(階下) 건좌(乾坐)에 이장하였다.

배위(配位)는 전주이씨(全州李氏)로 1녀를 낳고, 23세에 요서(夭逝)하였으며, 계배(繼配)는 광주이씨(廣州李氏)로 6남 3녀를 낳았으니 모두 6남 4녀이다.

아들로 장남은 형진(亨鎭)이고, 다음은 덕진(德鎭)이며, 다음은 규진(珪鎭)이고, 다음은 만진(晚鎭)이며, 다음은 승진(勝鎭)이요, 다음은 긍진(肯鎭)이다. 딸로 장녀는 익진(益鎭)이요, 다음은 홍진(弘鎭)이며, 다음은 강진(康鎭)이고, 다음은 계진(桂鎭)이다.

형진(亨鎭)이 전주이씨(全州李氏) 순영(順泳)과 혼인하여 1남 1녀를 두었으니 아들은 홍욱(洪旭)이요 딸은 옥일(沃一)로, 에게 시집갔다.

덕진(德鎭)이 원주이씨(原州李氏) 정(靜)과 혼인하여 2남을 두었으니 장남은 홍일(洪壹)이고, 다음은 홍중(洪中)이다.

규진(珪鎭)이 전씨(　全氏)와 혼인하여 1남을 두었으니 홍석(洪晳)이다.

만진(晚鎭)이 여흥민씨(驪興閔氏) 사기(思基)와 혼인하여 2녀를 두었으니 장녀는 민정(珉貞)이요, 다음은 민경(珉卿)이다.

승진(勝鎭)이 김씨(　金氏) 기남(起男)과 혼인하여 2남을 두었으니 장남은 홍일(洪壹)이요, 다음은 홍필(洪弼)이다.

긍진(肯鎭)이 홍씨(　洪氏) 금옥(今玉)과 혼인하여 1남 1녀를 두었으니 아들은 홍준(洪準)이요, 딸은 혜림(蕙琳)이다.

익진(益鎭)은 원주(原州) 원주호(元周鎬)에게 시집가서 2남 1녀를 두었다.

홍진(弘鎭)은 나주(羅州) 정회영(丁晦榮)에게 시집가서 2남 2녀를 두었다.

강진(康鎭)은 초계(草溪) 정양헌(鄭養憲)에게 시집가서 2남을 두었다.

계진(桂鎭)은 ( ) 전병철(全秉喆)에게 시집가서 2남 2녀를 두었다.

홍욱(洪旭)이 김 씨(金氏) ( )에게 장가가서 1남을 낳으니 한식(韓植)이다.

홍열(洪悅)은 경주김씨(慶州金氏) 준희(俊熙)를 배필로 맞이했고, 홍중(洪中)은 창녕성씨(昌寧成氏) 미경(美琼)을 배필로 맞이하였다.

홍석(洪晳)은 서씨(徐氏) 효정( )을 배필로 맞이하여 1녀를 두었으니 채원( )이다.

일찍이 소자(小子)가 조부(祖父) 괘당공(卦堂公)의 독립유공자신청을 하려고 공에게 말씀을 올렸더니 말씀하시기를 "선대(先代)의 희생을 빌미 삼아 덕을 보려는 생각은 하지 말라. 괘당공은 나라를 위해 희생을 각오한 분이므로 그 뜻을 욕되게 하려는 자손을 바라지 않으실 것이라는 점을 명심하라. 그리고 8·15해방 이후 지금에 이르기까지 괘당공의 뜻과 같은 이가 정권 속에 자리 잡지 못하였기 때문에 저들에게 신원을 해 달라고 신청하는 것은 오히려 괘당공을 욕되게 하는 것인즉 지금은 생각하지 말고, 그때가 오기를 기다리면서 너희들의 마음을 항상 괘당공의 뜻과 똑같은 생각을 가지고, 세상을 살아가는 인생의 지표로 삼으라"고 명령하셨다.

선세묘천표지(先世墓阡標識)

후손(後孫) 제규(濟奎) 기술

선산(善山)의 해평(海平) 소계산(召溪山) 금산동(金山洞) 서쪽 기슭 자좌(子坐)이다.

해평(海平)의 장대(場垈)에 미치지 아니하여 하나의 간지(澗地)를 떨어져서 북쪽으로 소계산(召溪山) 비등골(飛騰骨) 솔중봉(率中峯) 아래 토산(土山)의 반거혈(蟠踞穴)이 바라보인다.

뒤에는 만성(饅星)이 은은하므로 동구(洞口)로 쫓아가는 길을 분별할 수 있으니 비스듬히 왼쪽으로 돌아 대략 10리쯤을 가다가 산으로 오른다.

단(壇)은 수 장(丈)인데 네모지게 만들었으며, 그 위에 비석을 세웠는데 고려시중영의공윤모지묘(高麗侍中英毅公尹某之墓)라고 쓰여 있다.

그 오는 산세(山勢)를 살피면 토산(土山)의 왼쪽은 평지이다. 골짜기를 헤아리면 만성(饅星)이 엎드렸다 일어났다 하면서 오른쪽으로 돌아 마치 가로로 놓인 오이의 중앙에 혈(穴)이 맺힌 것과 같았으며, 주봉(主峯)과 더불어 서로 알맞게 마주하여 상쾌한 기분이 입술과 더불어 서로 비슷하였다.

청룡(靑龍)은 굽어 안아 이어 자기의 안산(案山)을 만들었다.

뜰아래는 수십 보(步)인데 제청(祭廳)을 설치하였고, 왼쪽 기슭에는 길(吉)씨 성의 무덤이 있는데 그 아래의 인가(人家)는 또 이 길씨 성이 살았다.

동남쪽으로 10리쯤 헌득리(軒得里)에는 말하기를 종인(宗人)이 몇 집 산다고 말하였다.

묘의 오른쪽에도 길(吉)성의 무덤이 있는데 더욱이 10여 보(步)
도 되지 아니하였고, 서남쪽의 골짜기는 편편하고 멀며 낙동강(洛
東江)의 물빛이 가뭄에는 숨고, 홍수에는 나타난다. 상류지역에 큰
늪지대가 있는데 하나는 산을 넘어야 된다.

수원공묘(水原公墓)

장단(長湍) 진북면(津北面) 송산리(松山里) 내곡(內谷) 묘좌(卯坐)이다.

장단읍(長湍邑)으로부터 큰길을 따라 서북쪽으로 15리를 가서 조현발참(鳥峴撥站)을 5리쯤 미치지 못하여 손사(巽巳)와 갑묘(甲卯)의 용(龍)이 비스듬히 2리쯤 되는 곳에 원신(元身)이 높지 않고 지맥(友脈)도 또한 미미하다.

혈(穴)에 이르러 만성(饅星)이 조금 높은데 와체(窩體)로 국(局)을 얽었으며, 몸에 가까이 달라붙은 청룡(青龍)과 백호(白虎)가 에워싸고 안았다.

동쪽의 내당(內堂)은 매우 편편하고 반듯하며, 안산(案山)도 또한 높지 않으니 넓고 멀리 큰 골짜기 물이 있어 청룡으로부터 와서 비스듬히 외청룡(外青龍)을 안고, 서쪽으로 몇 리를 흐르다가 혈(穴) 앞에 이르러 몸을 돌려 북쪽을 향해서 곧장 백호의 머리를 지나 양쪽 기슭이 오른쪽의 동학(洞壑)과 더불어 합류하여 서북으로 간다.

안산(案山)은 산이 다하는 곳에서 백호의 머리와 마주 보나니 그 아래는 곧 조현발참(鳥峴撥站)인데 묘소로부터의 거리가 1마장(一馬場)에 지나지 않는다.

묘의 오른쪽에 수 보(步)에는 이어 장남(長男) 청주공(清州公)을 장사 지냈으니 또한 표석이 있으나 모두 자획이 이지러져서 분별하여 알 수 없었다.

같은 언덕 위에는 종파(宗派) 후예들의 무덤이 겹겹이 있어 보는 바가 매우 미안하였다.

만성(饅星)의 뒤에서 오는 용(龍)의 지맥(支脈)이 남쪽을 향하는 곳에 연풍파(延豊派)의 여러 무덤이 있고, 아래에 종파(宗派) 몇 집이 있으며, 북쪽을 향하는 곳에도 또한 남은 마을이 있으니 마을 이름은 냉정리(冷井里)라고 한다.

백호의 양쪽 기슭 사이에는 감역(監役) 서유비(徐有斐)의 묘가 있으니, 곧 연전에 서로 송사하여 파지 못했다고 하였다.

진북로정(津北路程)

대로(大路)를 따라가다가 조현(鳥峴)에 일마장(一馬場)쯤 미치지 아니하여 곧은길을 버리고, 남쪽으로 비스듬히 골짜기 물을 건너면 곧 용(龍)이 와서 북쪽을 향하는 곳이 냉정촌(冷井村)이요, 냉정촌의 왼쪽으로 만성(饅星)이 조금 높은 곳이 곧 묘의 뒤이다.

양주(楊州) 송산(松山) 추곡(秋谷) 임좌(壬坐)이다.

효자봉(孝子峯) 아래 용(龍)의 형세가 서쪽으로 비스듬히 지나다가 협곡에서 한 마디가 곧장 머리를 일으켜 임감(壬坎)으로 내려온 장유혈(長乳穴)이다.

묘갈(墓碣)에는 통훈대부행서산군수윤모지묘(通訓大夫行瑞山郡守尹某之墓)라고 쓰여 있다. 뜰아래에는 곧 정성공(靖成公)의 묘인데 묘갈(墓碣)은 임진왜란(壬辰倭亂) 때에 왜구(倭寇)들이 훼손한 바 되어 돌조각만 흩어져 있다.

오른쪽 언덕 아래는 신도비(神道碑)가 있고, 또 그 뜰아래에는 곧 동강공(東岡公)의 묘인데 묘갈(墓碣)에는 음기(陰記)가 기록되어 있다.

또 그 앞에는 쌍봉(雙封)이 있으니 곧 정성공(靖成公)의 계자(繼子) 주부공(主簿公)의 묘이고, 3봉분(封墳)은 곧 공의 본생(本生)인 중씨(仲氏) 현감공(縣監公)의 묘와 장려공(掌令公)의 묘이며, 뒤로 수 보(步)에는 창수공(倉守公) 휘(諱) 제(璐)의 묘이다.

산이 퉁퉁하게 맺어지고, 남은 지맥(支脈)이 서쪽으로 달려 수십 보(步)를 내려와서 남쪽으로 비스듬히 내백호(內白虎)가 되었는데 그 오른쪽에 편편하고 넓은 곳에 큰 둔덕이 약간 솟은 곳은 곧 증정경부인(贈貞敬夫人) 연안김씨(延安金氏)의 묘인데 묘의 앞에 장명등(長明燈)이 있으며, 왼쪽 옆에는 세우지 못한 묘갈(墓碣)이 있다. 뜰아래에 지평파(砥平派) 후예의 묘가 있고, 오른쪽으로 하나의 산기슭을 넘으면 밖으로 경주이씨(慶州李氏) 백사(白沙) 후예들의 가분산(家墳山)이 있다.

그 아래의 마을 이름은 추곡(楸谷)이요, 또 그 서쪽으로 수십 보(步)에는 윤 정승(尹政丞) 인경가(仁鏡家)의 여러 세대에 걸친 분산(墳山)이 있다.

안산(案山)의 산 이름은 초헌봉(軺軒峯)인데 봉우리의 북쪽에는 대부분 지평파(砥平派)의 선영(先塋)이다.

창수공(倉守公)의 묘소 북쪽 기슭에 동쪽으로 향한 곳은 곧 정언공(正言公) 승렬댁(升烈宅)이 세장(世葬)한 언덕으로 내백호(內白虎)의 어깨에 또 하나의 묘가 있고, 산의 서북에는 마을이 있는데 말하기를 능곡(陵谷)이라고 하니 곧 우리 종숙모(從叔母)의 본댁(本宅)으로 그 집 뒤에는 그 집 선산이 있다.

능곡으로부터 북쪽으로 1리를 가면 말하기를 두엄천(杜奄川)이라고 하는바 두엄천이 남쪽으로 추곡동구(楸谷洞口)를 지나 누원(樓院), 노원(蘆原)을 따라 내려가서 중령포(中泠浦)가 된다.

효자봉(孝子峯) 아래로부터 남쪽으로 수천 보(步)를 가면 지석현(砥石峴)이 있으니 곧 수락산(水落山)의 한 가지가 북쪽으로 10리를 뻗어 와서 안산(案山)과 주봉(主峯)을 만든 것이다.

대개 이 땅을 송산(松山)이라고 이름 지은 것은 지석현(砥石峴)의 남쪽 10리에 전조(前朝)의 불복신(不服臣) 조송산(趙松山)의 옛 집이 있었던 까닭인데 본주(本州)의 읍안(邑案)에는 둔야면(苞夜面) 1리(一里)가 추곡(楸谷)이라고 기록하였다.

지장(誌狀)에는 계토산(癸土山)이라고 말하였으며, 또 말하기를 수락산(水落山)의 가지는 회룡고조(回龍顧祖)한다고 말하였다.

고주내정(古州內程)

경성(京城)으로부터 동소문(東小門)을 거쳐 수유점(水踰店)은 10리이고, 쌍궐문(雙闕門)이 10리이며, 누원(樓院)이 10리요, 장수원(長水院)이 5리이며, 의정부(議政府)가 5리이다.

비석을 세운 거리가 10리니 정북향으로 난 읍(邑)의 큰길을 버리고, 동북길을 따라 반 리쯤 가면 바로 길의 오른쪽에 높은 산봉우리가 보이는데 읍 뒤에 감악산(紺岳山)과 더불어 남북으로 10리가 서로 바라보이는 것이 곧 구랑동(九郎洞)의 주산(主山)인 화봉(花峯)이다.

이로부터 곧은길을 버리고 동남쪽으로 두 번 골짜기 물을 건너면 왼쪽은 산의 낭떠러지이고, 오른쪽은 골짜기의 물가이니 1리쯤 가면 땅에 모진 바위가 있는데 또 수 리를 가서 돌아 골짜기 물을 건너 돌아 남쪽 언덕으로 수 리를 가서 또 계곡물을 건너 동쪽으로 가면 곧 내시들의 묘지 아래가 병항리(柄項里)이다.

반암동구(盤岩洞口)에 이르러 또 골짜기 물을 건너서 반 리쯤 가면 이곳이 삽작동구(挿作洞口)이다.

증정경부인(贈貞敬夫人) 인천이씨묘(仁川李氏墓)

양주(楊州) 고주내(古州內) 구랑동(九郎洞) 건좌(乾坐)이다.

6세손(世孫) 경력공(經歷公)도 이어 같은 좌향으로 매장하였다.

화봉(花峯)으로부터 남쪽으로 비스듬히 1,000여 보(餘步)에 만성(饅星)이 조금 높으며, 원신(元身)이 엎드려 끊어진 곳에 위아래의 분묘가 매우 가깝게 마주 있는데 오른쪽에는 지맥(支脈)이 없고, 오직 화봉(花峯)만 있다. 서쪽으로 비스듬히 하나의 기슭이 나누어져서 내외의 백호를 만들었거늘 내백호(內白虎)는 혈(穴)의 입술과 더불어 서로 알맞게 마주하면서 겨우 하나의 골짜기를 헤아릴 정도이다.

외백호(外白虎)는 비스듬히 수천 보(步)를 갔는데 산이 다하는 곳에 고개의 이름이 소반현(小盤峴)이다. 물이 도는 곳에서 돌아 그치는 곳이 청룡(靑龍)이다.

두 개의 산기슭이 혈(穴)의 뒤로부터 나누어졌으니 밖은 높고, 안은 낮으며, 청룡이 안산(案山)에서 그치는데 혈(穴)과 비교하여 조금 낮고, 서로의 거리는 100여 보(餘步) 된다.

위에는 6대조 학생부군(學生府君)의 묘가 있고, 또 그 뜰아래로 7~8보(步)쯤에는 곧 헌영(憲榮)을 매장한 곳이며, 좌우는 평전(平田)으로 겨우 모두 합쳐야 수 이랑쯤 된다.

이제 묘막(墓幕)이 그 오른쪽에 있으며, 혈(穴) 앞에 수전(水田)은 눈에 가로놓인 것이 1석락(石落)은 된다.

서쪽을 바라보면 도봉산(道峯山)이 둘러 서 있어 마치 책상에 가득한 붓걸이와 같으며, 정남쪽으로 수락산(水落山)의 중봉(中峯)

은 또 그 외안산(外案山)이다.

6대조의 묘혈(墓穴) 뒤로부터 남은 산기슭은 휘어진 활 모양처럼 둘러서 산의 발끝이 일어나서 조금 높으며, 또 그 왼쪽에 두세 가지 끝은 외백호(外白虎)와 더불어 마주 대하여 도사리고 앉은 곳은 가리는 바가 되어 위에 묘를 볼 수 없게 하였다.

활처럼 굽은 곳의 중앙에 우뚝한 혈(穴)은 즉 종고조(從高祖) 정자공(正字公)의 묘이고, 또 그 도사리고 앉은 곳에서 조금 올라가 북쪽 언덕에는 관례(冠禮)를 거행하지 못하고 일찍 죽은 종고조(從高祖)의 묘이며, 또 그 등어리 밖으로 10여 보(餘步)에 남쪽을 향해도 보이지 않는 곳에는 곧 5대조 첨중추부군(僉中樞府君)의 묘인데 혈신(穴身)은 풍성하고 융성하지만 관(棺) 자리가 있지 않다. 백호의 끝자락 왼쪽으로 비스듬한 곳에 비석을 세운 고총(古塚)이 있고, 골짜기를 넘으면 하나의 산기슭에 고총(古塚)이 겹겹이 있으니 사역원정(司譯院正) 김사경(金思敬)의 묘갈(墓碣) 앞에는 우리 녹의(綠衣) 김소사(金召史)를 묻었다.

올라가면 고주촌(古州村)이니 용마루가 동북으로 서로 바라본다. 조금 남쪽에 여러 무덤은 종실(宗室) 견성군파(甄城君派)의 국내(局內)라고 말한다. 여기에서 정동으로 5리쯤에 하나의 산이 맑고 아름다운 것은 덕현촌(德峴村)의 뒷산이며, 외백호(外白虎)의 용마루에서 멀지 않은 곳이 곧 조창강(趙滄江) 색(涑)의 묘인데 하나의 골짜기를 넘어가면 한산군(漢山君)의 묘가 있으니 대개 풍양조씨(豊壤趙氏)가 세장(世葬)하는 땅이며, 마을 이름은 반암리(盤巖里)이다.

감찰공묘(監察公墓)

　양주(楊州) 고주 내(古州內) 반암리(盤巖里) 삽작동(揷作洞) 갑좌(甲坐) 쌍봉(雙封)이다.

　산이 동남쪽으로부터 왔는데 산세가 비스듬히 길어서 매우 높지는 않으나 혈(穴)의 뒤로 100보(步)쯤에서 몸을 돌려 북쪽을 향하여 협곡을 지나면 한 마디가 나누어져서 세 개의 기슭이 되었거늘 오른쪽의 두 기슭은 조금 짧고 낮으며, 왼쪽의 한 기슭은 높고 두텁게 빼어났는데 대략 손사(巽巳)로 비스듬하다가 갑묘(甲卯)로 국(局)을 만들었으니 혈신(穴身)이 편편하고 넓으며, 엎드려 잘린 왼쪽 옆에 쌍분(雙墳)이 곧 공의 장인 장임수(長臨守)의 묘로써 서로 간의 거리가 겨우 8장(丈) 남짓하다.

　장임수의 묘 앞으로 따라 언덕을 인연하여 동쪽으로 비스듬히 수십 보(步)에 재종증조(再從曾祖) 휘(諱) 광겸(光謙)의 묘가 있고, 또 10보(步) 남짓에는 곧 11대 방조(代傍祖) 종부시정공(宗簿寺正公)의 묘이다.

　남쪽 산등성이를 넘어 수십 보(步)를 걸어가면 비석을 여기저기 세운 곳은 모두 내시들의 묘인데 그 아래의 인가(人家)는 곧 이른바 삽작동(揷作洞)이다.

　혈(穴) 뒤에 용신(龍身)은 일자(一字)로 북쪽으로 뻗었는데 우변으로 10여 보(餘步)에 편편하게 빠진 곳에는 종고조(從高祖) 통덕랑공(通德郎公)의 묘이다. 또 그 오른쪽에는 허다한 지록(支麓)에도 고총(古塚)이 겹겹이 있으니 대부분 홍(洪)씨의 가산(家山)으로 비석 면의 글씨를 분별할 수 있다.

혈(穴) 뒤의 오른쪽에 두 기슭에는 곧 족조(族祖) 승지(承旨) 휘(諱) 면동(冕東)의 3부자(父子) 묘이다.

안산(案山)은 조금 낮은데 안(安)씨와 내시들의 묘가 서로 바라본다. 혈(穴) 앞에 논물은 서남쪽으로부터 비스듬히 흘러와 곧장 백호(白虎)의 머리를 지나가서 서쪽에서 흐르는 작은 골짜기 물과 합하여 함께 돌아간다. 대개 백호의 머리와 묘소의 거리는 10여 보(餘步)가 되고, 작은 골짜기 물을 건너 큰길을 따라 하나의 언덕을 돌면 구랑동수구(九郎洞水口)이며, 산의 허리를 따라 곧게 넘으면 소반현(小盤峴)이다.

소반현의 서쪽으로 왼쪽 기슭에는 군수(郡守) 윤희대(尹希大)의 3세(世) 봉분(封墳)이며, 오른쪽 기슭에는 비갈(碑碣)이 있으니 말하기를 부정(副正) 이신(李晨)의 묘에 해평윤씨(海平尹氏)를 부좌(祔左)했다고 했으니 곧 우리 구랑동(九郎洞) 큰 산소의 시누이로 황폐한 지가 여러 해 되었거늘 전 목사(前牧使) 조명하(趙明夏)가 그 아우를 머리 뒤에 장사 지냈다.

묘소로부터 북쪽을 바라보면 반암리(盤巖里)인데 대략 1마장(馬場)이 못 된다. 또 그 서쪽으로 높은 봉우리 정상에는 비갈(碑碣)이 숲처럼 많이 서 있는바 역시 내시들의 묘이고, 그 아래 마을 이름은 병항리(柄項里)이며, 산골짜기 물의 남쪽으로 동쪽 산의 기슭에는 안 판서(安判書) 광직(光直) 집안의 선영(先塋)이다.

송산정로(松山程路)

의정부(議政府) 동쪽으로부터 서오랑(西五廊) 큰길을 버리고, 남쪽으로 비스듬히 작은 길을 찾아서 두엄천(杜奄川)을 건너 남쪽으로 산기슭이 높이 솟은 곳을 바라보는 시냇가가 곧 윤 정승(尹政丞) 인경(仁鏡)의 묘이다.

여기로부터 비스듬히 동쪽으로 1마장(馬場)을 가다가 양쪽 산기슭의 사이에 곧은길을 버리고, 남쪽 산기슭 아래 작은 지름길을 취하여 언덕을 따라 동쪽으로 돌면 남북으로 두 마을이 있으니 시내를 사이에 두고, 서로 붙은 곳이 곧 능곡(陵谷)이다. 시내의 남쪽 마을은 이미 두엄천(杜奄川) 변두리로부터 아득히 서로 바라본다.

묘소 아래로부터 능곡동구(陵谷洞口)로 나아가 동북쪽으로 가다가 하나의 산등성이를 넘어 골짜기 물을 거슬러 1마장(馬場)쯤 가서 물을 건너면 곧 서오랑점막(西五廊店幕)이다.

큰길을 건너 바로 인흥군묘(仁興君墓) 앞으로 들어가서 산골짝 사이로 탑현(塔峴)을 넘으면 북쪽으로 내려와 산이 다하고 골짜기 물이 가로놓인 곳이 곧 병향촌(柄項村)으로 반암동구(盤岩洞口)가 있다.

대개 의정부(議政府)로부터 비스듬히 큰길을 취하면 20리가 되지만 이 지름길을 말미암으면 거의 반으로 줄어든다.

첨정공묘(僉正公墓)

수원(水原) 독성산성(禿城山城)의 동쪽 세교리(細橋里) 곤자(坤坐)이다.

수원(水原) 신읍(新邑) 남문(南門) 밖으로 큰 길을 따라 위아래 유천(柳川)을 지나서 대황교(大皇橋)를 건너 이계병전가(泥溪餠廛街)를 말미암아 쟁저반로(鐺底半路)를 미치지 못하여 서쪽으로 바라보면 독성산성이 있는데 산성의 성첩(城堞)과 장대(將臺)가 뚜렷이 눈에 들어 오는바 조금 동쪽의 한 봉우리가 남북으로 길게 벋어내린 중앙에서 나오는 산맥이 동북을 향하여 국(局)을 만들었다.

거기에 비갈(碑碣)이 우뚝 서 있으니 그 아래로 위아래는 세교촌(細矯村)인데 마을이 서로 보이며, 묘의 왼쪽에 뾰쪽하게 빼어난 한 봉우리는 곧 건릉(健陵)의 안산(案山)으로 서쪽으로 비스듬이 내려와서 산성(山城)이 되었으므로 바로 혈(穴)뒤에 있는 주산(主山)이다.

본산(本山)은 용인(龍仁) 금성산(金星山)으로부터 쟁저(鐺底)에 이르렀으니 손사(巽巳) 병정(丙丁)에서 와서 한 줄기가 곤좌(坤坐)로 떨어져서 밭을 뚫고, 협곡을 넘어 병좌(丙坐)로 머리를 일으키고, 손사(巽巳)로 몸을 돌리어 발톱과 몸이 높고, 큰 것이 곧 홀백호(白虎)이다.

묘의 오른쪽 언덕 아래로 수보(數步)의 땅에는 공의 증손녀(曾孫女) 한경유(韓景裕)의 부인이며, 그 뒤에 한(韓)씨의 집에서 계속 장사지냄이 매우 많았다.

홀 청룡(靑龍)의 한 기슭에도 또한 그 혈(穴)을 점유한 바의 아

래로 하나의 밭을 지나 독산(獨山)이 논밭 사이에 버티고 엎드려 있
는데 형가(刑家: 풍수)가 이른바 인사(印砂)와 비슷하다고 말하였다.
  바깥 청룡(靑龍)의 한 기슭에는 묘지기 홍(洪)씨 사람들의 뭇 무
덤이 있고, 그 밖에 몇 기슭이 조금 긴 곳이 윗 세교촌(細橋村)의
뒤가 되었다. 또 그 밖에 수 1000보(步)에 산세가 높고 우뚝하니
필경 물이 돌아가는 곳에서 봉우리가 솟아 우뚝 선 것인즉 대개
거병전가(距餠廛街)에서 몇 궁(弓) 쯤 되는 곳에서 곧장 상세교촌
(上細橋村)으로 달려가는 것이 빠른 길이다.

지평(砥平) 하서면(下西面) 마동(麻洞) 축좌(丑坐)인데 뜰아래는 장남(長男) 서윤공(庶尹公)의 묘이니 계좌(癸坐)이다.

지평읍(砥平邑)으로부터 서쪽으로 10리를 가면 광탄촌(廣灘村)에 이르는데 광탄촌의 뒤로 작은 길이 서쪽으로 비스듬히 있어 언덕을 따라 구렁을 4~5리 넘어 두견현(杜鵑峴)에 오르면 이미 위아래의 묘에 비갈(碑碣)이 마주 선 것이 보인다.

물가의 언덕을 따라서 내려와 하나의 골짜기 물을 건너면 골짜기 물의 북쪽에 적현촌(赤峴村)이 있고, 서북쪽으로 비스듬한 길로 들어가서 남쪽을 향하여 활짝 열린 곳이 제일동구(第一洞口)이다. 수백 보(步)를 가면 이미 바로 묘촌(墓村)이니 올라가면 백호(白虎)가 엎드렸다가 높아져서 산줄기가 뻗어 나아가기 시작하는 산근(山根)을 막아 가린다.

청룡(靑龍)의 허리는 수척하여 길거니와 밖에 몸을 보하는 모래가 있는데 곧 권(權)씨의 묘천(墓阡)이다.

안산(案山)은 횡장점수구(橫粧點水口)에 자리했는바 밖에 안산이 밖에서 달려 와서 산에 읍(揖)을 하는데 위에 봉우리는 아름답고 기묘하여 아련히 정안(正案)을 만들었다.

동구(洞口) 밖에 큰 골짜기 물은 용문사(龍門寺) 뒤에서부터 발원하니 골짜기 물을 거슬러 올라가는 곳을 통틀어 일컬어 용문동(龍門洞)이라고 하며, 하류가의 안산(案山) 밖에 장평촌(醬坪村)이 있다. 그 남쪽으로 수 리쯤에 조용문서원(趙龍門書院)이 있고, 서원의 북쪽 들판은 경치가 넓고 멀며, 서원 남쪽은 산기슭이 둘렀으니 곧 풍수가(風水家)가 일컫는바 외명당(外明堂)의 도수구(都水口)인데 대체로 모두 몰래 공수(拱手)한 것이다.

혈(穴) 뒤에 봉우리는 우뚝하게 섰으니 대개 가섭봉(加葉峯)으로부터 구불구불 일어났다가 엎드리면서 내려온 산세가 웅장하고 위대한데 거의 개괄적으로 표현할 수 없으며, 산의 뒤로 5리에 현곡리(玄谷里)가 있는바 들이 조금 넓다.

큰 산골짜기 물이 남쪽으로 흘러 적현(赤峴) 앞에 이르러 동구(洞口)의 물과 더불어 합쳐서 흐른다. 백호의 정상에서 동쪽을 향한 하나의 산기슭은 곧 서장공(書狀公)의 의관(衣冠)을 묻은 곳으로 부인(夫人) 박씨(朴氏)를 부좌(祔左)하였다. 산등성이 밖으로는 조좌랑동(曹佐郎洞)이 있는데 또 그 밖에는 옹점촌(瓮店村)이 있으니 곧 이판서(李判書) 민적(敏迪)의 묘 아래이다.

마동로정(麻洞路程)

묘의 아래로부터 남쪽으로 비스듬히 산골짜기 물을 건너면 서원(書院) 앞에 이르는데 정동쪽으로 산골짜기 물을 건너 작은 고개를 넘어 서남쪽으로 가서 만왕천(晩旺川)과 지덕리(芝德里)를 지나 검천점(黔川店)에 이르면 곧 서울로 가는 큰길이다.

또 만왕천(晩旺川)으로부터 동남쪽으로 수 리를 가서 장대점(場垈店)을 지나 골짜기 물을 건너 남쪽으로 가서 곡길현(曲吉峴)을 넘고, 동쪽으로 내려가서 고양점(高陽店)에 이르면 곧 지평읍(砥平邑)으로부터 여주(驪州)에 이르는 곧은길이다.

내사곡묘천(內沙谷墓阡)

여주(驪州) 남쪽으로 읍치(邑治)에서 30리가 떨어진 곳에 심통산(心通山)이 10리에 걸쳐 웅크리고 있는데 북쪽에는 우교(牛橋: 俗稱曰老隱節)가 있고, 남쪽에는 청안(靑岸)이 있으며 처동(處洞: 俗稱曰虎鼎)이 동북쪽에 있고, 금곡(金谷)이 서남쪽에 있다.

대개 그 정맥(正脈)은 비스듬히 동쪽으로 향하여 남쪽으로 천민천(天民川) 위에서 그쳤으니 천민천과 심통산은 모두 죽산(竹山)의 구봉(九峯)으로부터 100리를 와서 서로 만난 것이다.

비스듬한 동쪽에 첫째 산기슭은 5리를 남쪽으로 내려왔는데 가장 먼저인 오른쪽 골짜기는 이문열 공(李文烈公) 계전(季甸)의 묘천(墓阡)이 되었고, 그 아래의 마을 이름은 추곡(楸谷)이다. 또 서쪽으로 비스듬히 구부곡(求富谷)이 되었는데 민문효공(閔文孝公) 진장(鎭長)이 세장(世葬)하는 언덕이며, 그 남쪽으로 하나의 산기슭이 막아서 떨어진 곳이 천상촌장(川上村庄)이니 곧 구(具)씨가 10여 세(餘世)에 걸쳐 대대로 사는 땅이다.

추곡(楸谷)의 남쪽과 부곡(富谷)의 동쪽으로 1리쯤에 동학(洞壑)의 남쪽으로 시냇물을 임한 위에 것을 말하여 내사곡(內沙谷)이라고 하는바 둘레의 주위가 5~6리는 된다.

가장 서쪽의 한 산등성이는 엎드렸다가 일어나서 서남쪽으로 나뉘어 두 개의 산기슭이 되었는데 동쪽을 향하여 머리를 1,000보(步) 남짓 드리우며, 정동쪽의 두 기슭은 남쪽으로 달려 허리가 수척한 데 이르러 크고 작은 고개가 되었다.

또 남쪽으로 비스듬히 1,000보(步) 남짓 가서 서쪽의 두 산기슭과 대각선으로 마주 하여 동문(洞門)을 만들었다. 동문(洞門) 밖에는 물빛이 거울처럼 맑고 푸른데 하천의 남쪽을 말하여 점량평(占梁坪)이라고 하며, 들이 10리에 펼쳐져서 현호리(玄湖里), 진두리(辰頭里) 등 마을에 울타리가 떨어졌거늘 들어가서 바라보면 닭이 울고 개가 짖어 서로 들린다.

그 남쪽에 큰 산을 말하여 오갑산(烏甲山)이라고 하는데 가장 수려하다. 모란봉(牡丹峯)과 국사봉(國師峯)은 오정방(午丁方)으로 배열했고, 두리봉(杜里峯)과 성제봉(聖帝峯)은 또 그 동남으로 배열하였다.

원주(原州)의 치악산(雉嶽山), 백운산(白雲山), 미륵산(彌勒山) 세 산이 정동쪽에 둘러서서 100리에 멀고 가까운 수려한 빛을 관람할 수 있다.

골짜기 가운데 산등성이와 산기슭이 빼어나게 수려한 것이 셋이니 중앙에 만성(饅星)이 풍만하게 솟아 바로 형가(形家)의 옥침(玉枕)과 부합한다. 그 아래 술좌(戌座)에 쌍봉(雙封)은 돌로 사대(莎臺)를 만들었고, 비갈(碑碣)이 마주 서 있고, 뜰에 섬돌이 가로 긴 것은 곧 우리 본생(本生) 9대조고비(九代祖考妣)의 묘이다.

뜰아래는 건좌(乾坐)로 고조고비(高祖考妣)를 부장(祔葬)하였고, 또 남쪽으로 10보(步)쯤에 별도로 사성(莎城)을 만들어 변두리의 폭이 넓고 큰 것은 증조고비(曾祖考妣)의 묘이며, 좌향(坐向) 위에 같은 뜰 앞에 길고 짧은 돌조각이 3면에 숨었다 나타났다 하는 것은 8대조의 옛 무덤에 사방석(四方石)이라고 말한다. 가까이에 또 종숙부(宗叔父) 휘(諱) 양선(養善)을 뜰 남쪽 10보(步)쯤에 부장(祔葬)하였다.

옥침(玉枕) 뒤에서 북쪽으로 1,000보(步) 남짓 올라가면 동서로 장막이 열리는데 곧 여기가 골짜기의 전국(全局)으로서 하나의 큰 병풍처럼 울타리를 쳤는바 왼쪽 어깨뼈에는 3종조(三從祖) 휘(諱) 철성(喆性)의 묘이고, 오른쪽 어깨뼈에는 4종숙(四從叔) 휘(諱) 우선(遇善)의 묘이다.

돌아와서 본록(本麓)을 좇아 남쪽으로 100보(步) 남짓 내려와 언덕을 돌아 조금 오른쪽 자좌(子坐)는 곧 3종숙 익선(益善)의 묘이다.

동쪽의 한 기슭인 사성(莎城)과 옥침(玉枕)이 더불어 가깝게 나란히 선 곳에 위아래로 네 봉분(封墳)은 곧 6대백종조(六代伯從祖) 진사공(進士公) 휘(諱) 계선(繼善)의 묘인데 해좌(亥坐)요, 아래 해좌는 진사공(進士公) 휘(諱) 택우(澤雨)의 묘이며, 임좌(壬坐)는 생원공(生員公) 휘(諱) 제겸(悌謙)의 묘 및 공의 손부(孫婦) 강릉최씨(江陵崔氏)의 묘이다.

사성(莎城)의 동북쪽에 별도로 하나의 산기슭에는 부곡구씨(富谷具氏)의 선산(先山)이 있으니 서로의 거리가 수십 보(步)도 되지 않는바 대개 말하기를 수백 년 전에 우리보다 먼저 들어와서 장사 지냈다는 것이다.

사성(莎城) 뒤에서 오는 용(龍)은 서북쪽으로 이어 거슬러 올라가서 처음에 한 마디를 통통하게 얽은 아래에 마른 밭이 1경(頃)이 있으니 곧 우리 집의 옛 터로 서윤공(庶尹公) 이하 양세(兩世)가 고종(考終)한 곳이다.

산을 인연한 평지에는 족조((族祖) 휘 철보(喆輔)의 배위(配位)인 연안이씨(延安李氏)의 묘이며, 통통한 뒤로 조금 높은 곳에 족숙(族叔) 재선(載善)의 배위(配位)인 경씨(慶氏)의 묘가 있는데 자좌(子坐)이다. 서북쪽으로 조금 따라서 하나의 언덕을 지나면 종가(宗家)의 족증조(族曾祖) 휘(諱) 호겸(好謙)의 묘인데 큰 움집처럼 해좌(亥坐)로 국(局)을 만들었다.

오른쪽으로 하나의 기슭을 넘으면 조금 높은 곳에 족숙(族叔) 명선(明善)의 묘 및 자부(子婦) 연안이씨(延安李氏)의 묘로 위아래가 모두 해좌(亥坐)이다.

또 그 오른쪽으로 100보(步)쯤에 곧 옷깃처럼 떨어진 곳에서 오른쪽으로 일컬은바 장막을 열어 놓은 곳과 더불어 서로 이어진 곳이다. 장막을 열어 놓은 곳에서 서쪽으로 하나의 짧은 산기슭을 넘으면 큰 산기슭이 있는데 남쪽으로 내려오면 곧 앞에서 이른바 수려하게 빼어난 곳이다. 3분의 1쯤에 어깨뼈가 동쪽을 향한 곳은 대략 노비총(奴婢塚)이 많은 가운데 4종제(四從弟) 영구(永久)의 묘가 있고, 그 남쪽 합국(合局)의 신좌(辛坐)에는 4종조(四從祖) 진사공(進士公) 휘(諱) 철호(喆浩)의 묘로 거의 옥침(玉枕)과 더불어 사각(斜角)으로 마주 대하지만 깊어서 보이지 않는다.

또 그 남쪽으로 100보(步) 남짓 산등성이가 마른 위에 세 봉분(封墳)은 곧 진사공(進士公)의 조고(祖考) 생원공(生員公) 및 차자(次子)의 자부(子婦)인 전주이씨(全州李氏) 및 장손(長孫) 형구(亨求)의 묘이다. 생원공(生員公)의 묘에서 조금 위에 동쪽을 향하는 곳에는 장자(長子) 진사공(進士公) 휘(諱) 극겸(克謙)을 합봉(合封)하였고, 뜰아래에는 넷째 손자 매선(邁善)을 합봉(合封)하였다.

산등성이가 마른 곳에서 동쪽을 보면 가운데 두 산기슭이 조금 길면서도 낮으며, 또 그 서쪽으로 하나의 산등성이가 오른쪽으로 산줄기가 끊어졌으니 이른바 가장 서쪽에 하나의 산등성이의 중앙이다.

좌우로 장막이 열렸으니 100보(步) 남짓 경태(庚兌)로 내려와서 혈(穴)의 뒤에 이르러 짤록했다가 일어섰으니 대략 옥침(玉枕)과 비슷하다. 또 십수 보(數步)에 머리를 드리우고 유좌(酉坐)로 국(局)을 만든 입술이 둥글고 뾰쪽하며 남쪽으로 보신(補身)함이 있는 하나의 산기슭이 있으니 대개 왼쪽 옆을 보면 세 산기슭이 엎드렸다가 높이 솟았을 뿐만 아니라 몸에 가까운 청룡(靑龍)과 백호(白虎)가 그 밝고 깨끗함을 지극히 하여 세 면을 둘러 아우르므로 산세(山勢)와 야색(野色)이 뛰어나서 개론할 수 없는바 여기가 우리 조고비(祖考妣)의 묘이다.

위에서 이른바 정동쪽의 두 산기슭 가운데 오른쪽에 하나의 기슭이 처음 떨어진 곳의 작은 산등성이가 오른쪽으로 비스듬히 한 자의 비석이 있으니 말하기를 충의위(忠義衛) 경주김공각지묘(慶州金公慤之墓)라고 하였으니 공은 곧 우리 10대조비(十代祖妣) 증숙부인(贈淑夫人)의 고(考)인데, 실로 이 농장(農庄)의 개산비조(開山鼻祖)로 자손이 끊어졌기 때문에 종사(宗祀)와 가사(家事)를 하여금 숙부인(淑夫人)에게 부탁하였으므로 지금까지 약간의 논밭과 관리인을 두어서 우리 종중(宗中)의 가장 긴 방에서 제사를 받들지 않은 사람으로 하여금 교대로 향화(香火)를 돕게 하였으니 또한 사부가(士夫家)에서 드물게 보는 일이다. 그 왼쪽 산등성이에 네 개의 분묘(墳墓)는 곧 공의 할아버지·할머니와 아버지·어머니를 각각 묻은 봉분(封墳)이다.

공의 묘를 따라 왼쪽 언덕 가에 두 봉분(封墳)은, 하나는 곧 재종고조(再從高祖) 휘(諱) 태상(泰相)과 계배(繼配) 조씨(趙氏)의 묘이고, 하나는 곧 4종조(四從祖) 휘 철호(喆浩)와 계배(繼配) 이씨의 묘이다.

오른쪽으로 100보(步) 남짓에는 또 4종조(四從祖) 휘(諱) 철순(喆純)의 묘이다. 통통한 곳의 뒤를 따라 정맥(正脈)이 남쪽으로 비스듬히 여러 100보(步)를 가서 작은 고개에 이르러 몸을 뒤집은 하나의 마디가 서쪽을 향하여 움집을 열어 인좌(寅坐)로 국(局)을 얽은 곳이 곧 우리 고비(考妣)의 묘인데 뜰 앞에 2층의 대(臺)가 위에는 좁고 아래는 넓으며, 좌우는 사성(莎城)이니 이에 바로 청룡과 백호가 바르고 적중할새 세 산기슭이 앞에 가로놓였는바 장사(葬師)가 이르기를 앞에서 붓을 올리며, 강금산(剛金山)의 중봉(中峯)을 바른 안산(案山)으로 삼는다고 하였다.

청룡이 다하는 곳에 백종숙부(伯從叔父) 휘(諱) 치선(致善)의 묘이니 서로의 거리는 수십 보이다. 사성(莎城)의 남쪽 두 산기슭 사이에 겹겹으로 있는 것은 모두 노비총(奴婢塚)인데 족숙(族叔) 기선(夔善)이 그 계배(繼配) 강씨(姜氏)를 가장 위로 바싹 가까이 다가붙여 새로 장사 지냈다. 또 그 서남쪽으로 10보(步)에 유좌(酉坐)는 족제(族弟) 심구(心求)의 배필(配匹) 김씨(金氏)의 묘이다.

위에서 말하는 곳에서 또 남쪽으로 비스듬히 1,000보(步) 남짓한 사이에 가장 먼저 오목하게 열리는 곳에는 재종질(再從姪) 최영(最榮)의 초실(初室) 황씨(黃氏)를 매장하였고, 조금 남쪽 계좌(癸坐)는 증조고비(曾祖考妣)를 합봉(合封)하였으며, 그 뜰아래에는 3종손(三從孫) 장섭(長變)을 매장하였다.

또 남쪽으로 하나의 산등성이에 위아래 봉분은 곧 백종숙모(伯從叔母) 강릉최씨(江陵崔氏) 및 재종형(再從兄) 휘(諱) 일원(一源)을 합봉(合封)한 묘이다. 또 남쪽으로 움막처럼 열린 곳에 족조(族祖) 휘(諱) 철은(喆誾)의 묘이다.

또 남쪽으로 언덕이 돌아가는 곳에는 곧 공의 전비(前妣) 이씨(李氏)의 묘인데 묘의 왼쪽으로 몇 걸음에는 셋째 아들 휘(諱) 철휘(喆徽)를 이어 묻었다. 여기에 이르면 산도 이미 다하고, 물도 또한 돌아가는데 여기가 곧 앞에서 말한바 서쪽의 두 산기슭과 사각(斜角)으로 마주 대하여 동문(洞門)을 만든 곳이니 오른쪽 밖으로 하나의 산기슭을 넘으면 정씨(鄭氏) 집안의 선롱(先壟)이 있다.

왼쪽으로 하나의 산기슭에 큰 고개의 남쪽에는 문득 여기는 촌민(村民)들의 공동묘지인데 그 가운데에 족조(族祖) 휘(諱) 철모(喆謨)의 계배(繼配) 이씨(李氏) 및 차자부(次子婦) 정씨(鄭氏) 3종숙(三從叔) 휘(諱) 호선(浩善)의 배필 류씨(柳氏) 약간의 묘이다.

또 한씨(韓氏)에게 시집간 종고모(從姑母)가 우리 집에 와서 죽었는데 가난하여 돌아가 부장(祔葬)하지 못한 묘가 있다. 그러나 대를 잇지 못한 사람을 제외하고 때와 달로 우러러보며 청소하는 것을 외면하니 두렵건대 칠성구자(七聖具茨)의 탄식이 있다.

큰 고개 이북에 동쪽을 향한 긴 산기슭으로 비스듬히 정상으로부터 넘어온 것은 곧 8대서종조(八代庶從祖) 첨추공(僉樞公)의 자손인 그 증손(曾孫)과 현손(玄孫)의 묘인데 골짜기의 남쪽으로 멀고 가깝게 단독으로 매장함이 있고, 쌍봉(雙封)도 있으며, 위아래의 봉분(封墳)도 있는데 모두 보첩(譜諜)에 자상하게 기재되어 있지 않으므로 이제 기술할 수 없다.

긴 산기슭의 북쪽으로 하나의 골짜기를 넘어서 높은 산등성이 아래 남쪽을 향하여 웅크리고 앉아 있는 곳은 곧 이른바 첨추공(僉樞公)의 묘인데 본손(本孫)이 또한 정확지 않다.

높은 산등성이를 따라 북쪽으로 가면 족조(族祖) 휘(諱) 철경(喆經)의 묘가 있으니 유좌(酉坐)이고, 뜰아래 경좌(庚坐)는 곧 공의 자부(子婦) 경씨(慶氏)의 묘이다. 또 비스듬히 북쪽으로 하나의 마른 산등성이를 넘어 합국(合局)의 정좌(丁坐)에는 족조(族祖) 휘(諱) 철희(喆囍)의 묘인데 <경오(庚午)년에 충주(忠州) 태조암(太祖

岩)으로 이장(移葬)하였다> 그 아래의 평전(平田)은 대개 감대촌(甘坔村)이라고 일컫는바 폐허가 되었고, 북쪽으로 백대동묘천(百代洞墓阡)과는 수 궁(弓)쯤이며, 서로 바라본다.

　비스듬히 서쪽 모퉁이의 후미진 곳에 물이 다한 곳은 곧 이상에서 말한바 추곡(楸谷)이며, 마을의 동쪽을 돌아 산골짜기 물을 건너서 수백 보(步)를 가면 이에 대사곡(大沙谷)의 촌장(村庄)이니 높은 산등성이에서 떨어져 나온 산줄기가 또한 내사곡(內沙谷)으로부터 정동쪽에 있는 두 산기슭의 정상(頂上)인 것이다.

백대동묘천(百代洞墓阡)

심통산(心通山)의 한 산맥이 동쪽으로 비스듬히 추곡(楸谷)을 만들고, 또 동쪽으로 비스듬히 백대동(百代洞)을 만들었거늘 동중(洞中)에 하나의 산기슭이 열 번을 돌아 일어났다 엎드렸다 하면서 흡사 많이 뛰어 달리는 형세인데 문득 또한 만성(饅星)이 조금 높고, 좌우의 지록(支麓)이 마치 손을 드리우는 것 같은 모양의 바로 가운데 마르고 단단하며 긴 산등성이에 감좌(坎坐)로 국(局)을 만들었으니 그 비갈(碑碣)에 말하기를 용인현령(龍仁縣令) 해평윤공 휘모자모지묘(海平尹公諱某字某之墓) 배숙인청주한씨부좌(配淑人淸州韓氏祔左)라고 쓰여 있다.

뜰 앞에 단장(單葬)은 곧 공의 계배숙인여흥이씨(繼配淑人驪興李氏)의 묘이고, 묘 앞에는 고총(古塚)이 있으며, 그 남쪽 수십 보(步)에는 3종고조(三從高祖) 휘(諱) 복상(復相)의 묘이고, 묘 앞에 또 고총(古塚)이 있으며, 또 남쪽으로 수십 보(步)에는 곧 공의 장자(長子) 휘(諱) 용겸(用謙)의 묘인데 좌향(坐向)은 모두 위와 같다.

용(龍)이 내려온 북쪽 위에 엎드렸다가 일어난 것은 말하여 응봉(鷹峯)이라고 하는바 봉우리의 서쪽 첫째 둔덕에는 족숙(族叔) 기선(夔善)의 배필(配匹) 정씨(鄭氏)의 묘요, 둘째 둔덕의 간좌(艮坐)에는 종고조모(從高祖母) 여흥이씨(驪興李氏)의 묘이며, 뜰아래에는 3종숙(三從叔) 휘(諱) 호선(浩善)을 이어 매장하였다.

셋째 둔덕의 자좌(子坐)에는 첨사파(僉使派) 조겸(祖謙) 및 장남(長男) 철시(喆時)의 묘가 있고, 곧 그 왼쪽으로 쫓아가면 방증조(傍曾祖) 통덕랑(通德郎) 용(鏞)의 묘이다.

넷째 둔덕의 자좌(子坐)에는 재종증조(再從曾祖) 휘(諱) 충겸(忠謙)의 묘인데 가운데 아들 휘(諱) 철기(喆祺)를 그 아래에 붙여 묻었다.

다섯째 둔덕의 자좌에는 족조(族祖) 휘(諱) 철기(喆耆)의 묘이며, 여섯째 둔덕의 간좌(艮坐)에는 휘(諱) 충겸(忠謙)의 배필(配匹) 정씨(鄭氏)의 묘이다. 오른쪽으로 긴 산등성이가 처음 떨어진 곳에는 서족숙(庶族叔) 영선(英善)의 실인(室人) 이씨의 묘이며, 남쪽으로 비스듬히 1,000보(步)를 가서 유좌(酉坐)의 언덕에는 4종조(四從祖) 휘(諱) 철륜(喆倫)의 묘인데 거의 현령공(縣令公)의 묘와 더불어 2궁(弓)쯤 대각선으로 마주 대한다.

또 그 서남쪽에 마른 등성이 밖에는 서족조(庶族祖) 철응(喆應) 및 그 사친(私親) 신씨(申氏)의 묘이며, 또 그 계씨(季氏) 철흥(喆興)의 실인(室人) 해남윤씨(海南尹氏)를 같은 언덕에 각각 묻은 봉분이며, 그 남쪽에 통통하면서 조금 높게 산등성이와 산기슭을 펼쳐 감대(甘垈)를 굽어 임하는 곳에는 재종고조모(再從高祖母) 선산김씨(善山金氏)의 묘 및 3종증조(三從曾祖) 생원공(生員公) 휘(諱) 우겸(友謙)의 묘 및 4종숙(四從叔) 장선(章善)의 묘이니 모두 신좌(辛坐)로써 영역(塋域)이 서로 붙어서 멀어야 8척이나 1장(丈)을 넘지 아니한다.

오른쪽으로 비스듬히 100보(步)쯤 산이 오목하여 보이지 않는 곳에 현령공(縣令公)의 여손(女孫)이 출가한 남양홍공(南陽洪公) 휘(暉)의 묘인데 묘가 셋이니 광(壙)에 봉분(封墳)을 다르게 한 것이다.

응봉(鷹峯)의 남은 기운이 동쪽으로 점점 붙들어 질펀하게 넓은 것을 말하여 소모산(小茅山)이라고 하는바 정맥(正脈)이 남쪽으로 달리는 하나의 지맥(支脈)이 오른쪽으로 돌아 사곡(沙谷)이 되었으니 동서촌장(東西村庄)의 진산(鎭山)이다. 오른쪽으로 돌아 장차 다하다가 북쪽으로 비스듬히 일어나는 봉우리가 현령공묘(縣令公墓)의 바른 안산(案山)인 오갑산(烏甲山)인데 여러 봉우리가 와서 외조(外朝)를 만들고, 좌우의 개천과 추곡(楸谷)의 골짜기 물이 묘의 둔덕 서남쪽에서 합쳐 흐른다.

남쪽으로 1,000보(步) 남짓 흘러 천민천(天民川)으로 들어가는데 천민천도 또한 그 오는 것은 보이지만 그 가는 것은 보이지 않으니 아산(案山)이 가리게 되기 때문이다.

오른쪽으로 돌아 북쪽의 비스듬한 곳에 미치지 아니하여 병좌(丙坐)의 세 봉분(封墳)은 곧 3종고조(三從高祖) 생원공(生員公) 휘(諱) 면상(冕相) 및 장자(長子) 휘(諱) 양겸(養謙) 및 장손부(長孫婦) 청주한씨(淸州韓氏)의 묘이며, 묘의 오른쪽으로 십수 보(數步)쯤 갑좌(甲坐)에는 증손부(曾孫婦) 전주이씨(全州李氏)의 묘이다.

오른쪽으로 몇 개의 둔덕을 넘으면 첨추파(僉樞派) 중상(重相)의 묘 및 4종(四從祖) 휘(諱) 철우(喆祐)의 묘가 있다. 또 그 오른쪽으로 하나의 산기슭에는 첨추파(僉樞派) 철영(喆英)의 묘가 있는데 묘의 아래를 통틀어 파내동(巴乃洞)이라고 일컫는데 여기에 이르러 골짜기의 이름을 석등(石藤)이라고 한다.

석등곡(石藤谷)의 북쪽 평전(平田)의 돌이 통통한 아래에 묘가 있으니 대개 말하기를 철영(喆英) 집안의 선영(先塋)이라고 하지만 자상하지 않다.

동쪽으로 소모산(小茅山)을 바라보면 중봉(中峯)의 엎드렸다가 일어선 곳의 간좌(艮坐)는 곧 재종증조(再從曾祖) 진사공(進士公) 휘(諱) 극겸(克謙)의 묘인데 병자(丙子)년에 내사곡(內沙谷) 서쪽 산기슭으로 이폄(移窆)하였다.

대사곡묘천(大沙谷墓阡)

대사곡촌(大沙谷村)의 뒤에 자좌(子坐)는 곧 우리 7대조고(七代祖考) 만취당공(晩趣堂公)의 묘천(墓阡)이다. 만약 그 조산(祖山)과 조대(朝臺)와 같은 것은 내사곡(內沙谷)과 백대동(百代洞)에서 약간 서술한 것을 참고하면 가히 짐작이 될 것이다.

대개 소모산(小茅山)이 남쪽으로 달리는 정맥(正脈)으로 혈(穴) 뒤에 만성(饅星: 巒頭)을 삼았으며, 몸에 바짝 붙어 청룡과 백호를 삼았다.

또 오른쪽으로 돌아가는 하나의 지맥(支脈)과 큰 고개의 남북으로 단단하고, 긴 하나의 산기슭으로 내외(內外)의 백호(白虎)를 삼았는데 천민천(天民川) 일대와 점량평(占梁坪) 10리와 오갑산(烏甲山) 뭇 봉우리가 모두 우리 장막 가운데 기장(器仗)이며, 호곡(虎谷)이 내려와서 내안산(內案山)을 만들었으니 추현(騶峴)이 산줄기가 뻗어 나가기 시작한 곳을 가리어 비록 손과 발로 머리와 눈을 호위할지라도 더할 수 없다.

동쪽에는 누봉(樓峯)이 있고, 또 동쪽에는 안평현(安平峴)이 있으니 역시 소모산(小茅山)의 산등성이로부터 내려왔는데 안은 짧고, 밖은 길어 혹 담장이 되고, 혹 병풍이 되면서 시탄(矢灘)에 이르러 남북의 산이 가지 못하게 하므로 물을 새지 못하도록 하나니 이것이 묘천(墓阡)을 눈으로 보는 경관이다.

누봉(樓峯)을 정면으로 쳐다보면서 서쪽 면으로 영역(塋域)과 서로 바라보이는 곳이 바로 여기가 우리 종가(宗家)의 5세(五世) 묘천(墓阡)인데 그 정중앙의 산등성이 비탈은 펑퍼짐하게 갑좌(甲坐)

로 국(局)을 만들었고, 왼쪽 산기슭은 웅크리고 앉아서 혈(穴)의 입술을 가리어 보호하는 곳이 곧 공의 사손(嗣孫) 학생공(學生公)의 묘이며, 오른쪽으로 긴 산등성이에 간좌(艮坐)는 곧 정자공(正字公)의 묘요, 또 오른쪽으로 하나의 산기슭에 계좌(癸坐)는 곧 생원공(生員公)의 묘이다.

오른쪽으로 하나의 산등성이를 넘어 갑좌(甲坐)는 곧 종제수(宗弟嫂) 고령신씨(高靈申氏)의 묘이고, 앞에서 말한바 왼쪽 산기슭에 웅크리고 앉은 곳의 왼쪽으로 절벽을 따라 하나의 산기슭에 축좌(丑坐)는 곧 종숙모(宗叔母) 경주이씨(慶州李氏)의 묘이다.

또 정자공묘(正字公墓)에서 왼쪽 뒤의 산기슭에 갑좌(甲坐)는 정자공(正字公)의 차방손(次房孫) 휘(諱) 철중(喆中)의 묘요, 또 신씨묘(申氏墓)의 오른쪽 산기슭 등성마루 남쪽에는 4종숙(四從叔) 재선(在善)의 전배(前配) 권씨(權氏) 묘이며, 등성마루 북쪽에 두 산기슭에는 구씨(具氏)의 세 봉분(封墳)이 있고, 북쪽 산언덕을 넘으면 첨사파(僉使派) 형겸(亨謙)의 실인(室人) 원씨(元氏)의 묘가 있다.

산을 따라 북쪽으로 올라가면 4종제(四從弟) 정구(貞求)의 묘가 있고, 또 북쪽으로 엎드렸다가 높은 곳에는 4종조(四從祖) 휘(諱) 철훈(喆勳)의 묘가 있으며, 장자부(長子婦) 김씨(金氏)를 그 오른쪽 아래에 붙여 묻었다.

마을 뒤를 따라 정맥(正脈)으로 거의 만성(饅星: 巒頭) 북쪽에 이르러 동쪽을 향한 합국(合局)에는 첨추파(僉樞派) 택중(澤重)의 묘이고, 위에서 이른바 오른쪽으로 돌아가는 하나의 지맥(支脈)에서 겨우 또한 남쪽으로 비스듬히 유좌(酉坐)로 움집을 열어 놓은 곳은 곧 족숙(族叔) 휘(諱) 희선(羲善)의 묘인데 비스듬히 북쪽으로 수십 보(步)에 산등성이 밖에는 이에 공의 할아버지와 아버지의 위아래 4세(世)의 묘역(墓域)이니 이미 백대동(百代洞)에 미친다. 그러므로 다시 쓸데없는 지루한 말을 하지 않노라.

누봉(樓峯)이 다하는 머리에 임좌(壬坐)는 첨지(僉知) 택유(澤裕)의 묘이고, 조금 왼쪽에 유좌(酉坐)는 곧 첨지(僉知)의 장남(長男) 하상(夏相)의 묘이며, 또 그 왼쪽으로 하나의 산기슭에는 재종질(再從姪) 최영(最榮)의 계실(繼室) 김씨(金氏)를 매장하였는데 좌우의 여러 기슭에는 모두 첨지(僉知) 자손의 묘라고 하지만 상세히 알 수 없다.

정동쪽으로 안평현(安平峴)의 아래 학곡(鶴谷)에 갑좌(甲坐)는 첨지(僉知)의 계씨(季氏) 택춘(澤春)의 묘인데 장남(長男) 한상(漢相)을 그 아래에 붙여 묻었다. 또 그 동쪽으로 다랑동(多郞洞)에는 3종증조(三從曾祖) 휘(諱) 효겸(孝謙)의 배위(配位) 초계정씨(草溪鄭氏)의 묘이다.

비스듬히 북쪽으로 죽송동(竹松洞)에 간좌(艮坐)는 첨추(僉樞)의 맏아들 문주(文周)의 묘이니 대개 죽송동(竹松洞)과 안평현(安平峴)이 서로 합치는 곳에는 첨추(僉樞)와 첨사(僉使) 두 파(派)의 묘가 많이 있다고 하였는데 기술할 틈이 없노라.

기추현(奇驪峴), 수룡동(水龍洞), 호곡(虎谷), 진두(辰頭)를 부침

　오갑산(烏甲山) 여러 산기슭은 천민천(天民川)과 함께하지 아니함이 없으나 동쪽 아래로 오직 망제봉(望帝峯) 하나의 봉우리만 물을 거슬러 올라가서 협곡을 지나 다시 일어나 두리봉(杜里峯)이 되었으며, 두리봉의 남은 기운이 북쪽으로 나아가 서쪽으로 비스듬한 것을 말하여 기추현(騎驪峴)이라고 하는바 정중앙에 움집을 열어 국(局)을 만들었으니 국면(局面)이 서쪽을 향하는 곳에 첨사파(僉使派) 사용(司勇) 택임(澤任)의 묘인데 장남(長男) 우상(羽相)을 그 옆에 붙여 묻었고, 측면(側面)에 세 봉분(封墳)은 하나는 아마도 중자(仲子) 익상(翼相)의 묘인 것 같으며, 둘은 더욱 장상하지 못하거니와 대개 또한 그 방친(傍親)의 묘이다.

　남쪽으로 용(龍)이 펑퍼짐한 곳을 지나 약간 보(步)에 하나의 산기슭이 느리고 길게 펼쳐진 곳에는 곧 족증조(族曾祖) 휘(諱) 수겸(受謙)의 계배(繼配) 심씨(沈氏)의 묘가 있으며, 왼쪽 옆에 산등성이는 돌의 형세가 높이 솟았으니 동문(洞門)의 동쪽 문지방이 된다.

　수룡동(水龍洞)의 서쪽 산기슭에서 완장촌(完庄村)의 뒤를 쫓아 비스듬히 북쪽으로 와서 일어나 호곡(虎谷)의 주봉(主峯)이 되었는데 그 남은 기운을 동쪽으로 펼치고, 서쪽으로 베풀어 마침내 점량평(占梁坪)의 정면(正面) 성곽을 만들었으며, 동쪽으로 비스듬히 조금 다하는 곳이 바로 동문(洞門)의 서쪽 문지방이다.

　문지방의 동쪽과 서쪽은 서로의 거리가 1궁(弓)이 되지 않는데 남쪽으로 높은 산등성이의 한가운데서 산맥이 나오는 곳에 오좌

(午坐)로 국(局)을 만들었으니 곧 재종증조(再從曾祖) 휘(諱) 광겸(光謙)의 배위(配位) 함평이씨(咸平李氏)의 묘이다.

서쪽 문지방 밖에 높고, 평퍼짐한 아래 편편한 산등성이에 오좌(午坐)는 곧 이씨(李氏)의 맏아들 휘(諱) 철명(喆命)의 계배(繼配) 횡성조씨(橫城趙氏)의 묘이고, 조금 서쪽으로 하나의 산기슭이 수려하게 빼어난 만성(饅星: 巒頭)의 아래로 양쪽의 산기슭을 쪼개어 나누었으니 왼쪽은 짧고, 오른쪽은 길거늘 긴 산기슭은 굽어 말며, 짧은 산기슭은 웅크리고 앉았는데 가운데에 당하여 합국(合局)이 정좌(丁坐)는 곧 둘째 종조(從祖)의 묘이고, 짧은 산기슭 왼쪽 둔덕의 손좌(巽坐)에는 4종조(四從祖) 휘(諱) 철민(喆民)의 묘요, 왼쪽으로 하나의 산기슭이 평퍼짐한 사좌(巳坐)에는 휘(諱) 철명(喆命)의 묘이다.

왼쪽으로 하나의 산기슭의 가장 위에 높은 산등성이의 정좌(丁坐)에는 종가(宗家) 족증조모(族曾祖母) 평산신씨(平山申氏)의 묘요, 묘의 왼쪽으로 하나의 골짜기에 산기슭이 된 것은 네 개인데 중앙에 하나의 산기슭 ○좌(○坐)에 3종고조(三從高祖) 휘(諱) 욱상(勖相)의 묘가 있으며, 그 오른쪽 산기슭 병좌(丙坐)는 곧 공의 맏아들 휘(諱) 효겸(孝謙)의 묘이고, 왼쪽 산기슭 ○좌(○坐)는 곧 공의 차방손(次房孫) 휘(諱) 철보(喆輔)의 묘이며, 또 왼쪽 산기슭에 정좌(丁坐)는 곧 공의 종자(從子) 휘(諱) 수겸(受謙)의 묘이다.

혈(穴)의 뒤로 높은 산등성이를 쫓아 왼쪽으로 비스듬히 여러 100보(步)를 가면 산등성이가 조금 다하며 머리를 드리운 손좌(巽坐)에는 족조(族祖) 휘(諱) 철모(喆謨)의 묘인데 앞에는 배위(配位) 권씨(權氏)를 붙여 묻었으니 보첩(譜牒)에는 공의 묘 왼쪽 기슭 손좌(巽坐)로 오기(誤記)하였는바 마땅히 다시 바로잡아야 한다.

모란봉(牡丹峯)의 바른 줄기가 북쪽으로 비스듬히 납두(蠟頭) 주봉(主峯)에 이르러 좌우로 장막을 열어 청룡과 백호가 비스듬히 긴 가운데서 산맥이 나와 만성(饅星)이 단정하고 오똑하며 병좌(丙坐)로 혈(穴)을 맺어 입술이 펑퍼짐한 곳은 곧 종5대조(從五代祖) 휘(諱) 택홍(澤弘)의 묘인데 차방손(次房孫) 휘(諱) 중겸(重謙)을 그 아래에 붙여 묻었다.

왼쪽 산기슭 오좌(午坐)는 곧 공의 차윤(次允) 휘(諱) 태상(泰相)의 묘이고, 오른쪽 산기슭 묘좌(卯坐)에는 재종증조(再從曾祖) 휘(諱) 극겸(克謙)의 계배(繼配) 박씨(朴氏)의 묘 및 4종조(四從祖) 휘(諱) 철민(喆民)의 계배(繼配) 전주이씨(全州李氏)의 묘가 있으며, 간좌(艮坐)에는 4종숙(四從叔) 영선(永善)의 묘가 있다.

동구(洞口) 밖에 손좌(巽坐)에는 4종조(四從祖) 휘(諱) 철준(喆儁)의 배위(配位) 안동김씨(安東金氏)의 묘가 있으며, 그 서쪽으로 1궁(弓) 남짓에는 곧 진두촌장(辰頭村庄)인데 별 진(辰) 자와 밀 랍(蠟) 자는 세속 말로 풀이하면 서로 비슷하기 때문에 이에 진두(辰頭)와 납두(蠟頭)를 섞어서 일컫는다고 하였다.

※ 이 책은 동치(同治) 기사(己巳: 서기 1869)년 봄에 완성하였으니 종당(宗黨)이 계속하여 뒤에 붙여 매장한 것을 표시하여 소재(所在)한 지방에 추가로 기록하라.

부록

世代生卒年代表

代	諱	生年	卒年	壽	備考
遠祖	莘俊	1100年代			
一	君正 慶州李氏	1200 1200			
二	萬庇 淸州韓氏	1230			
三	碩 星州李氏	1280			
四	之賢 失傳	1300			
五	邦晏 載寧康氏	1330			
六	思修 竹山朴氏	1367			
七	處誠 密陽朴氏	1380			
八	沔 仁川李氏	1400			
九	萱 延安金氏	1444	1504 1482	61	
十	殷弼 平康蔡氏	1474 1482	1535 1527	62 46	
十一	弘彦 全州李氏	1503 1507	1583 1576	82 70	
十二	承吉 潘南朴氏	1540 1548	1616 1617	77 70	12/21 卒 1/25 卒
十三	瑭 慶州金氏	1568 1567	1624 1637	57 71	
十四	昌運 全州李氏 白川趙氏	1601 1604 1608	1637 1628 1689	37 25 82	1男
十五	尙閔 淸州韓氏 驪興李氏	1622 1621 1628	1691 1647 1704	75 27 77	1男
十六	世周 全州李氏	1642 1644	1708 1703	67 60	
十七	鉉 延安李氏	1670 1668	1693 1727	24 60	
十八	澤休 順興安氏	1687 1687	1756 1739	70 53	

代	諱	生年	卒年	壽	備考
十九	龜相 完山崔氏	1709 1707	1783 1771	75 65	
二十	正謙 草溪鄭氏 慶州金氏	1731 1732 1743	1818 1764 1823	88 33 81	二男
二十一	喆健 全州李氏	1753 1754	1834 1810	82 57	
二十二	箕善 清州韓氏	1780 1774	1833 1825	54 52	
二十三	濟奎 全州李氏	1810 1805	1879 1841	70 37	
二十四	憲榮 原州元氏	1830 1825	1854 1854	25 30	
二十五	元燮 全州李氏 全州李氏	1849 1848 1875	1907 1892 1851	59 45 76	
二十六	泰老 全州李氏 廣州李氏	1902 1901 1912	1980 1923 	78 23 	庚寅生存

국역 해평윤씨 서윤공파상택(庶尹公派上宅) 세승(世乘) 발문(跋文)

집에 전해오는 보배를 두고도 자손에게 읽게 할 수 없으니 장탄식만 오래 하였다.

늑당(扐堂)선생의 시에 말하기를 "옛 사람을 사모하니 응당 옛날의 도덕을 실천할 것이며, 그 대의 시를 읽으니 마치 그대의 얼굴을 마주 대하는듯 하구나"라고 하였으니 선조의 글을 읽을 수 있어야 자손이 선조를 사모하여 선조의 도덕을 실천하려는 정신을 가지게 될 것 아닌가?

이제 다행이 5경훈로(五經勳老) 서정기(徐正淇) 선생이 우리 집안의 내력을 자상하게 밝힌 늑당(扐堂) 현조(玄祖)의 심모원려(深謀遠慮 깊은 지혜와 장래에 대한 생각)를 깊이 헤아리고, 해평윤씨가승(海平尹氏家乘)과 해평윤씨세승(海平尹氏世乘) 및 화수집(花樹集)을 번역하여 우리 집안 자손뿐만 아니라, 온 겨레가 읽게 되었으니 감사하고 기쁘기 그지 없다.

아~, 시대는 바뀌어도 사람이 사는 도리는 같은 것이니 근본(根本)을 어찌 밝히지 않으리요? 사람의 정체(正體)는 조상(祖上)을 숭배(崇拜)하는 데서 확립(確立)되는 것인 즉 세상이 세계화(世界化)하면 할 수럭 주체성(主體性)이 있어야 할진대 모름지기 우리 자손들은 이 책을 통하여 늑당(扐堂)선생의 학문정신을 힘써 본받고, 배운다면 마침내 점어상죽(鮎魚上竹: 메기가 노력하면 대나무에 올라감)하듯이 육송재(六松齋) 현조(顯祖)의 현호보첩(懸弧寶帖)에서 기대한 뜻을 이루지 못하리오?

서기 2012년 6월 7일

27세손(二十七世孫) 윤덕진(尹德鎭) 삼가 씀

역자 소개

서정기(徐正淇, 아호: 躍淵·北岳·勳老)

4·19혁명 선봉 및 민족통일전국학생 성대조직위원장
한국유학연구회 유교사상 편집인
동양문화연구소 연구실장
성균관 전학(典學)
한국청년유도회 회장: 예법(관례, 향음주례, 사상견례)부흥운동 전개
동양문화연구소 부소장 및 소장: 세계 속의 한국학운동 전개
건국대학교 대학원 철학과 박사학위 심사위원
민중유교연합 의장: 한글제사축문 보급운동 전개
성균관유교진흥대책위원회 위원장: 도덕성 회복과 새사람 운동 전개
성균관유교문화연구위원회 위원장, 태학지 번역분과 위원장
민주평화통일 자문위원회 상임위원, 성균관 유교신보 편집인 겸 주간 역임
삼경역주 성균훈로상 수상, 성균관 태학지 번역공로상 수상
현) 동양문화연구소 소장
     (사)한국예절교육협회 상임고문
     김동식 장군 기념사업회 상임고문
     (사)충의무예원 고문

『世界 속의 韓國文化』
『世界 속의 韓國精神』
『世界 속의 韓國儒教』
『世界 속의 韓國禮節』
『世界 속의 韓國流風』
『정통가정의례』
『민중유교사상』
『實錄기소설 공자』
『새 시대를 위한 大學·中庸·禮運』
『새 시대를 위한 春秋』(上·中·下)
『새 시대를 위한 詩經』(上·下)
『새 시대를 위한 書經』(上·下)
『새 시대를 위한 周易』(上·下)
『새 시대를 위한 禮記』(1, 2, 3, 4, 5)
『새 시대를 위한 論語』
『새 시대를 여는 길』
『根源探索』, 『道學統論』, 『成婚錄』, 『김동식 장군』
『아침 햇살 영롱한 대나무 열매』
『하늘로 날아라, 못으로 뛰어라』
훈로 서정기 선생 『유교대전』
외 다수

국역 海平尹氏 世乘

초 판 인 쇄 | 2012년 9월 12일
초 판 발 행 | 2012년 9월 12일

엮 은 이 | 윤제규
옮 긴 이 | 서정기
펴 낸 이 | 채종준
펴 낸 곳 | 한국학술정보㈜
주   소 | 경기도 파주시 문발동 파주출판문화정보산업단지 513-5
전   화 | 031) 908-3181(대표)
팩   스 | 031) 908-3189
홈 페 이 지 | http://ebook.kstudy.com
E - m a i l | 출판사업부 publish@kstudy.com
등   록 | 제일산-115호(2000. 6. 19)

ISBN   978-89-268-3691-0 94150 (Paper Book)
            978-89-268-3692-7 95150 (e-Book)
            978-89-268-3689-7 94150 (Paper Book Set)
            978-89-268-3690-3 95150 (e-Book Set)